光明社科文库
GUANGMING DAILY PRESS:
A SOCIAL SCIENCE SERIES

·政治与哲学书系·

文化哲学导论

胡家祥｜著

光明日报出版社

图书在版编目（CIP）数据

文化哲学导论 / 胡家祥著. -- 北京：光明日报出
版社，2023.5
ISBN 978 - 7 - 5194 - 7179 - 8

Ⅰ. ①文… Ⅱ. ①胡… Ⅲ. ①文化哲学 Ⅳ. ①G02

中国国家版本馆 CIP 数据核字（2023）第 074739 号

文化哲学导论
WENHUA ZHEXUE DAOLUN

著　　者：胡家祥

责任编辑：杨　茹　　　　　　　责任校对：杨　娜　张月月
封面设计：中联华文　　　　　　责任印制：曹　净

出版发行：光明日报出版社
地　　址：北京市西城区永安路 106 号，100050
电　　话：010 - 63169890（咨询），010 - 63131930（邮购）
传　　真：010 - 63131930
网　　址：http://book.gmw.cn
E - mail: gmrbcbs@ gmw.cn
法律顾问：北京市兰台律师事务所龚柳方律师

印　　刷：三河市华东印刷有限公司
装　　订：三河市华东印刷有限公司

本书如有破损、缺页、装订错误，请与本社联系调换，电话：010-63131930

开　　本：170mm×240mm
字　　数：305 千字　　　　　　印　　张：17.5
版　　次：2023 年 5 月第 1 版　　印　　次：2023 年 5 月第 1 次印刷
书　　号：ISBN 978 - 7 - 5194 - 7179 - 8

定　　价：95.00 元

《感性·知性·志性——人类心灵的层次结构》论文原始稿的首尾

谨以此书与《中国哲学原理》一道，敬献于已故的北大教授张岱年先生灵前。

——本书作者

治学座右铭

（宇宙之书是）用数学语言书写的，它的符号是三角形、圆形和其他几何图形，没有它们的帮助，人们无法理解任何一个单词；如果没有它们，人们会在黑暗的迷宫中徒劳游荡。

——伽利略

所有这些困难我都很清楚，但我并不胆怯；所有这些阻力之大我都感到，但我并不沮丧。我凭借小小的一点猜测，作了一次冒险的旅行，而且已经看到了新大陆的边缘。

——康德

（大自然）原始本质甚至在其自身中包含着一切本质及其最初几条作用规律之源。

——康德

科学绝不是一种自私自利的享乐。有幸能够致力于科学研究的人，首先应该拿自己的学识为人类服务。

——马克思

一种科学只有在成功地运用数学时，才算达到了真正完善的地步。（见于保尔·拉法格：《回忆马克思恩格斯》p7. 人民出版社 1973 年 1 版）

——马克思

（科学研究的积极动机是）以最适当的方式来画出一幅简化的和易领悟的世界图像。

——爱因斯坦

（科学研究中）所有这些努力所依据的是，相信存在应当有一个完全和谐的结构。今天我们比以往任何时候都更没有理由容许我们自己被迫放弃这个奇妙的信念。

——爱因斯坦

正像你（指爱因斯坦）一样，我相信自然规律的简单性具有一种客观的特征，它并非只是思维经济的结果。如果自然界把我们引向极其简单而美丽的数学形式——我所说的形式是指假设、公理等的贯彻一致的体系——引向前人所未见过的形式，我们就不得不认为这些形式是"真"的，它们是显示出自然界的真正特征。

——海森堡

为天地立心，为生民立命，为往圣继绝学，为万世开太平。

——张载

立言但论是非，不论异同。是，则一二人之见，不可易也；非，则虽千万人所同，不随声也。

——颜元

自　序

　　撰写本书，是一种纯粹的学术探讨，以期在深度和广度上实现对自己既有著述的一次概括和超越。在披荆斩棘、爬山越岭的过程中，笔者经常感受到心神出窍的状态，仿佛被阐述对象自身的逻辑牵着思绪走。但由于未能得到面对读者系统宣讲的机会，没有接受质疑、证伪的洗礼，在键盘上敲出的文字系纯思辨的产物，且篇幅预设在 20 万字左右，因而不免阐述粗疏、晦涩之弊，个别文字的错讹更是难以避免。从正式动笔经历 2 个寒暑的轮替，直到 2021 年底才完成初稿，浇灌的心血超过自己此前任何一本著作。经过多次修订后着手撰写序言，此刻的心情与其说是喜悦，不如说仅为欣慰。

一

　　常有周围的人关切问及：一个早就申请退休的人为何还潜心著述？图的是什么？我一般只是简单回答"为了生活的充实"，其实主要原因是自己的人生观所驱使。早在中学时代，我就基本确定了人生价值的取向①，意识到人生一世，草木一秋，形体存在的短暂甚至可视为白驹过隙，而精神的长存则可延续百世千年。所以人生不能贪图享受，更当追求贡献，人来世一遭，创造比消费更重要。我国上古的先哲注意到生命的"三不朽"，至司马迁更有"鸿毛""泰山"的价值轻重、薄厚之分，他追求"究天人之际，通古今之变，成一家之言"当是指"立言"可致生命的厚重。本来，主要在北京大学哲学系 1993—1994 年访问期间撰写的关于美学、文艺学和中国哲学论纲的系列论文勾勒了自己的治学

---

　　① 笔者初中、高中毕业时因成绩优异幸得地方政府厚爱，两次抽调来从事政务工作。但自己依然选择治学之路。

蓝图，有幸至 2012 年《中国哲学原理》面世而基本完成。当时也曾考虑"歇一歇"以享受生活，但是青年时代立下的志愿"为人类社会的进步作出力所能及的贡献"并未泯灭，于是稍息之后重新投入科研，挑战心灵第三层面的探究和真、善、美三大领域的会通阐释问题。"文革"关闭了让我进入自然科学研究的大门，但命运之神为我打开了从事主要依靠剖析自身的人文科学这扇窗户，理当不负机遇，将"文革"损失的青春夺回来①。我依据中国传统哲学的"志"范畴提出称谓心灵第三层面的"志性"范畴，在很大程度上是基于切身体认。

在我国人文科学界，笔者的著述给人有种"异类"之感。一个明显的特点是每种基础理论著作中都有让明哲著述者忌讳的图表插入。我曾评述过康德美学著作《判断力批判》，从其"导言"的图表中就发现多处纰漏，所以深知图表虽然有助于读者直观领会的好处，但也存很容易让人挑出破绽的风险。笔者之所以仍然勇于飞蛾扑火，是因为自己可能存在曾立志做一个科学家而未遂的情结，竟然坚持"用理科的精神做文科的事业"！这种追求带来几个基本取向：一是乐于致力于当代"吃亏不讨好"的基础理论研究，虽然自己并不缺少史学研究的主观条件；二是追求在世界范围内的创新开拓而不太流连于个别观点的论争，虽然先后在华中师大、北京大学都有前辈学者认为我的随机发言很适合参与文章易发、名声易扬的热点争鸣；三是注重逻辑的一贯性和明晰性。几十年来，在读书、著述中钟爱以图表归纳是取其明晰性②，回头浏览发表的文字虽然不尽如人意，但都从心底流出、传达的是正能量，尚未发现逻辑上明显的颠三倒四。笔者深深服膺于爱因斯坦在普朗克六十寿辰的聚会中之所说，科学研究中的积极动机是"以最适当的方式来画出一幅简化的和易领悟的世界图像"③。图表简化而易领悟，如果有纰漏又便于觉察和被证伪，为了科学事业的进步，值得真诚的探索者"冒险"，即使被指疵也可以召唤后来者更深入地探索和更适当地表达。如此看来当是利大于弊。据传开普勒的天文学著作常用乐谱表述，也许在他看来这是传达相关信息的从优选择。

---

① 有幸能重返学校学习和研究多亏邓公（小平）的及时解救（解放与救助），一直心怀感念、矢志不负。

② 笔者一直珍藏着 1993 年 12 月 6 日在北大图书馆二楼保存本室做的一张读书卡片，其中描绘了中国古代哲学的潜在逻辑系统图，是在那里近两个月查阅中国古代典籍的意外思想收获，实为《中国哲学原理》的蓝图，与该书"结语"中所附的图解仅有些微差异。

③ 爱因斯坦. 爱因斯坦文集：第 1 卷［M］. 许良英，等译. 北京：商务印书馆，2010：171.

著述此书最为迫近的目的当是在自己既有著述基础上"追求更高的统一性"。回顾治学之路，最初是在念中学时出于端正世界观和掌握方法论，以避免以后在自然科学的学习和探讨（"寻真"）中少走弯路的考虑自学哲学原理，后来却阴差阳错走上人文科学领域，先后从事文艺学和美学教学。1993 年秋至1994 年夏有幸进北京大学哲学系访问深造，适逢北大正在举办一期长达数月的"人学"系列讲座，让我意识到困惑于自己的问题其实也是我国学界的前沿问题。这期间有幸请教张岱年、张世英等前辈①，写出《中国哲学一些范畴、命题的逻辑定位》等系列论稿，后来结集题名《心灵结构与文化解析》在北京大学出版社出版（1998）。该书的"后记"中明确交代，"其中的部分章节将撰写专著进一步展开"。故随后有《审美学》②《文艺的心理阐释》③《中国哲学原理》④《气韵：艺术神态及其嬗变——中国传统的艺术风格学研究》⑤ 等的面世，这些研究基本围绕"求美"与"持善"展开。当时有些读者反馈我所提出的心灵第三层面较为神秘，难以理解，于是促成我撰写系列论文发表，2017 年作为略有系统性的专著《心灵第三层面探究》由中国社会科学文献出版社出版。在撰写《气韵：艺术神态及其嬗变》一书时，发现中国传统的"气韵"理论不仅与人类心灵的发散与收敛两系列相洽，还与《周易》中"易简"范畴相通，兴奋之余撰写专论在《周易研究》（2007）发表。这一发现使我再次强化处女作《心灵结构与文化解析》中所表达的信念：人类心灵结构是大自然演化的必然成果。因此，在探究心灵第三层面的过程中同时留意现代科学的前沿发现，终于收集到中、西、印三大哲学传统的相关成果，以《周易》的太极生两仪思想为基元，同现代科学的宇宙论等相关发现联系起来且融为一体，描绘出的结构图式正好与人类心灵的结构图式相贯通。撰写论文以《探寻本体论与方法论的统一——传统哲学观念与当代科学发现的汇合》为题公开发表⑥。以此文为基

① 期间还有幸与亦兄亦友的刘仲林教授同窗。我俩都热爱中华优秀传统文化，希望对社会进步有所贡献，且都兼重文理科，关注创造性，经常切磋交流，多有获益。刘教授既有海纳百川的学术胸襟，又有光风霁月的贤者气象，这段挚谊也常给我榜样的力量。

② 此书于 2000 年由北京大学出版社出版，2010 年修订。

③ 此书于 2005 年由武汉大学出版社出版，2006 年修订。

④ 此书于 2012 年由中国社会科学出版社出版，2018 年由新加坡世界科学出版公司出版英译本。

⑤ 此书于 2013 年由中国书籍出版社出版，2018 年由新加坡世界科学出版公司出版英译本。

⑥ 胡家祥．探寻本体论与方法论的统一——传统哲学观与当代科学发现的汇合 [J]．江汉论坛，2019 (5)：68-73.

础，在一段时间内勾画出"文化哲学导论六讲"的提纲。经反复斟酌后，2020年正式开始本书的系统阐述。

二

从目录即可看出，本书按下述"总—分—合"的理路展开。

第一编为"究天人之际"奠基。首先由"文化哲学"的界定切入，揭示追溯基元信息的必要，于是越界跨入宇宙学哲学领域。主要吸收我国《周易》中"太极""生两仪"的核心思想，并同印度、欧洲传统哲学的相关观念和现代科学的"宇宙大爆炸"理论等结合起来，确立乾辟与坤翕或乾易与坤简两种共轭的对立二元，还同亚里士多德归纳的反映古希腊哲人集体智慧的"四因"说和现代科学前沿的"资源三角形"理论等融合在一起形成结构图式，推测它为物理世界的基元信息。所以用"推测"而不是"断定"，在于它与其说是一种知识，不如说是一种信念。这种信念奠定了全书立论的基础。正像爱因斯坦所说，"所有这些努力所依据的是，相信存在应当有一个完全和谐的结构。今天我们比以往任何时候都更没有理由容许我们自己被迫放弃这个奇妙的信念"。① 当然，爱因斯坦所讲的"和谐的结构"比本书描绘的图式更为圆融，后者力图使之较为明晰但未必确当。其次是将上述图式向人类学领域引申，剖析人类心灵所具有的三层面、两系列的结构才是真正为阐释真、善、美三大文化领域的基元信息直接奠基。因为文化是人类心灵的创造，心灵结构"既是物理世界的遗传与内化，又是文化世界的根基与雏形，因此处在枢纽地位"②。奇妙的是，这一结构恰好是上述宇宙基元信息的结构图式的体现。这让作者撰写本书不仅具有决心，而且拥有信心。关于人类心灵结构的阐述，有兴趣的读者可参阅拙著《心灵结构与文化解析》和《心灵第三层面探究》两书，也可参阅笔者发表的系列论文。

本书的主体二、三、四编分别阐述认识论（寻真）、价值论（持善）和审美论（求美）三大领域，为文化哲学的主体部分。

---

① 爱因斯坦. 爱因斯坦文集：第1卷［M］. 许良英，等译. 北京：商务印书馆，2010：430.

② 胡家祥. 心灵结构与文化解析［M］. 北京：北京大学出版社，1998：61.

第二编的"认识能力"与"认识方法"两章尤见上述基元信息的体现。在世界范围内，认识论领域尖锐对立的"柏拉图传统"与"亚里士多德传统"或先验论与经验论，现代科学呼唤"创新思维"所包含的发散式思维与收敛式思维，以及钱学森先生倡导建立"思维学"所划分的"形象—直感思维""抽象—逻辑思维"和"灵感—顿悟思维"之分等，其实都可以置于人类心灵结构的同一框架中予以把握。并且，辩证逻辑的基本规律、基本范畴和形式逻辑的基本法则等也可以依据前述宇宙基元信息图式秩序井然地统一在一起。在认识过程中先验的部分特别指心灵第三层面所蕴含的来自大自然遗传的基元信息的呈现，经验部分来自感官对于特定时空中外部事物信息刺激的反应。按皮亚杰的话说，这种认识"发生在主体和客体之间的中途"①。所以通常讲的"理性认识"严格说来当称为"理智认识"。它其实是来自心灵第三层面的先验因素与来自感官（或称"感性层面"）的经验因素在人脑新皮层进行整合加工（理智或知性活动）的统一。必须强调的是，本书所讲的先验因素仅指先天的形式、趋向，犹如一颗种子在一定条件下生长总是不免按一定的频率和样式（内在的信息制导）开花结果，而不是认同有任何天赋观念。

第三编旨在将拙著《中国哲学原理》揭示的中国哲学的潜在系统提升到普适于全人类的价值系统进行阐述。基于现代脑科学揭示人类大脑自外而内为新皮层、边缘系统和联结脊椎的脑干构成的"三位一体"，以及与之相通的20世纪兴起的"深蕴心理学"（弗洛伊德语）将人类的精神系统划分为意识、个人无意识与集体无意识或人格系统划分为自我、本我和超我三层的理论，本书明确主张人类价值系统由伦理、功利和道德三层所构成②。着眼于本我，经常感受到的"压抑"其实来源于自我（社会伦理），而超我（人类道德）的呈现则为"升华"。采用中华优秀传统文化的观念，功利层为利与事二元，伦理层为义与礼二元，道德层则为志与仁二元——它们正好是天地之道的乾、坤二元在价值领域的体现：乾辟而自强不息为志，坤翕而厚德载物为仁；孔子最先倡导的理想人格——"志士仁人"实为《周易》所推崇的"与天地合其德"的"大人"。价值系统健康运行的基本法则是孟子所揭示的"先立乎其大者，则其小者不能夺也"。从逻辑上看，"大者"即自强不息与厚德载物两端，一般通过"反身而诚""至诚不息"以呈现。这样的价值系统无须人格神的介入便具有全人类

---

① 皮亚杰. 发生认识论原理［M］. 王宪钿，等译. 北京：商务印书馆，1981：21-22.

② 笔者认为，康德对此三重区分已有认识，只是未曾明确表述。

共许的神圣性——其根据在于，为之奠基的其实是中华先哲所讲的"天地之道"或爱因斯坦等所崇拜的"宇宙中无限高明的精神"。

第四编阐述审美论与艺术哲学，内容实为笔者《审美学》和《文艺的心理阐释》两书的综合。在世界范围内，特别是在荒诞派艺术一度盛行的现代，主张将审美追求排除于艺术活动之外的议论不绝于耳。笔者对此很难认同。因此在构思本书时决心将审美哲学与艺术哲学统一起来阐述，实在是一种超越自己既往的挑战。基于审美和艺术活动的中介地位，本编尝试揭示其内外两个系统的共轭运行。对于人类生存来说是合规律性与合目的性的统一，如康德美学著作所阐述的，席勒则谓之在规律与需要之间；着眼于整个文化世界，西方学界普遍认为科学与宗教是左右历史进程的两大文化力量，马克思也曾以艺术精神同科学精神和宗教精神并列作为人类掌握世界的基本方式。审美和艺术活动恰好徜徉在两大文化力量交互作用的"场"之间，所以主体兼有奴隶与主宰双重身份，在创造过程中贯穿着日神精神和酒神精神的交融，借助符号传达出来，于是在形态领域有绘画偏重再现与音乐偏重表现的对立，文学作为二者的合题自身又分化出叙事类与抒情类，等等。艺术的发展则贯穿着气与韵、现实主义与理想主义、古典主义与浪漫主义等共轭矛盾方面的相互作用，决定着审美和艺术形态的嬗变周期。审美活动造就自由而完满的审美人格，艺术作品广泛作用于社会生活，当代出现的生态美学，更是直接致力于营造人类与自然之间和社会领域内部关系的和谐。因此，这一领域既含有真与假的认识尺度，又含有善与恶的价值尺度。

本书由"本体论"奠基，分蘖出认识论与价值论的对峙，至"审美论"而封顶，这种结构本身显现了本书所致力阐述的基元信息图式。审美论在逻辑上当视为认识论与价值论的合题。如果说本体论是认识论与价值论在宇宙本原上的统一，那么审美论则关乎认识论与价值论在现实现象上的统一①。

---

① 谢林曾以艺术哲学为整个哲学大厦的"拱顶石"，黑格尔曾透彻分析了审美和艺术活动能消除科学（认识活动）与道德（意志活动）之间的对立。在他看来，人凭有限的知性去认识事物，获得抽象的具有某种普遍性的概念，这实际是假定认识对象是独立自在的，主体必须适应它们，于是出现对象的片面自由而主体认识的不自由。人凭有限的意志活动，情形恰好倒转过来，主体让自己的旨趣、目的、意图等发生效力，却牺牲了事物的特性与存在理由，这时主体是自由的，对象则失去自由。由此看来，无论在认识关系（科学）还是实践关系（道德）中，都存在主体与客体的对立，而在人与对象的审美关系中则消除了这种对立，因为美本身是无限、自由的。（参阅黑格尔．美学：第1卷 [M]．北京：商务印书馆，1979：142-148．）

通过这样的安排，希冀达到"本"（本体论）"末"（认识论、价值论与审美论）互证：由本到末是逻辑演绎，如果出现阻滞则本难以立，当重新审视；若展开于末（经验综合）仍血脉畅通，则本确立而末强化（个别观点融合于整体并成为其中的合理成分）。总之是要揭示人类的文化世界是一个有机系统，一些经过时间洗礼和理性选择的某些相关观念或成说支持这一系统并作为其中不可缺少的部分而显现生命力。如中、印、欧三大思想传统均出现过关于人类心灵的"三分法"和"二分法"，如果执持一端而认为另一端"不科学"且加以排斥，显然是自我禁锢，防碍学术进步；若秉持兼容并包、综合创新的开放精神努力将二者统一起来，揭显人类心灵的结构系统，则整个系统及其构成要素均得到强固。

从资料的采用角度来看，本体论兼顾中、西、印三大哲学传统的思想资源，认识论主要依据西方哲学的资源，价值论则主要依据中国传统哲学的资源，审美论兼顾东西方美学和艺术理论资源。这样做可能有受限于个人知识视野的原因，但主要是基于将不同文化传统都视为全人类的共同财富，后人建言立说当择善而从的考虑。不敢企盼贯通中西的赞誉，仅望能免囿于一隅的非难①。当然，学术研究应该直面事物本身而追求真知，不当以一时的"非誉"为准绳。如果说"探索的兴趣"基本属于"忘机"，那么"忘非誉"刚好与之相得益彰②。

三

笔者撰写本书，旨在传达对于文化世界或者说人自身的一种认识和理解。准备工作漫长，却并非心灵苦旅。除了有前述寻求超越自我、为人类做出力所能及贡献等动机策动之外，在撰述过程中更寻常的是一种"理解的乐趣"相伴随。正如爱因斯坦所说："科学家所得到的报酬是在于昂利·彭加勒所说的理解

① 我国学者可能责难本书认识论部分缺少中国先哲的思想观念，西方学者则可能鄙夷价值论部分忽略了西方传统资源。但我国曾有较高的科学成就并不等于有相应的哲学抽象，否则墨子的学说汉以后就不会失传；西方确有宝贵的价值论遗产，但其价值系统建立在宗教信仰基础上当是不争的事实，谁能告诉我们哪位人格神能为全人类所尊奉？在一本著作中取材有所侧重有助于保持观念、语词的统一性，也便于读者接受。

② "忘机""忘非誉"为《庄子》用语，简洁表述了摆脱感性欲念羁绊和知性观念束缚的意蕴。

的乐趣，而不是在于它的任何发现可以导致应用的可能性。"① 这在理论科学界几乎是共识。2000多年前欧几里得就曾用一个铜板打发质疑几何有啥用处的学生，成为一段历史佳话。人文学科的基础理论其实也是这样，庄子曾用"无用之用"来回答质疑者。若以物质财富的回报衡量则不足挂齿，众所周知，马克思精心撰写的《资本论》所得的稿酬还不及他著述期间所抽的烟卷钱。

尽管如此，著述者在劳作之前或之后，仍有可能和必要考虑著述内容的效用。对于研究课题价值与意义的认知是理智层次的动力源泉，更深层次的动力源泉当是与天地合德的自由意志——"理解的乐趣"再好与之表里呼应②。笔者孜孜以期将自己的一孔之见传达出来，基本宗旨是希望能为建构全人类共许的价值系统垫石铺路。这里的"价值系统"取广义，包括真、善、美三大价值，而不限于判断善、恶的道德、伦理与功利构成的系统。

关于真、善、美三大价值的来源，西方思想史主要有两种观点。其一，来源于神。柏拉图在《斐德罗篇》中谈到，神具有美、理智、善及诸如此类的优秀品质。古罗马时期新柏拉图派的创始人、中世纪宗教神秘主义哲学的始祖普罗提诺在《九章集》中认为，真实就是美，与真实对立的就是丑。丑又是原始的恶，美即是善，所以作为最高真实的神或理式是真、善、美的来源或本原。这种观点直到现代并未绝迹。19世纪法国哲学家库申写过讨论真、善、美的专文，他认为物质美不过是外壳，智性美是"真"的光辉，道德美即是"善"，上帝是物质世界、智性世界和道德世界的创造者，因而是真、善、美的根源。其二，以18世纪至19世纪的德国哲学界为代表，成功实现了这一领域的思想启蒙，思想家们普遍认为真、善、美三大价值都源自人类心灵，让神学本体论在全球的知识界中逐渐式微。康德的三大《批判》可以说是从心灵角度对真、善、美三者的精深研究，其后席勒、黑格尔乃至马克思③等都持这种观点。

笔者治学，除了中国传统文化的熏陶之外，还深受德国传统哲学的影响。

---

① 爱因斯坦. 爱因斯坦文集：第1卷［M］. 许良英，等译. 北京：商务印书馆，2010：436.
② 自由意志、价值与意义的认知、理解的兴趣可视为真诚研究者和著述者的三级动力来源。前后二者主体可以亲切体认，但其合成往往令主体不反身解析而难于发现；居中者也多有生活经验的证实，尤其在团体攻关或集体编著的情形中多有体现。理想的状态应该是三者的有机融合，研究与著述就可能转化为自由的劳作。中外历史上一些思想家或科学家能安贫乐道（如庄子）、废寝忘食（如牛顿），在常人看来是"苦"，对于他们本人而言可能沉浸在"乐"的境界中。——可参阅本书第27节"德与福"的讨论。
③ 马克思对于真、善、美的观点见于《新亚美利加百科全书》（1858）的"美学"条目（我国李泽厚、蒋孔阳先生等都认为是马克思的手笔）。

2015 年应邀参加北京大学哲学系召集的一次美学会议，曾向与会专家报告自己的治学先后受惠于马克思、黑格尔、康德、莱布尼茨的奇妙历程。因为那时阅读了一些关于"复杂性科学"的资料，探索兴趣正酝酿从"心灵与文化"向"宇宙—心灵—文化"更大领域转移，按内在的逻辑潜在呼唤（或可视为"自组织"）由康德转向莱布尼茨，以期实现物理世界、心灵世界和文化世界的贯通。也就是说，本书尝试以宇宙本体论取代传统的神学本体论和心灵本体论，以反映现代认识的新发展，展现当代的一种新视野。自知不过是管窥蠡测，但仍愿抛砖引玉，乃寄望于后来者的修正和超越。

于是在上述基本宗旨的传达中派生一种可能的功效是为文化诸领域的研究者提供参考。本书以太极生两仪和物质、能量、信息三元或三维为宇宙本体论的要义，进而以之解释人类心灵结构和由心灵滋生的文化世界真、善、美三大领域，本体论转化为方法论。太极生两仪作为形式、趋向包含着无穷的层级，本书的阐述仅达到其中仍具纲领性且共轭的四级。例如，基于人类生存的能力和需要产生认识论与价值论的对立，认识论中又分化出先验论与经验论的对立，方法论中形成辩证法与形式逻辑的对立，形式逻辑中又分化出演绎推理与归纳推理的对立，等等。从这一视角切入是否合理有待更多材料的支持，如果合理则有利于在科学与人文各领域的研究向细密化推进。本书可能较为难读，笔者对此怀有歉意，原想尽可能以通俗易懂的方式予以系统地阐述，但在撰写时深感力不从心（兼之有对篇幅自我设限的考虑）。兹提请读者注意三个环节：一是本体论与认识论部分的"根本矛盾"的揭显，二是价值论部分主张区分伦理与道德的倡议，三是审美论部分对于"艺术的场"进行的层次剖析。突破了这三点，或能以简驭繁。在阐述方法上，望能适应笔者惯用的"层次分析法"及与之相关的"结构定位法"。

在基本宗旨的传达中派生另一种可能的功效是促进个体人格的全面发展。文化研究与人的研究息息相关。康德撰写三大批判，分别探讨真、善、美问题，实旨归于阐释"人是什么"的问题；卡西尔著述《人论》，其副标题即为"人类文化哲学导引"。笔者的首部著作即 1998 年出版的《心灵结构与文化解析》，其实原标题为较宽泛的"人：心灵与文化"，后来应编辑"突出特点"的建议而更名。如果将它比喻为笔者学术思想的奠基之作，那么本书在逻辑上正好与之呼应，冀其承担拱顶之用。人类应有的价值系统只有落实于每一个成员的人格建构上，才能发挥其巨大的威力。本书宣讲寻真、持善、求美才是人应该有的样子，也就是人类应有的价值系统的具体体现者。这种体现者并非卑微而虔诚地服从某个人格神指令的奴仆，而是至诚不息地追求与天地合德，超越人的族类内部的各种纷争，站在全人类的立场上思考与评判、选择并践行的顶天立地的自由人。虽然这种人格未必如想象中的那样全知全能，但对其完满性和超越性而言，他（或她）就是神——在《孟子》的词汇中称为"天民"，在罗素的词汇中则为"宇宙公民"（citizen of the universe），马克思生前常自称是"世界公民"。显而易见，作为健全且生机勃勃的细胞，由这样的个体组织起来的社会，必将是一种理想的社会；这样的个体组成的世界，当是人类自古迄今所憧憬的大同世界！

目　录
CONTENTS

第一编 01

| 本体论：究天人之际 |

文化世界系人类心灵所创造，而人类心灵系大自然长期演化的成果，所以当追根溯源，究天人之际，立论才顺理成章。当代复杂性科学力图打通有机界与无机界之间的壁垒，将传统的生物进化论扩展为宇宙进化论，与东西方先哲"万物同源"的推测是一致的。本编将由"文化哲学"的界定切入，开启"究天人之际"之旅，尝试探寻宇宙的基元信息，进而揭显人类的心灵结构，旨在为后三编分别考察认识论、价值论和审美论奠定逻辑基础。

第一章　文化哲学之所谓

所谓"文化哲学"，顾名思义是对人类文化诸领域的哲学阐释。卡西尔的名著《人论》的副标题是"人类文化哲学导引"，将文化哲学视为与宇宙学哲学相对的人类学哲学的核心内容，因为在他看来，人类之所以能揖别动物，就在于人类能运用符号进行文化创造，从而跨越时间和空间累积科学和人文知识并世代相传。

第一节　关于"哲学"之一解

一、哲学学科的多种称谓

在严格的意义上，哲学属于信仰领域。黑格尔总览绝对理念的演化史，认为艺术、宗教和哲学是绝对理念表达自身的三个前后相续的领域。马克思也认为，哲学的最初形式存在于"意识的宗教中"[①]。恩格斯曾指出，哲学与宗教具有超越特定时代和地域的特点，远离社会的经济基础，是"更高地悬浮于空中的意识形态的领域"[②]。克罗齐甚至提出，宗教就是"正在形成过程中的、多少有点不完善的哲学"，哲学则是"多少有些净化和精致的宗教"[③]。

哲学作为悬浮于思想高空的意识形态，就其广延而言，覆盖着关系人类生存的所有领域，包括自然科学、社会科学和人文科学（西方学者多称为"精神

[①]　马克思. 资本论：第 4 卷：第 1 册 [M]. 北京：人民出版社，1975：26.

[②]　《恩格斯致康拉德·施米特》[M] //马克思恩格斯选集：第 4 卷. 北京：人民出版社，2012：611.

[③]　克罗齐. 美学原理·美学纲要 [M]. 朱光潜，等译. 北京：外国文学出版社，1983：217.

科学");就专业教育而言,包括文科、理科、工科、农科和医科。正如赫拉克利特的著作残篇所说:"爱智慧的人必须熟悉很多很多东西。"① 无怪乎欧美的一些物理学家更喜欢人们称他为"哲学博士"。

关于"哲学"的界定,古今中外莫衷一是。我们这里基于探究的问题域的需要尝试提出一种新的看法——其实它与传统的普遍看法是兼容的。

在西方,毕达哥拉斯学派把人对于事物本质的观察和探索,寻求认识与把握的求知活动置于人的一切活动之上,这样的求知精神,才能称得上是一种真正意义的"爱智慧"精神,才具有我们今天所理解的西方"哲学"的意义,而"爱智者"(Philosophis)就是哲学家。

其后,亚里士多德撰写了专著《形而上学》(Metaphysics),其意是"物理学之后"("meta"为表"之后"的前缀)。亚里士多德本人是古希腊时代的大科学家,他对后世所讲的物理学、生物学、心理学等均有研究。他的著作《形而上学》,是对这些相对具体科学知识的更高抽象和更普遍的概括。

我国学界采用《周易》的思想翻译亚里士多德的"物理学之后"甚妙。《周易·系辞传》称"形而上者谓之道,形而下者谓之器"。"形而下者"是指相对具体的事物(器),而"形而上者"则是指具有最高统一性的"道"。我国宋代的"道学家"就是哲学家,现代金岳霖先生以《论道》命名自己的著作,相当于哲学原理甚至哲学本体论。

除了《易传》作者的界定外,后世参照道家的奠基之作《老子》中"玄之又玄,众妙之门"的论断称这种形而上学为"玄学"。魏晋时期的知识界将《老子》《庄子》和《周易》并列称为"三玄",若深入于玄学的士人在清谈中仿佛持有一张亮丽的身份名片。

作为世界三大思想传统之一的印度哲学的奠基著作《奥义书》指的就是哲学玄思录。"奥义"表达"玄思",其意是(在森林中)近坐而秘传之意。佛教经典《解深密经》卷一有一首《颂》,表达了与《奥义书》类似的观点:"阿陀那识甚深细,一切种子如瀑流。我于凡愚不开演,恐彼分别执为我。"②

---

① 北京大学哲学系外国哲学史教研室,编译. 西方哲学原著选读:上卷〔M〕. 北京:商务印书馆,1981:26.
② 此处的语序与通行本玄奘译《解深密经》有所微调,窃意更为合乎逻辑。可参考菩提流支的译文"诸种阿陀那,能生于诸法,我说水镜喻,不为愚人说"。

二、现代以"哲学"冠名的来由和意义

现代中国学界普遍采用"哲学"一词冠名这门学科，当归功于日本学者西周于 1874 年参考中国的"希圣希贤"译为"希哲学"，后去"希"而定名。

笔者管见：译名"哲学"较之古希腊的原名"爱智学"（philosophy）更为适当。

首先，"希哲"较之"爱智"更为合乎人之所以为人的本质。汉语"希"字含有向上、向远看（望）的意思，周敦颐《通书·志学第十章》倡导士希贤，贤希圣，圣希天，要求人格修养应不断向上看齐。在北京故宫博物院的西暖阁，有一间清代乾隆皇帝的书房，命名为"三希堂"。"三希"即"士希贤，贤希圣，圣希天"。从词源上探究，古希腊的"人"（$\dot{\alpha}\nu\theta\rho\omega\pi\sigma s$）字含有"向上看的他"之意。诚如麦克斯·缪勒所言，只有人才能面孔朝天[1]。据传西方哲学史的开山人物泰勒斯平时专注于观察天象，有次竟跌入坑里。于是有个女奴嘲笑说："他只想知道天上的事情，却不知道身边的事情。"柏拉图承认，这句话对所有哲学家都适用。黑格尔则解释说，这是因为哲学家较之常人关注"更高远的东西"[2]。

其次，"爱智学"的确能代表主流的西方哲学传统，但人类生存不仅需要认识世界的智慧，同时也亟须为人类自身立法的德行，中国哲学主要追求"尊德性"，正好与欧洲哲学形成互补。《周易·系辞传》倡导个体"与天地合其德，与日月合其明"，兼举德、智而言之，最为合乎这门学科的宗旨。希贤、希圣乃至希天，既体现认识能力的提高，又呼唤价值观的深化。

最后，印度传统哲学专注于"求解脱"（可视为"求超越"的变体），力图超脱现世而在精神上皈依彼岸世界——佛教哲学融汇了印度古代哲学的精神，它所区分的"大乘""小乘"的"乘"，即为去彼岸之意。此岸为现实世界，彼岸为理想世界，希哲正是连通两岸的桥梁。

可以说，综合三大哲学传统，着眼于人类生存的整体需求，称为"哲学"为佳——"明哲"凸显智慧高明，"圣哲"则凸显德行圆满，智慧与德行协调，此岸与彼岸融通，"哲学"正是在深层次上指称四者的融通。

---

[1]　麦克斯·缪勒. 宗教学导论［M］. 陈观胜，李培茱，译. 上海：上海人民出版社，1989：12.

[2]　黑格尔. 哲学史讲演录：第 1 卷［M］. 贺麟，王太庆，译. 北京：商务印书馆，1959：179.

在宽泛的意义上应当承认，人人都是哲学家——都存在刨根问底的潜能，渴求生命的圆满，憧憬诗与远方，具有趋向真、善、美的天性。只是在后天生存环境中被诱、被迫或被蔽，而出现各种异化。哲学之所以成立，是因为它承担着解蔽的使命，激活人们的潜能，使之"全面占有自己的本质"，从而促进人类社会日臻美好。

三、关于"哲学"的定义管窥

现在再让我们来考察一下当代学界对于"哲学"的几种具有代表性的定义，它们虽然系不同角度的考察，表达各异，但我们当最为关注其中蕴含可以兼容的成分。

其一，《中国大百科全书》的"哲学"条目（邢贲思撰）："哲学是世界观的理论形式，是关于自然界、社会和人类思维及其发展的最一般规律的学问。"这应该是我国学界最为普遍认同的定义，包含了外延（自然界、社会和人类思维）和内涵（最一般规律的）双重规定。

其二，现代西方学界（特别是存在主义）的较为普遍的主张：哲学是对人类生存的终极关切（是与宗教相近的信仰领域）。

其三，北大张世英教授晚年致力于基础理论研究，他兼取中国哲学和西方现代生存哲学观点，提出哲学是"提高人生境界之学"。

上述三种定义的差异在于：第一条遵循古希腊的传统，偏于从认识论之维把握——"规律"是认识的对象，它不能包括德性所知或良知；第二条偏于从价值论角度立论，"终极关切"同样适用于宗教，与一般哲学原理比较，宗教更为关注价值取向问题；第三条着重人生的超越性方面，更多关注精神趋向的彼岸。

上述定义蕴含的共同点是都与信息相关。"最一般的规律"属于所指区域的基元信息，"终极关切"可以说是主体自身蕴含的基元信息呈现，"人生境界"存在于现实的彼岸，显然是精神科学范畴，可视为基元信息的升华。此外，前述西、中、印三大哲学传统对于这门学科的理解都可以从信息角度理解：philosophy，智慧的运用在于揭示信息；"形而上学"，揭示较之经验科学更为抽象也更为普遍的信息；"玄学""奥义书"，指传达超越理智（知性）的信息。

综上所述，也许可以说，哲学是力图揭示宇宙和人生总体的基元信息的学问。一般认为，哲学学科包括逻辑学、伦理学和审美学三大分支。终极的基元信息由宇宙演化而来，制导着自然万物的"自组织"；由自然进化出人类，转化为人类的心灵结构，制导着社会和人文诸领域的文化创造。所以物理世界、人类心灵和文化世界蕴含相通的基元信息。

人类之所以区别于动物，在于人类能通过符号来描述和传达先验的和经验的各个层级的信息，包括哲学的（一般）、各门科学的（特殊）、艺术的和日常生活经验的（个别）等等，形成一个庞大而辉煌的文化世界。人生活在这个世界中，正如卡西尔所指出的："人不再生活在一个单纯的物理宇宙之中，而是生活在一个符号宇宙之中。语言、神话、艺术和宗教则是这个符号宇宙的各部分，它们是织成符号之网的不同丝线，是人类经验的交织之网。人类在思想和经验之中取得的一切进步都使这符号之网更为精巧和牢固。……人的符号活动能力进展多少，物理实在似乎也就相应地退却多少。"①

生活在这个文化世界中的人们，基于追求更高统一的天性（后面我们称为"自性原型"），精神又总是热切期盼向终极的基元信息回归。在卡西尔看来，心灵在全部智力劳动中都旨在一个目的，打破个别观察材料的孤立封闭状态，使它们归集到一个涵盖一切的秩序、一个"体系"的同一性之中去。"追求这一整体的意志乃是我们理论和经验的概括过程中的生命原则。"② 综上所述，可列表如下。

表 1-1　关于哲学之一解

名	序	古今中外的界定	与信息的关联	笔者一孔之见
何谓哲学	1	philosophy 爱智学	智慧揭示信息	哲学是力图揭示宇宙和人生总体的基元信息的学问。一般认为，本学科包括逻辑学、伦理学和审美学三大分支
	2	metaphysics 物理学之后	较经验科学普遍的信息	
	3	玄学、奥义书、形而上学	超越理智（知性）的信息	
	4	是自然、社会、思维及其发展的最一般规律的学问	普遍结构定义与最一般规律＝基元信息	
	5	是对人类生存的终极关切	终极关切＝基元信息的呈现	
	6	是提高人生境界之学	人生境界＝基元信息的升华	

---

① 卡西尔．人论［M］．甘阳，译．上海：上海译文出版社，1985：33.
② 卡西尔．语言与神话［M］．于晓，等译．北京：生活·读书·新知三联书店，1988：53.

第二节　基元信息之所指

关于"信息"一词迄今还没有普遍认同的定义。人们所见到的多是从不同角度、基于不同需要而做出的各种各样的描述。

在宽泛的意义上，整个文化世界都是一个信息世界，它积聚了人类有史以来的知识，所有知识都可以说是信息。但在严格意义上看，信息尤其指称事物的结构法则和变化规律。对于文化哲学亦然，各领域知识之间蕴含的普遍法则和嬗变规律尤为值得研究，它们较之所指具体单一的知识具有更普遍、更根本的意义，这也就是我们所讲的"基元信息"，所探究的知识领域越广阔，其基元的层级就越深。或者说，"基元"具有相对性，其深度与领域的广度成正比。

一、关于信息的诸多看法

"信息"一词，来源于拉丁文，原意指解释、陈述，在西文中普遍拼写为information。根据《牛津大词典》的阐述，information 在 14 世纪时被解释为传播的行为，在 19 世纪至 20 世纪则被解释为传播的内容。从其英语语源上看，in是接收到消息，formation 是顺理成章。也就是说，信息是增长人们的知识、传播各种事物状况的东西，信息交流是把不明确的情况弄清楚后整理成章，再传递给需要获取信息的人。

近一个世纪来，信息在人类生活中的地位越来越高，关于"信息是什么"的问题引起了广泛讨论，出现不下几百种定义，迄今为止仍莫衷一是。我们这里无意介入这种百家争鸣，但基于探讨问题的特定视角，也须表达一孔之见。窃意西方学界有三种观点最为值得重视。

一是奥地利物理学家玻尔兹曼从热力学角度界定"熵"而揭示了"信息"是与之共轭对称的概念，他把熵增加解释为无组织程度的增加，或"熵是一个系统失去了的信息的量度"[1]。信息当视为决定事物的组织结构、使之有序的因素。熵的增加意味着信息的丢失，也就是说，无序程度越高，信息量就越小，信息就是负熵。

---

[1]　王雨田. 控制论·信息论·系统科学与哲学：第二版 [M]. 北京：中国人民大学出版社，1988：278.

二是信息论奠基人美国数学家、电子工程师和密码学家香农的观点。在他看来，信息是事物运动状态或存在方式的不确定性［消除程度——引者添加］的描述①。其中，"存在方式"关涉空间性的结构法则，"运动状态"则关涉时间性的变化规律。

三是控制论奠基人诺伯特·维纳的观点。他视信息、反馈和控制为控制论的三要素，着眼于机械控制，他指出："机械大脑不可能像早期唯物主义者所宣称的'肝脏分泌胆汁'那样产出思想，也不可能像肌肉活动那样释放能量。信息就是信息，它既不是物质也不是能量。"② 将信息同物质和能量并列，是一种值得珍视的意见。

我国信息论研究专家钟义信教授在《信息科学原理》中，对国内外流行的"信息"定义进行比较归纳，认为"本体论层次"为最高、最普遍、适用最广的定义，可表述为信息是"事物所呈现的运动状态及其变化方式"。如果说本体论信息属于物质属性的范畴，那么认识论层次信息则属于精神的范畴，可相应地界定为信息是"主体所表述的事物运动状态及其变化方式"③，也就是事物的内部结构和外部联系的状态和方式。而那些语法信息、语义信息、语用信息和实在信息、先验信息、实得信息等都属于认识论层次上的各种信息概念。虽然后者也有存在的理由，值得重视，但系层次较低、适用范围较窄的归纳。这种区分层次与范围的方法有利于将信息作为系统来把握。而该书所讲的"本体论层次"其实已提升到哲学层次，最为值得关注。前述香农的观点并非作为电信工程师的他本人表述，而是我国学者根据其著作基本思想的一种归纳，其实与钟义信先生在"本体论层次"的定义基本一致。

不过，当代学界关于信息界定总体上倾向于认识论方面的把握，基本没有考虑价值论或人为自身立法领域，实在是一处需要弥补的遗憾。人为自身立法领域的信息从根本上支配着人的行为，实为天德良知。所谓本体论层次，从经验一端着眼应该是认识论与价值论的综合，从先验一端立论则是认识论与价值论的根据。

在人工智能时代更易见出维纳的观点是可信的。信息应视为一种独立于质量、能量之外而与之并列的概念；或者更明确一点说，信息是与物质、能量并

① 陈前斌，等. 信息论基础［M］. 北京：高等教育出版社，2007：4.
② 诺伯特·维纳. 控制论［M］. 王文浩，译. 北京：商务印书馆，2020：175.
③ 钟义信. 信息科学原理［M］. 北京：中国邮电大学出版社，2013：30-31.

列的三大要素之一。信息是宇宙万物所蕴含的物质与能量的组织形式，潜在决定着万物的存在和发展的样态，或者说就是万物存在的结构法则和变化规律。在现实世界中，信息的存在依赖于物质（如 DNA 中四种碱基的排列秩序），信息的传播依赖能量（如越洋电话）。一栋楼房的图纸就是信息的铺排，它首先要依赖纸张才能呈现，在它的指引下，一栋高楼拔地而起，图纸转化为现实，信息存在于砖瓦木石等物质的排列秩序之中。同样地，生物的遗传信息存在于DNA 四个碱基的排列顺序之中。人类认识世界的万事万物，应该说均聚焦于把握其存在和发展变化的信息。并且，人类之所以能把握世界的信息，在于其头脑中蕴含有某种接受和加工信息的先天格局。成功的教育，应该是启蒙与灌输的结合：启蒙旨在让受教者打开这种先天格局，灌输则因时因地输入已知的认识对象的个别信息。取皮亚杰发生认识论的观点，前者为"同化"奠定基础，后者则需要主体"顺应"来自外部的客观刺激。

　　我们将信息理解为一种形式因，它对事物起着将其要素组织为一体的作用，并且在事物变化过程中使之趋向于新的和谐有序。也就是说，它不只是静态的结构，而是制导着事物在混乱中趋向于有序的律动和动态的平衡。从逻辑上看，现代复杂性科学所推崇的"自组织"，当是信息的潜在制导。信息虽然广泛包括要素的名称，但更基本的是指称要素之间的关系①。如爱因斯坦于 1905 年提出的狭义相对论方程（$E = mc^2$）的重大意义是揭示了能量、质量和光速的关系；而他同年提出的光子能量方程（$E = hf$）的重大意义则在于揭示了能量与信息的关系②。通过这两个方程，窃意爱因斯坦称得上是本书后面将广泛涉及"资源三角形"（物质、能量、信息三者相互依存的关系）理论的科学先驱。

二、关于信息的性质和层级

　　笔者管见，所有知识都可以说是信息，人类的文化教育实则信息的贮存和传递。如此看来，信息是没有质量却有意义的一种客观存在物，是可以通过符号加以保存和传播的知识。由于它以符号形式存在，所以一般可视为没有质量和广延，归于精神领域不无道理，但它又是一种客观存在，构成波普尔所讲的"第三世界"，有的论者认为它属于物质领域，在客观实在的意义上讲也可以成

---

① 汉语有"庖丁解牛"和"来龙去脉"两个成语凝聚了人们理智把握事物存在和发展变化样态的智慧。
② 光子能量方程中的"h"为普朗克常数，"f"为事物的频率。事物独具的频率实则是其蕴含的信息。

立。特别是它决定着宇宙万物的空间结构（存在方式）和变化规律（运动状态），在这种所指的意义上看，似乎信息依存于有质量和广延的物质。新的问题是：在宇宙大爆炸的初期，科学界普遍认为那时是一个充斥着"辐射的宇宙"而不是"物质的宇宙"，但是我们不能说那时宇宙中没有信息——这样的话，科学就没有继续深入探究的可能和必要。现代量子力学深入于微粒领域，在这种微观世界中，当代科学界正在为寻找有质量的基元粒子及测定其质量而发愁①。

有鉴于此，我们不妨先避开这种旷日持久的争论，直面事物本身来考察如何把握信息的层级问题。无论是从客观世界的演化还是从人类对世界的把握上看，信息都有着无穷的层级。仅就我们寓居其中的地球生物进化史来看，从寒武纪的生物大爆发，经"古生代"的奥陶纪、"中生代"的侏罗纪等，直到现在的"新生代"第四纪，生物进化的层级简直不可胜数，每一层级展开于广袤的空间，揭示其中蕴含的信息也许比指认天上的繁星更为困难。

方便而通行的办法是自觉或不自觉依据人类生存的需要和具备的能力对信息进行归类。笔者认为，人类具有感性、知性和志性三层次的心灵能力，我们因而有理由将林林总总的信息划归为三个层次。

由人的五官感觉接收的信息为感性层的信息，例如，一株植物枝叶的形状、色泽、气味等，一般具有个别性，脱离了具体对象就没有多大意义，而要准确描述它又异常困难，不宜进入哲学研究的视域。主体的即时情绪波动信息也属于这一层。

人类运用知性能力对感性层的信息进行分类、抽象和概括，得出一类植物的特性和功能、结构形式和变化规律，借助通用的语言符号进行标记和传播，形成相应范围的植物学知识。这一层次的相对抽象的知识汇集，构成文化知识的主体部分。人类社会关于人际关系的知识也是知性的产物，当归入这一层。

日常生活中极为常见的小孩刨根问底的天性，其实揭示了人类先天具有追求更高乃至最高统一性的能力。对于最高层次的统一性，人类理智发明的语言

---

① 坚信部分粒子具有质量的诺贝尔物理学奖获得者弗兰克·维尔切克在《万物原理》一书中也承认，"包括光子、胶子和引力子在内的一些最重要的粒子质量为零。这并不意味着它们没有惯性，或者没有引力"；"很多物理学家试图解释基本粒子质量的观测值，但目前还没有人成功。"（P232）。此外，就是在倾向于实在论的维尔切克看来，绝大部分的物质质量是由原子内的上下夸克的运动与色胶子场能量的凝聚而形成质量，很少部分如电子等基本粒子的质量来自于希格斯场中介质的凝聚。（参见维尔切克.奇妙的现实［M］.北京：科学出版社，2017：62.）从逻辑上看来，后者的来由可能更为根本。

其实难以命名，因为最高的统一性意味着进入绝对、无限之域，而理智发明的语言是为了区分不同的事物，因而不免具有相对性的局限，《老子》开篇称"道可道，非常道；名可名，非常名"，蕴含的就是这个道理。另外，由于理智发明的语言具有抽象、概括的特点，所以也不适宜指称、传达感性层的具有个别性的信息，如人们在激动时常讲"百感交集"，但若要求他们一一列举出来，几乎是不可能的。

这就涉及卡西尔的符号学哲学关于"语言的界限"的观点。卡西尔写道："正如后者高于任何精确的语言确定的可能性一样，前者则低于语言的固定。语言是在介乎'不确定'和'无限'之间的中间王国中活动的；它改变未确定物的形式，使之成为一个确定的观念，而后将它控制在有限的确定的范围之内。因而在神话和宗教概念的领域里存在着属于不同秩序的'不可言传之物'，其一表象着言语表达的下限，另一种则表象言语表达的上限；但在言语表达之本性所划出的这两道界限之间，语言却能够完全自由自在地活动，充分展现其创造力的全部丰富性和具体例示性。"①

结合卡西尔的观点，我们可以将人类所能掌握的信息的层级如下表。

表1-2　卡西尔揭示的语言表达（信息）的层次与界限

上限：属于精神而无限的	宗教—哲学文化	绝对超验的存在—普遍性
精确语言表达的区域	科学各领域	特殊领域的抽象—特殊性
下限：属于感觉而有限的	神话—艺术文化	感性具体的存在—个别性

三、基元信息是指整个信息系统最原初、最根本的层级

如果从宇宙演化史角度考察，可以说各门科学揭示的信息是哲学力图揭示的终极基元信息的"理一分殊"②；若从现象界入手考察，我们可以借鉴数学的集合论，科学与哲学的区别在于局部集合与总体集合。我们在本体论中称基元信息为"本根"，借用生物学的名词则可以称为"基因"。人作为一个族类存在共同的基因序列，人类学中每个民族也存在由人类普遍的基因序列演变而成的特殊基因序列。

科学是人类理智（知性）的产物，讲求客观性、精确性、可证实（换言之

---

① 卡西尔. 语言与神话［M］. 于晓，等译. 北京：生活·读书·新知三联书店，1988：99.

② 如古希腊哲学遗产中不难发现许多天文学、物理学、生物学和心理学的滥觞。

是可证伪）性——证实与证伪一般以是否合乎现象界的实际为衡，由于其命题涉及的是现象界的局部或某一侧面，因此才有可能。就其命题的形成过程而言，恰好也是来自对现象界某一局部的抽象概括，犹如数学上的局部集合。这就决定了科学命题一般具有特殊性，仅适用于特殊的时空境域。

事实上，对于一个存在于时空中的具体对象，不同的科学学科其实只是分别把握它的某个维面，如面对一棵植株，物理学家、化学家、植物学家、气候学家、土壤学家都只能收集某个方面的信息数据进行分析概括，这样得出的结论必然具有局部性、特殊性。另外，从时间的序列上看，每一事物的产生都有它的原因，把握这种因果关系是自然科学的要务。但是因果链条对于人类的认识能力来说似乎具有无限性，不仅个体穷其一生难以穷尽这无穷的因果链，而且人类群体前仆后继也难以胜任。事物生成和发展均离不开因缘的和合，印度佛学称为"依他起"，中国先哲如庄子等称为"有待"，有待也就意味着有限。所以致力于探究现象界因果关系的自然科学所得的知识都是有限的——或称相对、特殊的，若停留于此（现象界），可能就像航船总是在大海中的礁石间绕圈子而不能抵达彼岸（本体界）。

对本体界的追求和探寻是古今中外哲学家们的共同志趣。有些人自以为可以理解世界的一切，庄子则告诫世人要明白自身理解力（知性）的局限，它把握不了无限、绝对之存在，只有"无思无虑始知'道'"，只有理解了"物物者非物"者才能游心于"物之初"。这物之初是思（知性）不能得、辩（语言）不能举的"不期精粗者"，它是一种无待的存在，因此完满自足。印度先哲也持同样观点，《大森林奥义书》第五章开首一偈描述本体界的样态："那里圆满，这里圆满，从圆满走向圆满；从圆满中取出圆满，它依然保持圆满。"① 在近代西方，康德坚决主张将适用于认识现象界的理智（知性）与追寻本体界的"理性"（vernunft）区别开来，他写道："把理念（纯粹理性概念）同范畴（纯粹理智概念）区别开来作为在种类上、来源上和使用上完全不同的知识，这对于建立一种应该包括所有这些先天知识的体系的科学来说是十分重要的。"因为在他看来，没有这种区别，要想建立真正"科学的"形而上学就根本不可能。西方思想史上历来的误区是"都把理智概念和理性概念混为一谈，就好像它们都是一类东西似的"，殊不知真正的形而上学（哲学）涉及"与理智完全不同的领域"②。

① 奥义书 ［M］. 黄宝生，译. 北京：商务印书馆，2010：96.
② 康德. 未来形而上学导论 ［M］. 庞景仁，译. 北京：商务印书馆：1978：105-106.

哲学探究最深层的基元信息即本体界的初始信息，在整个信息系统居于最原始、最根本的层级。在这一层级中的信息，按爱因斯坦和海森堡等的看法，当具有简单、美丽的特点。笔者结合东西方传统哲学的思想遗产和现代科学的新近发现，认为它近于我国《周易》所讲的"太极"生两仪，"两仪生四象"。正是这种基元信息，普遍存在于物理世界，并且演化出人类的心灵世界，进而制导着文化世界的创造。

第三节 "文化哲学"的界定

本书所讲的"文化"主要是指人类所创造的精神财富的总和。"文化哲学"是与"自然哲学"相对的范畴，专注探究人类自身的精神活动及其成果。若着眼人类的生存，文化哲学当视为哲学领域中最值得重视和普及的部分。

一、文化哲学与人类学哲学

卡西尔主张在哲学中划分出宇宙学哲学和人类学哲学两大领域。从逻辑上看，既然哲学可以说是"究天人之际"的学问，那么就潜在包含注重"天"或注重"人"的差异。这种最初的分支必然形成"宇宙学哲学"和"人类学哲学"两大领域。从历史上看，古希腊早期盛行的"自然哲学"属于宇宙学哲学，而从苏格拉底大力弘扬德尔斐神庙的箴言，视点聚焦于"认识你自己"之后，人类学哲学的疆域才逐渐扩大。在卡西尔看来，"认识自己"是哲学的最高任务，是所有哲学流派立论的不可动摇的阿基米德点，各种怀疑主义不过是它的副本而已[1]。

文化哲学属于人类学哲学。通常所讲的精神文化自不必说，就是人类创造的物质文化，如工业在马克思看来也可以视为"感性地摆在我们面前的人的心理学"[2]。

就精神文化而言，它构成了波普尔"三个世界"理论中的"第三世界"。波普尔写道："世界至少包括三个在本体论上泾渭分明的次世界，或者如我所说，存在着三个世界。第一世界是物理世界或物理状态的世界，第二世界是精

---

[1] 卡西尔. 人论 [M]. 甘阳，译. 上海：上海译文出版社，1985：3.
[2] 马克思. 1844 年经济学哲学手稿 [M]. 刘丕坤，译. 北京：人民出版社，1985：84.

神世界或精神状态的世界，第三世界是概念东西的世界，即客观意义上的观念的世界。"①

　　按照"三个世界"的理论，宇宙学哲学实则揭示"物理世界或物理状态的世界"基元信息的大学问，而人类学哲学则是揭示"精神世界或精神状态的世界"和"概念东西的世界，即客观意义上的观念的世界"基元信息的大学问。必须注意的是，第一世界与第三世界都是客观存在，因此波普尔将关于这两个世界的科学知识称为"客观知识"。

　　从发生学角度看，三个世界有着时间序列的先后关系。由物理世界进化出专属于人类的精神世界需要多级超越：包括实现由无机界向有机界、由有机界进化出人类两次大的飞跃。在黑格尔的哲学体系中，探讨宇宙与人生的基元信息的是其"逻辑学"，探讨物理世界以至有机界的是其"自然哲学"，而其"精神哲学"则相当于专属于人类的"文化哲学"。在他看来，精神哲学达到绝对理念认识自身——从本书立论的角度看，实即文化世界最为显豁地显现宇宙和人生的基元信息。

　　本书由探讨"天人之际"奠基一方面主要受到中华先哲倡导"与天地合其德"思想的浸润或影响，另一方面受到现代复杂性科学将"生物进化论"推进到宇宙进化观的启发和鼓舞。深知探索之路崎岖陡峭且荆棘丛生，仍甘愿做一次冒险的旅行，即使付出沉重的代价，也期留下一缕忠魂以召唤后来者接力求索，日渐接近希望的彼岸。

二、文化世界与人类生存

　　人类创造的精神文化是一个符号世界。正是这个世界在客观上将人类与动物区分开来。作为与物理世界一样具有客观性的文化世界是人类赖以生存和发展的基本环境。

　　落实于个体人，一方面，从他（她）来到世间那刻起就受到既有文化的熏陶，文化是其成长不可或缺的条件，犹如水分、空气和阳光等之于一棵植株；另一方面，他（她）又必须在接受、践行乃至参与创造文化的过程中才能实现自身，成为人所应该有的样子。

　　然而我们不能忽视文化世界中也存在许多糟粕的东西。基于人类生存的需要和能力，人类创造了文化世界；又基于人的整个族类生存和繁衍的需求，文

---

　　① 波普尔.客观知识［M］.舒炜光，等译.上海：上海译文出版社，1987：164-165.

化的累积似乎潜在存有某种信息的"自组织"：历史似乎总是保留真的知识而淘汰假的，保留善的德行而淘汰恶的，保留美的事物而淘汰丑的。所以，如徐复观先生所说，科学（旨在寻真）道德（旨在持善）和艺术（旨在求美）是"人类文化中的三大支柱"①。检索古今中外的图书，能够经久流传的无不是弘扬真、善、美三大价值（广义）的著述。

康德的批判哲学就是典型的例子。康德从事人自身的研究，围绕四个问题展开论述："（一）我所能知者为何？（二）我所应为者为何？（三）我所可期望者为何？"② 三者分别涉及理论理性、实践理性和目的论，恰好关联着真、善、美三大价值。在康德看来，三个问题融汇在一起，合成一个哲学的根本问题："人是什么？"由此我们看到，真正完善的文化哲学其实可谓是"人学"。无怪乎卡西尔的名著《人论》的副标题就是"人类文化哲学导引"。

虽然文化世界是一个信息的世界，但其中仍然蕴含着宇宙本根性质的基元信息的制导。我们将在承上启下的第九节较详论述，这里仅稍加提及：仿佛与物理世界同型同构，文化世界之所以在历史发展中大浪淘沙，保留真、善、美三大价值，犹如生物生长有赖于信息、能量和物质三大资源（在宽泛意义上，动、植物界不仅存在无意识的信息支配，而且它们之间还有原始的信息交流，虽然没有达到符号层级）③。可以说，文化世界作为人类生存环境，真、善、美三大价值犹如和煦的阳光、新鲜的空气和清洁的水分一样不可或缺。文化信息内化于人类个体，真的信息给予其智慧和渊博的知识，善的信息给予其良好的德行和向上的力量（能量），美的信息给予其和谐的理想与优雅的言行（智慧与德行外化为显见的物理现实）。

现时这样宣讲很可能让人觉得牵强附会，但至第三章予以详述后或能消除相关疑云。在物理世界与文化世界之间存在作为枢纽的人类的心灵世界，让基元信息的这种流转顺理成章。

文化与文明都描述人类生存状态。汉语的"文化"一词，与"文明"相通，窃意又有差异。"文化"通常是中性词，多指称相关知识（包括科学知识与德行之知）的积累状况；"文明"通常是褒义词，多指称文化累积并转化为生活实践的程度。在中华优秀传统文化中，"文化"具有动词性，与"武功"相对，

---

① 徐复观. 中国艺术精神［M］. 沈阳：春风文艺出版社，1987：1.

② 康德. 纯粹理性批判［M］. 蓝公武，译. 北京：商务印书馆，1960：549-550.

③ 当代植物学界不断传来关于某类植物之间交流信息的发现。这里不拟列举。

前者联系着教化，后者关联着压制。刘向《说苑·指武》写道："凡武之兴，为不服也，文化不改，然后加诛。""文明"则具有形容词性，与"野蛮"相对，指人类在历史发展过程中创造总成果的阶段或高度。《易林》有"文明之世，销锋铸镝"之言，就是说，文明之世即是和平之世，没有战争，没有暴力。梁启超《变法通议》说："文明之世，以道理为势力；野蛮之世，以势力为道理。"这里将"文明"与"野蛮"对举，显见褒贬色彩。文明之世，政治昌明，百姓安居乐业，人人各得其所，能够坚守善道、力行善道，因而古人常以有道指代文明，而人们想象中的"大同"正是有道的指归。如此看来，文化为文明铺路，以文明为指归。如果说原始文明是人类有了智力的萌芽因而揖别动物界，那么与之匹敌的更高阶段的文明则依靠智慧与德行双高、科学精神与人文精神平分秋色，人的族类成员普遍超凡入圣才能实现的大同世界。由此可见，文化哲学当指归于人类实现更高文明，任重而道远。

三、文化哲学旨在揭示文化世界的基因

在文化世界中，最为集中体现对真的寻求（寻真）的是自然科学，最为集中体现对善的固执（持善）的是伦理道德，最为集中体现对美的追求的是艺术。所以文化哲学应该包括认识论与科学哲学、价值论与道德哲学和审美论与艺术哲学三大部分。康德的"三大批判"为后世文化哲学的建设奠定了坚实基础。

除了自然科学、道德和艺术之外，其他文化领域其实都存在着对于真、善、美三大价值的追求。例如，经济活动是人们普遍从事的活动，求富有成效，一定要把握这一领域的真，即必须按照经济规律办事，否则将事倍功半甚至一事无成。经济活动虽然直接关联着功利，但不损人而利己其实无可厚非，而在利己的同时兼顾利群、利天下更是道义的表现，是应当肯定的善。经济的持续发展必然要求人与自然、人与人之间关系的和谐——前者涉及自然的生态美，如从人类的永续繁衍考量，"绿水青山，就是金山银山"；后者涉及人际关系的美，如"黄发垂髫，并怡然自乐"。在这种意义上的确可以说，人类社会的进步，就是对美的追求的结晶。其他如教育学、管理学等也莫不有真、善、美三大价值观念的渗透。

既然如此，对于真、善、美三大价值的（结构）由来及其嬗变（规律）进行探究，实为提纲挈领之举，方便人们认识和掌握文化世界的构成法则和发展规律。

在认识论、价值论和审美论中我们经常发现共轭的对立范畴或命题，如理

性主义与经验主义、发散式思维与收敛式思维，尊德性与道问学、德性所知与见闻之知，豪放派与婉约派、酒神精神与日神精神等观念的二元对立，普遍存在于古今中外的文化意识之中。在历史的陈述中不免关系错杂、混沌，文化哲学的使命应该发掘其中的发生逻辑，展现其有序的状态，换句话说是揭示其基元信息，消除其无规则性和不确定性。

应该承认，由于人类思维能力的局限，所抽绎的基元信息可能各有不同。弥补此弊一方面需要参考经验方面的某些观念流行的普遍性，如酒神与日神为尼采将古希腊神话人物用于指称两种基本的艺术倾向，在世界范围内影响巨大，就应当纳入审美论的基元信息系统中予以考察；另一方面又需要从逻辑方面充分掂量其严密性，不能局限于历史的观念而人云亦云——这样形成的系统可能有的臃肿、有的枯瘦，虽然反映了历史的真实，但是不能适合未来的需求。例如，在价值论中各大宗教普遍强调仁慈，中国哲学也以仁为"总德"，这既与乾坤并建的天地之道抵牾，又与近代以来的文明成果不协，且对人类开拓未来有碍，因此有必要发掘和弘扬可与"仁"相颉颃的"志"范畴，二者并提虽然并非完全忠实（也并不违背）于历史，但不能不服膺于事物的逻辑。总之，笔者主张抉择基元信息必须坚持经验与理性、历史与逻辑的有机统一的原则。通于历史则不乏，据于逻辑则可久。

概而言之，文化哲学是人类学哲学的主要组成部分，它探究人类文化系统特别是真、善、美三大领域中蕴含的基元信息，力图揭示不同文化领域的构成法则和嬗变规律，以促进人类创造文化更加自觉，践行文化更加自由，从而改善人类生存的状态，使之趋向于认识与价值、能力与需要相统一的更高文明，指归促进人类走向一体化、实现世界大同的高远目标。

为此，本书在以下几种意义上使用"基元信息"。

一是宇宙本根意义的终极基元信息。因为只有究天人之际，追求与天地合德，才能建立人类所共许的且具有神圣性的价值（广义）系统，逐渐为所有的族类成员所遵行。

二是作为宇宙本根信息演化的成果和人类文化创造根基的心灵结构。文化世界为人类心灵所创造，心灵结构既是天地之道长期演化的产物，又是滋生文化世界的根基和雏形。

三是人类所创造的文化世界中真、善、美三大领域的基元信息。三大领域适应人类生存的不同需要，形成迥异的基本观念（范畴与命题等），将它们组织成有序的系统的当是文化世界的基元信息。

　　经过多年潜心思索，笔者庆幸能有千虑一得：这三重意义上的基元信息蕴含同一骨架：它就是《周易》所揭示的太极生两仪。这一基元信息与现代科学的宇宙观基本一致，因此以之为贯穿全书的逻辑经纬。

第二章　宇宙的本原

　　人类在混沌初开时企求解释宇宙的本原，它几乎在各民族流传的神话中都占有重要地位。此处"本原"有两重基本含义，一是宇宙的起源，二是万物的本体。前者凸显时间性，后者则凸显空间性。二者本质上是相通的：在事物的发源处便蕴藏着后来各种现象的本体信息。考虑到我们以"本体"冠名本编，这里也可代之以中国哲学一个形象而贴切的称谓——"本根"。

第四节　宇宙的起源

　　关于宇宙的起源，迄今为止仍具有猜测性质。虽然现代科学提出了某些解答，但学科前沿仍疑点重重。我们拟首先有选择地介绍东西方古代哲学家的相关推测，然后再考察现代科学界的部分认知。这些都不能当作定论，宜作为有一定价值的观点参考。因此，本章将主要为陈述而非立论（当然，陈述中蕴含选择的倾向性），仅间或插入一孔之见。

一、东方先哲的推测

　　在我国，老子是最早致力于探究天地起源的知名哲学家。其《老子》第二十五章写道："有物混成，先天地生。寂兮寥兮，独立而不改，周行而不殆，可以为天下母。吾不知其名，字之曰道，强为之名曰大。"① 这里的"物"当然不能简单地理解为物质或物体，但是也不能排除有物质性的含义（大致相当于现代人常用的"东西"）。它被看成是天地之始、万物之母，也就是宇宙的本原或本根。它是绝对存在——即"莫得其偶"（庄子语）的"一"。

---

① 老子［M］．饶尚宽，译注．北京：中华书局，2007：63.

老子还描绘了一幅宇宙生成的图景："道生一，一生二，二生三，三生万物。万物负阴而抱阳，冲气以为和。"（《老子》第四十二章）参考汉代河上公的解释，"一"可理解为道由无显现为有，因为无与有是道所包含的两个最基本的矛盾方面；"二"即阴、阳；"三"或许是指阳、阴、和三气凝为天、地、人三才。循此还可以进一步解释，万物总是在天地间滋生，有的还得到人类的畜养。

不过，"道"这一称谓虽然适宜于描述天地万物的变化历程，但其弱点在于似乎纯粹是指一种精神性的法则，难以解释物质世界的来由。《周易·系辞传》的作者可能意识到前人（如早于老子与孔子的郑国大夫子产）已常用的"天道""人道"之类语词具有相对性的局限，明确地提出天地由一绝对存在者——"太极"分化而成，并且它还作为极致之理存在于万物之中，可谓是万物真正的本根。它动则生阳，静则生阴，"一阴一阳之谓道"。这样理解和表述应该说较之《老子》的观点更为合理。从逻辑上看，在本原论中宜以太极为道之始，在本体（与之相对的是现象）论中当以太极为道之极，而道在根本上说是太极在理一分殊过程中的运行形式。作为宇宙的本原，太极兼有物质（包括与之等效的能量）与精神（主要指信息），或者如古人所讲的气与理于一身。它既是原始未分的混沌存在，又是至高无上的本体存在，分化出天地万物后还是无处不在的普遍存在。

汉代哲人往往将太极理解为一团元气。其中，王符有一段文字颇为值得注意。他首先对宇宙的本原做了描述，今天我们可以如此设想宇宙大爆炸之前的状态："上古之世，太素之时，元气窈冥，未有形兆，万精合并，混而为一，莫制莫御。"① 其次描述了宇宙的演化过程，包括天、地、人的出现："若斯久之，翻然自化，清浊分别，变成阴阳。阴阳有体，实生两仪。天地缃缊，万物化醇。和气生人，以统理之。"② 最后论述天、地、人三才相辅相成，营造了宇宙的和谐："是故天本诸阳，地本诸阴，人本中和，三才异务，相待而成。各循其道，和气乃臻，玑衡乃平。"③（《潜夫论·本训》）

宋代周敦颐作《太极图说》，描述了一幅宇宙演化图景："太极动而生阳，动极而静；静而生阴，静极复动。一动一静，互为其根。分阴分阳，两仪立焉。

———————————

①　王符．潜夫论笺校正［M］．汪继培，笺；彭铎，校正．北京：中华书局，1985：365.
②　王符．潜夫论笺校正［M］．汪继培，笺；彭铎，校正．北京：中华书局，1985：365.
③　王符．潜夫论笺校正［M］．汪继培，笺；彭铎，校正．北京：中华书局，1985：366.

阳变阴合，而生水火木金土。五气顺布，四时行焉。"① 在这一图式中，太极由动、静而分出阴、阳；阴、阳交会而生五气，表现为四时的轮替。朱熹服膺周氏的见解，又受程颐的深刻影响，更是直接以"理"释太极。他认为，总天地万物之理便是太极；太极如一本生上，分为枝干，又分而生花生叶，生生不穷。到得成果子，里面又有生生无穷之理；生将出去，又是无限个太极，更无停息。（《御纂朱子全书》卷四十九）

印度古代哲学多有浓重的宗教色彩，普遍认为精神是精微的，出现于物质之先；物质是粗大的（或称"五大"）②，是精神下堕的结果。依照唯物主义的观点，这完全是本末倒置。

二、西方先哲的推测

与东方先哲偏重于玄思领悟由本根到枝叶的描述不同，西方先哲更注重直接从枝叶即现象界入手层层深入地探究。在古希腊时代，一些哲人普遍热衷对宇宙本原的探讨。观点异彩纷呈，可以概括为四类，亚里士多德称为"四因"。

早期哲学家关注的是构成万物的基本元素，如泰勒斯认为是水，阿那克西米尼认为是气，赫拉克利特认为是火等，将宇宙的本原归结为质料。亚里士多德指出，这是"最初的哲学思考"，其中实体"只是表面承受各种作用而变化"。按照这类观点，世界其实没有任何东西生成，也没有任何东西消失，因为事物虽然有变化，但其所以形成的质料不变，总是保持着同一性，事物的变化只是表面的变化。显而易见，作为一种事物形成的原因，仅有质料因是不够的，例如，"木料不能自成床榻，青铜不能自成雕像"，事物的变化是一种运动过程，我们必须到这个运动开始之点去寻找原因。

稍后赫西俄德、巴门尼德不约而同地把这种运动归结为爱情。问题是这只考虑了事物肯定的善的一面，而世界万物既存在秩序与善，又充满了无序和恶。亚里士多德认为后者甚至要多于前者。这一问题推动思想界进一步思考，恩培多克勒提出了友爱和争吵的二元对立，使这一学说更为完备。相对于前人，恩培多克勒在本体论的求索中可以说是一个集成者，因为他的学说第一次兼容了

---

① 许嘉璐主编．二十四史全译·宋史（第 15 册）［M］．上海：汉语大词典出版社，2004：9273．

② 印度数论派哲学倡"二十五谛"描述宇宙的演化历程。由神我、自性、觉（大），我慢、心根，五唯（视听嗅味触）、五知根（眼耳鼻舌身）和五作根（手足舌人根与大遗）及五大（地水风火空）构成。

质料因——四元素与动力因——友爱与争吵。以上是古希腊前苏格拉底时期一些所谓自然哲学家的思维成果。

至柏拉图提出了著名的"理式"论。柏拉图所谓的"理式"是一种最原始又最根本的形式结构，是永恒不变的"一"，完全不同于见诸感性的实体，它是众多感性实体的真正本质，是世间万物得以形成的根本原因。柏拉图的观点启发了亚里士多德，使之认识到，既然智慧要把握的不是"就个别而言的知识"，那么必然有一种普遍形式可以被人的认识所把握。当我们看到同样是木头做的床和柜子而能够很迅速且明确地加以区分，这种经验说明其中必然有一种可以为我们所把握的普遍性形式。这种普遍性就是柏拉图所讲的理式，也就是事物存在和发展变化的形式因。

通过对前人观点的梳理，亚里士多德觉得依然没有解决事物的存在和发展的本原问题，上述三种原因仍不能解释事物为什么会成为它最终的样子，如一个陶器瓶的形成过程就蕴含有其要成为瓶子这一目的。亚里士多德以为，目的因是他自己思考的发现。在《物理学》中，亚里士多德提出事物的存在与发展有形式因、质料因、动力因、目的因，后来在《形而上学》中他简要阐述道："原因有四种意义，其中的一个原因我们说是实体和所以是的是……另一个原因就是质料和载体；第三个是运动由以发生之点；第四个原因则与此相反，它是何所为或善，因为善是生成和全部这类运动的目的。"①

对于亚里士多德的上述归纳，人们有理由予以适当补充乃至修正。他以柏拉图为发掘形式因的代表，其实柏氏提出"理式"说深受毕达戈拉斯派的影响，毕达哥拉斯最早以"数"为万物的本原；赫拉克利特不宜单纯归入质料因的代表者之一，他所讲的"火"还是动力因，而由他最先提出的"逻各斯"显然是形式因；目的因的追寻也许并非亚氏本人首创，至少应该追溯于苏格拉底的神学目的论。

四因说是对古希腊哲学的本原求索的一次总结，具有重要的理论意义。我们将看到，就人类的视野而言，无论描述物理的"大宇宙"还是描述心灵的"小宇宙"，四因说刚好涵盖了它的四个维度。

三、当代科学研究的相关成果

物理宇宙的起源问题涉及的时空广袤而幽远，道理复杂而玄奥，但人类基

---

① 亚里士多德. 形而上学［M］. 苗力田，译. 北京：中国人民大学出版社，2003：7.

于自身的天性要求解答它。轴心时代的哲学家凭借信念与直觉能力提出各种可资参考的推测（古希腊时代的"自然哲学"包含了当时的自然科学），其后的漫长岁月学界更多专注局部领域的深入探索，整体的宇宙观通常主要沿袭先哲的既有思想成果。进入 20 世纪，科学界终于具备条件深入这一神秘领域。像爱因斯坦这类足以改变人们世界观的科学家，一般都具有浓厚的哲学兴趣和深广的哲学情怀，信念与直觉助推了他们的科学发现。

著名物理学家霍金指出："按照广义相对论，宇宙在过去某一时刻肯定有一个具有无限密度的状态，亦即大爆炸，这是时间的有效起始。"① 具体一些说，迄今为止由爱因斯坦的相对论方程得出的所有解中，都指示在大约 137 亿年以前的某一时刻，相邻星系之间的距离接近于零，就像一个半径无穷小的粒子，但它的密度、温度和时空曲率都为无限大。这一观点凝聚了众多科学家的心血。

1915 年，爱因斯坦在提出广义相对论时，还坚信宇宙应该是静止的。1917年，荷兰数学和天文学家德西特在广义相对论基础上提出一个静态的宇宙模型，且认为宇宙中物质的运动会使其平均密度趋近于零；在物质运动过程中存在着由宇宙半径 Λ 决定的德西特斥力。1922 年，俄国物理学家和数学家亚历山大·弗里德曼从两个非常简单的假定（我们无论从哪个方向还是任何其他地方观察，宇宙看起来都是一样的）出发解广义相对论方程，得出宇宙并非静止的结论。1927 年，比利时天文学家勒梅特发表力图调和爱因斯坦与德西特两种宇宙模型的论文，并于 1932 年首次提出现代宇宙大爆炸理论：整个宇宙最初聚集在一个"原始原子"中，后来发生了大爆炸，碎片向四面八方散开，形成了我们所处的宇宙。1948 年前后，俄裔美籍科学家伽莫夫等建立了一个热爆炸的宇宙模型，认为早期的宇宙是由微观粒子构成的温度极高、密度极大的奇点，突然的爆炸让温度逐渐降低，最初产生氢、氦、锂等元素，当下降至几千摄氏度时，电子和核不再具有足够的自由运动能量，才可能有较重元素的出现。

宇宙大爆炸理论特别联系着三个天体物理学的观测结果。一是使哈勃等天文学家经过多年观测发现的星系红移，即距离银河系越来越远的现象得到合理的解释；二是在 1965 年获得宇宙微波背景辐射的测量数据的支持——这一数据与伽莫夫等 1948 年做出的预言惊人吻合；三是轻元素丰度的佐证，氢和氦是最早的物质元素，其他元素一般由它们演变而生。目前，检测到在宇宙中二者丰

---

① 霍金，蒙洛迪诺. 时间简史（普及版）[M]. 吴文超，译. 长沙：湖南科学技术出版社，2009：126.

度之和约占99%，且氢和氦的丰度比在许多不同的天体上均约为3∶1。

　　尽管这样，质疑大爆炸理论的声音至今仍不绝于耳。有的甚至认为，存在一个由许多不同步发展的宇宙组成的大宇宙，而我们所在的这个100多亿光年的宇宙只不过是众多不同性质的小宇宙之一而已。即便赞同这一理论者，也普遍感到解释宇宙膨胀的困难，解释它需要求助于暗物质和暗能量，而目前还没有科学仪器能够检测到它们。虽然还有许多问题，但大爆炸理论无疑是当代主流的宇宙形成理论，正逐渐为大多数科学家所接受。

　　令人感到惊异的是，这一理论在很大程度上佐证了我国古代哲人的猜测具有合理性。老子称天地万物生于有，有生于无；相对于天地万物的存有而言，大爆炸之前的状态的确可称为"无"。如果宇宙在137亿年之前确为质量、能量、密度无穷大的一个奇点，那么正好可以将它视为"太极"；爆炸后的斥力驱使星系分离，引力则维持星际的同一，二者又可视为先哲所谓的乾辟与坤翕；等等。与东方哲学长于过程的描述（时间）不同，西方哲学擅长形态的剖析（空间），其"四因"说可以合成一幅宇宙形成之后的整体图景，也有其合理性。并且，东西方的先哲关于宇宙本根的体认或感悟可以会通，我们将在下一节继续讨论。

　　从哲学角度考量，宇宙的张力应该由引力与斥力合成。牛顿发现了万有引力，爱因斯坦的广义相对论实质是引力场论，不过他添加了含有斥力的宇宙常数，德西特的宇宙论凸显了由宇宙半径 Λ 决定的斥力。由此可见，把握宇宙及其万物存在和嬗变的样态，现代科学界要求注意引力与斥力的动态平衡。

第五节　万物的本根

　　我国庄子及其学派将具有原初性质和根本地位的存在称为"本根"，既形象又贴切，可以较好兼指宇宙的本原与万物的本体。庄子认为，正是由于它的存在，"阴阳四时运行，各得其序，惛然若亡而存，油然不形而神"，只不过"万物畜而不知"罢了（《庄子·知北游》）。这一学派既认为道是本根，又肯定"通天下一气耳"（同上），很难截然判为属于唯心论还是唯物论。

一、物质、能量和信息三元

　　在西方哲学史上，长期存在着物质与精神何者为第一性的争论。随着20世纪科学界对世界认识的深化，有必要代之以物质、能量和信息三元的世界观。因为在上述长期论战中，双方对"物质"与"精神"其实有不同的界定，存在内涵交叉的情形①。我们这里拟避开它们何者为第一性问题的争论，先从当代科学界普遍认同的宇宙万物的存在包含物质、能量和信息三元入手考察。

什么是"物质"？人们有不同的界定。考虑到西方"物质"一词来源于拉丁文 materia（物），因而不宜排除质量以及广延等规定。传统的自然科学（如笛卡尔）正是以世界上一切有广延、有质量的存在物为物质。物质最为基础的层级是化学元素，一直演化到有机界乃至人体都是物质的存在形式。在 20 世纪以前，人们认为最小的单位是原子。即使是原子，科学界也一致认为它也是有广延和有质量的。当人类的视野进入粒子层级以后，物质的辨别变得异常困难，科学界至今仍在为寻找和分辨有质量的粒子而不懈努力，如有报道称已发现作为希格斯玻色子（亦称"上帝粒子"）某种条件下的反粒子（或称"希格斯实粒子"）具有质量（通过希格斯场中自相互作用的介质而获得质量）。当代有的人主张将场也看作物质，我们这里不采此说，因为这种观点存在将能量和信息都简单地归于物质之嫌。

"能量"概念由莱布尼茨的"活力"概念转化而来。爱因斯坦的狭义相对论揭示了质量与能量的等效性质和转换法则。但"能量"毕竟不能等同于"质量"，不能用空间的广延度量，而是物质的时空分布可能变化程度的度量，用来表征物理系统做功的本领，如机械能、化学能、热能、电能、核能等。它固然表现空间的范围，如美国在日本广岛投掷的原子弹冲击波，但更普遍的表现为时间维度，如物体的位移和生物的生长等，都需要一种动力的参与。就人类的感知能力而言，如果说物质一般是有形的"体"，那么能量一般是无形的"力"。相对地，物质可以是静态的存在，能量则促使物质世界动态化，宇宙的演化当归因于能量的作用，生物的进化更是如此。

如果只是考虑物质和能量，人们可能很乐观地认为可以轻易掌握和利用天地万物的变化规律，形成牛顿力学创立以来的"钟"式宇宙观。法国科学家拉普拉斯在 19 世纪甚至提出一种机械决定论——认为只要知道了宇宙中所有的作用力及所有原子在某一时刻的坐标与速度，就能确定世界的全部过去和未来。这种极端倾向引起科学界向探究偶然性、不确定性方面反弹，其中在物理学界

---

① 如对于"规律"范畴，唯心论者（黑格尔等）以之为精神，而唯物论者则以之为物质（在客观实在意义上）的（固有的运动形式）。

运用概率论就取得一系列成功。特别是深入微观世界，"测不准原理"得到广泛认同。20世纪的科学界更普遍的倾向"云"式宇宙观。

日常用语中，"信息"包括消息、情报、指令、密码等，但从哲学高度看，人们甚至认为，创建宇宙万物的最基本的万能单位是信息；或者说，它是决定着宇宙万物是其所是，且为人类心灵能够认识或体认的普遍形式。人类头脑不能直接接收外来的物质和能量，但是对于信息则有着巨大的容纳量。信息究竟是物质的还是精神的，留给二元论者去争论，我们这里不予判断。在逻辑上考量，恰恰是承认信息独立于二者，才便于同现代科学界打通无机界与有机界的壁垒、确立宇宙进化观相协调。

比照亚里士多德阐述古希腊时代自然哲学的术语，可以说物质是世界万物形成的质料因，能量是世界万物形成的动力因，而信息则是贯穿其中的形式因。如果根据人类把握世界固有习惯（基于先天能力），似乎可以说，一般偏于在空间上把握物质，偏于从时间上把握能量（倡导"创化论"的柏格森抨击唯科学主义倾向时，称它将时间也空间化了），而信息则需要从时空一体上予以把握——因为它既决定着物体的结构法则，又制约着能量的运行规律。

事实上，三者不可分离，常常浑然一体，从宇宙的本根到世间的万物莫不如此。显而易见，物质依赖信息的组织，信息须以物质为载体（如决定人体密码的四种碱基的排序）；信息依靠能量才能传播（如电报、电话），而能量流动中总是含有信息的制导（通常称为"变化规律"）。1976年，美国哈佛大学安瑟尼·欧廷格教授领导的研究小组发表年度报告，首次以一个等边三角形描述这三大要素的关系，表达了这样的思想："人类生存的世界包括物质、能量和信息三大基本资源，没有物质，一切事物都子虚乌有；没有能量，一切都静止不变；没有信息，一切都混沌一团"[1]。其后人们通称其为"资源三角形"[2]。如前所述，关注贯通宇宙万物的基元信息，当是哲学的基本任务；能否吸纳或兼容"资源三角形"，当是衡量信息是否具有基元性质的重要依据。

---

[1] 报告中的英文原文是："The resources of societies are materials, energy and information; without materials there is nothing; without energy all stands still; without information all is chaos."

[2] 哈佛研究小组以物质、能量、信息为三角形的三个顶点，较好地揭示了三者的相互依存关系。本书从宇宙及其万物的演化角度考察，更倾向三者为"一体之三维"（见本节图2-3）。

二、东方传统哲学的相关财富

数论派是印度最早的哲学流派之一，据传释迦牟尼就曾师事过数论师。《奥义书》中可见数论思想的内容，《薄伽梵歌》更是贯穿着数论瑜伽的哲学观。神我与自性在数论中是一对本体范畴。印度著名学者德·恰托巴底亚耶认为，原始数论起源于印度原始公社时代，人们推测宇宙的起源与男女生殖行为相类似，于是形成两个最基本的范畴：以女性为标志的"自性"（原质）和男性为标志的"神我"（原人）。这一观点能够得到很多佐证。如在《迦陀奥义书》中，神我（atman）被称作"丈夫"，《白骡奥义书》将自性比喻为牝羊。《金七十论》（《数论颂》）卷上更明确写道："譬如男女由两和合故得生子，如是我（神我）与自性合，能生大（觉）等二十三谛。"

此外，数论派认为自性作为原质生成天地万物时赋予其喜、忧、暗三德，实即相对于一种本根的信息——"神我"而言，具有不同的（被）意识层级：喜者为轻光相，可以朗现；忧者持动相，或明或暗；暗者重覆相，因重重覆盖而处在冥暗之中。这与西方近代天才思想家莱布尼茨关于知觉层级的推测（见其《单子论》）不无相似之处。

我国的先哲也重视事物的法则。《诗经》中的《大雅·烝民》歌咏道："天生烝民，有物有则。"作为经典名言，成为华夏民族的共识，如孟子在《告子》上篇便直接引用。

儒家虽然主要着眼人的社会化生存，但也不乏宇宙观方面的论述。孔子曾对弟子谈道，自己有些不想说教了，很想默然。子贡一听急了："您老要是不讲，我们这些学生怎能理解和传播您的思想呢？"孔子感叹道："天何言哉？四时行焉，百物生焉。天何言哉！"（《论语·阳货》）四时之行、百物之生中蕴含着天地运行的基本法则，这种信息无须、也难以口耳相传，需要个体切身体认。孔门撰写的《易传》提出"易有太极，是生两仪。两仪生四象"，包含着极其深刻的哲理，代表了先秦时代最为成熟的宇宙观，与现代科学的发现颇为合拍（后面展开阐述）。两仪可理解为乾、坤二元，它是天地万物最为普遍的两种势用；把握了乾辟与坤翕或乾易与坤简相辅相成的关系，则"天下之理得"。四象或许直指春夏秋冬，但实际上揭示了更为深广的客观规律，涉及万物"生—住—异—灭"四相，我们将在"辩证逻辑"一节论述。后世儒家不仅在本原意义上以太极为天地之始，而且在本体意义上认太极为兼备众理的绝对真理，认为它存在于每一事物之中，仿佛月印万川。

　　道家明确以道为天地万物得以形成的本根。老子认为道的运行衍生出阴、阳两种势用，进而产生天地万物。在庄子看来，万物皆有待，相互依赖；失去依赖的条件就不能存在。因此，推论至最后，必然有一无待者，它一切具足，统摄万有，所以不能是万物之中的一物，而只能归结为"物物者"。正是超越时空的这一无限者，不仅生成天地万物，而且赋予它们以法则和秩序（信息）："天地有大美而不言，四时有明法而不议，万物有成理而不说"①（《庄子·知北游》）。这种大美、明法、成理有着怎样的构成呢？庄子从人类生存角度也有所揭示，他认为那些能以虚静推及天地、通于万物的圣人、真人，"静而与阴同德，动而与阳同波"（《庄子·天道》）。也就是说，人要与天地合德，举止动静当合乎阴、阳的律动。

　　此外，中国哲学普遍认同的"天道"可理解为确定性和不确定性的统一，其确定性方面构成事物产生和变化发展的形式因，通常称为"天理"；其不确定性方面构成事物产生和发展变化的动力因，通常称为"天命"。无论是自然界还是人类社会的发展变化，似乎都交织着天理与天命的双重作用。

三、毕达哥拉斯的"圣十"图解

　　西方哲学在古希腊时代就揭示了宇宙本原的"四因"，的确体现了高超的智慧。四因之间的关系结合具体的人造产品（如建房）能够很好解释且易于领悟：往往是目的因在先，形式因、动力因与质料因随之。对于宇宙能否如此解释？如果认同宇宙的产生确有起点，就难以否认它会有终结，在这一过程之中似乎不能排除其必然性。那么这必然性又来自哪里？势必要求追溯于宇宙的起点。若能揭示它已蕴含于起点之中，就完全不必归结于外在的神的意志。它就是目的因。

　　显而易见，目的因包含有形式因，但又不只是形式因。如果没有动力因和质料因它就不可能向现实转化，而动力因和形式因又都联系着质料因：动力往往来自质料，质料也必以某种形式而存在。因此，我们可以说，如果将宇宙大爆炸之前的存在称为"太极"，它应该是四因的统一体，只是没有分化、无从剖析而已。

　　人类企求认识宇宙的本根，通常希冀通过抽取或集约万物中的一般而实现，正如《老子》所说："夫物芸芸，各夏归其根。归根曰静，是谓复命。复命曰

① 陈鼓应注译. 庄子今注今译 [M]. 北京：商务印书馆，2007：650.

常，知常曰明。"① （第十六章）本根即万物之"常"。在西方历史上，一些"理性思维的英雄"（黑格尔语）力图通过数学的方式揭示宇宙奥秘。其开山人物便是毕达哥拉斯及其学派。

毕达哥拉斯以"数"为宇宙万物的本原，且最为推崇"十"。据传毕达哥拉斯有一句格言："德尔斐的神谕是什么？圣十。"② 因为"10"这个数包含了1、2、3、4四个数目或称"四元"，其中"1是点，2是线，3是三角形，4是棱锥体"，"所有这些都是同类个别事物的初始和本原。""它蕴含了永远流变不居的自然的源泉"③ 难能可贵的是，该学派对天体运动有着远超同时代人的理解。据亚里士多德记述，"大多数人认为，大地位于中心，……但是，意大利的所谓毕达哥拉斯学派，却持相反的意见。他们说，中心是火，大地不过是群星中的一颗，它环绕着中心作圆周运动，从而生成黑夜和白昼。"④ 深受毕达哥拉斯派濡染的柏拉图认为万物的本原是"理式"，极为推崇数学中的几何，据传他在自己兴办的雅典学园的门口张挂一块牌匾，上写"不通晓几何者勿进"。

这种思想深刻地影响着西方人的宇宙观。科学史家亚·沃尔夫指出："近代科学的开创者们满脑子都是毕达哥拉斯主义精神。哥白尼和刻卜勒（即开普勒——引者）尤其如此，而伽利略和牛顿也大致如此。"⑤ 今天我们还可以补充说，爱因斯坦、普朗克等现代科学的开创者也不例外，他们孜孜不倦地进行积极科学探索的动机就是"以最适当的方式来画出一幅简化的和易领悟的世界图像"⑥。

伽利略所著的《试金者》有一个基本观点，即认为宇宙之书是"用数学语言书写的，它的符号是三角形、圆形和其他几何图形，没有它们的帮助，人们

---

① 老子［M］.饶尚宽，译注.北京：中华书局，2007：40.
② 转引自戴维·欧瑞尔.科学之美：从大爆炸到数字时代［M］.潘志刚，译.北京：电子工业出版社，2015：6. 现代量子力学的创立者之一狄拉克也认为造物者"是一位极高段位的数学家"。
③ 苗力田.古希腊哲学［M］.北京：中国人民大学出版社，1989：77-78. 与之形成对照的小亚细亚的米利都派，他们普遍注目于有形体的如水、气、土等质料要素。
④ 苗力田.古希腊哲学［M］.北京：中国人民大学出版社，1989：81.
⑤ 亚·沃尔夫.十六、十七世纪科学、技术和哲学史［M］.周昌忠，等译.北京：商务印书馆，1991：9.
⑥ 爱因斯坦.爱因斯坦文集：第1卷［M］.许良英，等译.北京：商务印书馆，2010：171.

无法理解任何一个单词；如果没有它们，人们会在黑暗的迷宫中徒劳游荡"①。在这样的思潮中，英国数学和物理学家罗伯特·弗鲁德（1574—1637）用一个正三角形对毕达哥拉斯的"圣十"做了图解。② 鉴于三角形偏于强调事物的确定性一面，我们不妨尝试结合我国《周易》所隐含的太极图，将三角形置于一个圆形之中，这样它就体现了"云"与"钟"的统一，并在其中揭显据传由毕达哥拉斯最先发现的黄金分割律，或许更为切合大爆炸理论产生后所展现的宇宙图景（如图 2-1 所示）。③

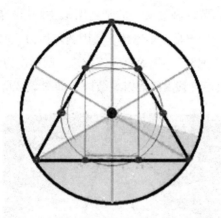

图 2-1　毕达哥拉斯的"圣十"图解

于是我们发现，三角形的重心或垂心正好是圆心，而十个点中另外九个点构成双层环绕：六个点以 60 度区隔分布在内圆的圆周上④，三个点以 120 度区隔分布在外圆的圆周上。从中较易看出，黄金角（137.5 度）与黄金矩形（约5：8）的比值作为无理数可构成有序与混沌（二者关联着必然与自由）的边界。应该将圆心看作绝对本体，即宇宙大爆炸之前半径无穷小的一点（而不是弗鲁德所描述的三角形的某一顶点）。外圆即无穷多样的现象界，内圆为绝对本体的"理一分殊"，即不同种类事物的特殊本质——内圆是一圆环，其内沿为数学，完全在三角形之中，关联着理性主义传统；外沿为实验科学，较多接近现象界，

①　戴维·欧瑞尔. 科学之美：从大爆炸到数字时代［M］. 潘志刚，译. 北京：电子工业出版社，2015：263.

②　戴维·欧瑞尔. 科学之美：从大爆炸到数字时代［M］. 潘志刚，译. 北京：电子工业出版社，2015：7.

③　事实上，宇宙中的天体一般为椭圆形。椭圆有 2 个焦点，可很好解释肯定否定规律等。将在"第二编认识论察万物之理"中讨论。

④　世界上的宝石中最珍贵、最美丽的蓝宝石为 6 条星线，或许与宇宙的潜在结构有关。

关联着经验主义传统。

我们还可看到，宇宙最原始也最基本的运动方式是"一"（圆心）与"多"（圆周）的双向运动：由一到多是乾之辟（辐射、扩散），也就是膨胀；由多到一为坤之翕（辐集、凝聚），也就是坍缩。并且，任何事物的内部其实都贯穿着一翕一辟的双向运动，也就是一阴一阳之谓道。又可以说，向内凝聚凸显形式因，向外发散凸显动力因，二者与质料因一起合成外部的现象界，但归属点与出发点（圆心）当是目的因。

考虑到毕达哥拉斯曾宣讲过最美的平面图形是圆形、最美的立体图形是球形的观点，并且直觉到宇宙是一个球体；爱因斯坦称为"时空连续区"；霍金甚至将宇宙比喻为一个"泡泡"；我们更应该将这一圆形作为球体或可拉伸涨落的场型来理解，"数"决定着其内部的组织结构（如图 2-2 所示）。①

图 2-2　四维的波动的场型或球体

在一个球体中，可能有无数个这样的平面交织在一起，产生复杂的运动过程。不过若我们任意选取球体的一瓣，无论对它从何种维度考察，都会是如图 2-3 这样的平面，从中我们不难分辨出多重信息。

其一，我国先哲所讲的太极生两仪或一阴一阳之谓道，的确揭示了万事万物的普遍法则。乾健不息，是事物发展变化的动力因；坤厚载物且成物赋型，具有"大、直、方"及"黄中通理"诸特点，当为事物存在和发展变化的形式

---

① 宇宙空间之所以为球体，也许是因为能量守恒。因此环绕一个中心质点的辐射（斥力）与辐集（引力）的距离是基本相等的（在不考虑波动的情况下）。

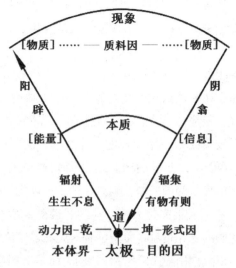

图 2-3　乾辟坤翕与四因及资源三角形

因；太极作为世间万物的起始点和归宿点，无疑是目的因。金岳霖先生论
"道"，体悟到万物莫不"居式由能"①，正合《周易》之意。其中式主翕与能
主辟，实与熊十力先生的乾辟坤翕、辟翕成变的宇宙观潜在一致。按现代科学
的观点，主辟者为能量，主翕者为信息，如果宇宙大爆炸之前"像一个半径为
零的球"（霍金）或称"能量包"（弗里德里希·克拉默），那么它一定包含有
万物变化之"宗"的信息。按照伽莫夫等的热爆炸理论，除了氢、氦、锂等轻
元素之外，人们常见的固体物质只有在天体温度下降到一定阈值时才能形成②。
固态的物质元素构成的事物直接诉诸人的感官，所以最易于为人们所关注和
研讨。

其二，此图可以涵括亚里士多德的"四因说"——如前所述，它凝聚了古
希腊自然哲学家的集体智慧。球心可视为"太极"，系目的因；它分化的乾健之
维为动力因；坤顺之维为形式因；二者在特定条件下相结合构成质料因。

其三，此图还与 20 世纪科学界的新发现相一致。前述信息与物质、能量为
人类赖以生存和发展的三大要素，在这图表中也可得到阐明：能量构成事物发
展变化的动力因，信息构成事物存在（结构）和变化（规律）的形式因，二者

---

① 金岳霖. 论道［M］. 北京：商务印书馆，1987：40.

② 当代科学认为，"在大约 4000 度时，发生了由辐射统治的宇宙到物质统治的宇宙的转
变"（埃里克·詹奇. 自组织的宇宙观［M］. 曾国屏，等译. 北京：中国社会科学出
版社，1992：93.）

与不同质料相凝聚，便构成不同性质和形态的物体。事物基于能量的涨落而发生变化，达到某一度量关节点而被贞固赋形，便是《周易》所讲的"乾知大始，坤作成物"。

其四，如果说将能量、信息和物质三者归于"太极"只是一种逻辑的推论，无从证实或证伪，那么在经验层次上仍可找到入手处。今天的科学技术完全有可能验证：一棵橡籽一定是物质、能量与信息的"三位一体"，而由它生长出来的参天橡树的每一根枝条或每一片叶子也一定是三者的凝聚。由此涉及当代方兴未艾的"复杂性科学"，其基本趋向是通过探究客观世界内在的"自组织"以打破从无机界到有机界之间的壁垒，确立一种宇宙进化观。①

本书将引领读者考察人类文化大厦中科学、道德、艺术三大领域，揭示诸文化领域普遍蕴含此图的基元信息，希望读者对此图多做流连，细加品味。

霍金曾谈到："如果你相信宇宙不是任意的，而是有明确的定律制约的，你最终必须把部分理论结合成一个完备的统一理论，它描述宇宙中的万物。"② 自然科学及与之相应的宇宙学哲学建立精密的大统一理论尚需要时日，人类学哲学也应该朝着这一方向努力探索。

第六节　终极的对称：乾辟与坤翕

上一节我们与时俱进地阐述了一种新的宇宙观，意犹未尽，本节让我们仅从"对称"角度进一步列举相关论据，以期确立乾辟坤翕的终极对称法则。

运动与静止是事物常见的两种形态。运动展现事物在时间维度上的变化，静止展现事物在空间中的一刹那。对于任何事物来说，如果它自身没有丝毫变化，意味着它脱离或超越时间维度。例如人们想象中的神或给人以永恒不变错觉的顽石等，如果它从性质、结构到形态毫无定性，则意味着它脱离或超越空间维度，根本就不可能为人类所认知。由此可见，时间与空间同运动与静止不仅相互联系，而且存在大致对应的关系。令人赞叹的是，华夏民族的先哲通过对易道中乾、坤二元的论述让两对范畴达成有机统一。

---

① 胡家祥. 探寻本体论与方法论的统一：传统哲学观念与当代科学发现的汇合 [J]. 江汉论坛，2019（5）：68-73.

② 霍金，蒙洛迪诺. 时间简史（普及版）[M]. 吴文超，译. 长沙：湖南科学技术出版社，2009：13.

一、我国《周易》的核心思想

在《易经》中，《乾》《坤》二卦为父母卦，八经卦中其他六卦犹如他们的子女，六十四别卦由八经卦交互重叠而成。《易传》尤重在哲理上阐释生生不息的易道。它以乾、坤为易道运行的二元，《易经·系辞传》反复强调："乾、坤，其易之缊邪？"① "《乾》《坤》，其《易》之门邪？"② "乾、坤成列，而易立乎其中矣。乾、坤毁，则无以见易。易不可见，则乾、坤或几乎息矣。"③ 对于乾、坤二元（亦可分别称为"乾道"与"坤道"）的阐述是《周易》（特别是《易大传》）的核心思想。

在相对的意义上，乾、坤拥有各自的特点，二者具有共轭性质，构成相辅相成的关系。

首先是乾健与坤顺。乾为天道，《乾》的卦辞称其"元，亨，利，贞"；爻辞以龙为喻，贯彻始终——龙是想象中雄健、飞动的动物。《象传》赞叹道："大哉乾元，万物资始，乃统天。云行雨施，品物流形。大明终始，六位时成。时乘六龙以御天。乾道变化，各正性命。保合大和，乃利贞。"④ 坤为地道，《坤》的卦辞称其"元，亨。利牝马之贞"⑤；爻辞用"直、大、方"和"含章，可贞"等描述；《象传》赞美说："至哉坤元，万物滋生，乃顺承天。坤厚载物，德合无疆。含弘光大，品物咸亨。牝马地类，行地无疆，柔顺利贞。"⑥《说卦传》解说八卦的称名，明确将乾界定为"健"，将坤界定为"顺"。

其次是乾易与坤简。由乾、坤合成的世界万物蕴含着多重二元对立，其中尤其以"易、简"二特性最为值得注意，它们相当于亚里士多德所谓的动力因与形式因。"易""简"的原始义可能均为名词，在《易经·系辞传》中赋予了动词性，即像"易"（且不论是指日月还是指蜥蜴等）那样变化不居，像"简册"那样尽数展现，秩序井然。因此可以说，易主要体现于时间维度，指乾的健而动和变化不居的势用；简主要表现于空间维度，指坤的顺而静和贞固赋形的势用。前者功在"开物"，是天地万物发展变化的不竭源泉；后者功在"成

① 周振甫撰．周易译注［M］．北京：中华书局出版社，1991：249.
② 周振甫撰．周易译注［M］．北京：中华书局出版社，1991：266.
③ 周振甫撰．周易译注［M］．北京：中华书局出版社，1991：563.
④ 周振甫撰．周易译注［M］．北京：中华书局出版社，1991：5-6.
⑤ 周振甫撰．周易译注［M］．北京：中华书局出版社，1991：24.
⑥ 周振甫撰．周易译注［M］．北京：中华书局出版社，1991：25.

务"，赋予纷杂质料以有序的形式。《系辞上传》论述道："乾知大始，坤作成物。乾以易知，坤以简能。易则易知，简则易从。易知则有亲，易从则有功。有亲则可久，有功则可大。可久则贤人之德，可大则贤人之业。易、简，而天下之理得矣。"① 由于理解了"易、简"也就洞察了易道运行的内在二重性，因而也就在根本上把握天下之理②。

最后是乾辟与坤翕。《文言传》称"乾道乃革"，"与时偕行"；"坤至柔"，"至静而德方"。《系辞传》更明确地写道："阖户谓之坤，辟户谓之乾，一阖一辟谓之变。"这是深入浅出的比喻，描述乾元具有向外发散的性质，犹如将门推开；坤元具有向内收敛的性质，犹如将门关闭；有开有合，一动一静，形成事物的变易。乾辟而动，是时间性的，坤翕而静，是空间性的，同上述"可久"与"可大"前后呼应，一脉相通。着眼事物的发展变化，把握乾辟与坤翕之理尤为重要。前述周敦颐《太极图说》中的"阳变阴合"正是与此类似的阐释。

熊十力先生就是如此。他熟知乾健与坤顺之理，对于乾易而坤简也有一定的认知，却牢牢抓住乾辟与坤翕的二元对立发挥其哲学思想。他自述18岁时读《周易》的《系辞传》，至"辟户之谓乾，阖户之谓坤"，神解脱然，顿悟虚灵开发者谓之辟，亦谓之心；聚凝阖敛者谓之翕，亦谓之物。这一根本性的感悟对他终身的学与思有着决定性的影响。在晚年撰写的《体用论》和《乾坤衍》中，熊先生无意持平地注释《周易》，而是着重发挥其"翕辟成变"，"体用不二"的基本观点。他常常将易道称为"恒转"，认为它必然包含两种"势用"：一种刚健而不物化，坚持不断开发，名之为"辟"；一种凝敛而成物，总是进行摄聚，名之为"翕"。辟为乾德，翕为坤德，宇宙大化正是立基于乾、坤推衍、翕、辟成变。在他看来，乾道"生生""大明"，所以乾是生命、心灵，具有刚健、升进、焰明诸特性，因而为阳；坤道"成物""载物"，所以是物质、能力，具有柔退、摄聚、迷暗等特性，因而为阴。辟（乾）为体，自为主宰，能转化翕（坤）而成物即成其用。乾、坤不能分离，体、用不容分界，物质与精神也不宜分割，此即体用不二。观点虽不免偏颇（如视坤为迷暗的物质），但仍闪烁着思想的光辉。

与熊十力先生不同，深受西方哲学浸润的金岳霖先生对"道"的求索也得

---

① 周振甫撰．周易译注［M］．北京：中华书局出版社，1991：229.

② 胡家祥．《易传》的"易简"新释：兼谈"易简而天下之理得"［J］．周易研究，2007（5）：18-25.

出类似的观点。他在《论道》的第一章首先明确肯定"道是式—能"（一·一），然后分述何谓式、能，二者的基本特性和相互关系。按照金先生的理解，"能"的好处是蕴含中国传统哲学"气"范畴的某些义项，却又避免了让人误解为"质料"，它是活的、动的（一·三）；"能"还便于同"可能"联系起来，表现动态与多元趋向，从而可以解释现实世界的物之不齐（所谓"能不一"）。"式"是逻辑的源泉，是理的源泉，但是不限于任何一个逻辑系统或某一分理，只能说是"一理"或"唯一逻辑"，简而言之，"式无二"（一·一三），"式常静"（一·一七）。在金先生的头脑里，宇宙的最基本的模式是"能"在"式"中又可以自由出入，因而既有根本性的法则，又演化出现实世界的多样性，亦即"居式由能莫不为道"（一·二六）。金先生对能与式的论述与先哲对乾、坤二元的描述颇为接近。

　　将熊、金二先生的观点综合起来并与现代科学的相关成果比照，可以说"乾"为能量，"坤"为信息，二者在一定条件下合成现实世界林林总总的物体。"太极"则是物质、能量和信息的"三位一体"（如图2-4所示）。可以说，此图既是简约的世界观，又是基本的方法论。①

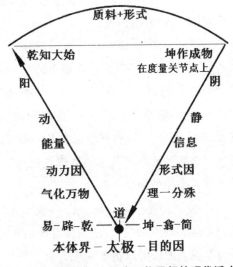

图2-4　《周易》太极生两仪思想的现代活力

---

① 更明确一些说，在此编中我们主要作为推论的结果——世界观看待；在后三编中，我们将作为考察文化世界诸领域的构成逻辑——方法论看待。本书的一个基本观点：物理世界的基本法则作为一种"自组织"的潜能也存在于文化世界中。事实上，迄今人们从不同角度对不同文化领域的分析中已屡屡见到其"身影"。

总之，乾、坤是源于本体界（太极）的两种对立势用，二者相摩相荡演化出宇宙中的万物，先哲称为"乾知大始，坤作成物"，于是而形成林林总总的现象界。

二、国外先哲的类似观点

中华民族以乾指称显现力量劲健的拓展性倾向，以坤指称显现形式规范的凝聚性倾向，揭示了宇宙万物发展变化过程中最基本的矛盾，在印度和西方的哲学史上也有类似的意识。

印度哲学源远流长。编成于公元前 1500 年前后的《黎俱吠陀》便包含有一些哲学思想，作者特别尊崇和赞颂两位神祇，形象地表达了其宇宙观。其一，因陀罗，全书约有 1/4 的篇幅歌颂这位雷神和战神，描述他腹大充满了苏摩（一种让人精力充沛、斗志旺盛的液体），躯干超过大地的 10 倍以上，手握金刚杵，力大无穷，常能降服群魔；其二，伐龙那，他以公平执法著称，具备一切智，是天地万物和人类社会的立法者，天地因之奠定，日月星辰依照他制定的法则运行，且能洞察人的真伪，任何阴私都逃不过他的眼睛。因陀罗之力与伐龙那之智成对，可以并称"因陀罗伐龙那"，二者类似乾坤的属性，可理解为宇宙所包含的动力因和形式因的人格化体现。

在西方，赫拉克利特主张火为本原，认为世界秩序（一切皆相同的东西）不是任何神或人所制造的，"它过去、现在、未来永远是一团永恒的活火，在一定分寸上燃烧，在一定分寸上熄灭"①。显而易见，"燃烧"与乾的势用相似，"分寸"正是坤的基本属性。赫拉克利特还称万物的内在本原为"逻各斯"（logos），此词的原义是"话语"，赫拉克利特用它专门表示"说出的道理"，并且认为正确的道理表达了真实的原则、基本的规律或道等。逻各斯与分寸相通，它与火的燃烧可以看作同一本原的两个方面。

恩培多克勒主张"四根（即地、水、风、火）说"。不过他认为四根是实在的，而"友谊和仇恨是思想的原则"②，是某种普遍的东西，因此亚里士多德认为他首次以善和恶为本原。或许可以折中地说，友谊是四根之间表现的引力，由于指向相互和合，故人们常以之为善；仇恨（或争吵、敌对）是四根之间表

---

① 北京大学哲学系外国哲学史教研室，编译. 西方哲学原著选读：上卷 [M]. 北京：商务印书馆，1981：21.

② 黑格尔. 哲学史讲演录：第 1 卷 [M]. 贺麟，王太庆，译. 北京：商务印书馆，1959：321.

现的斥力，由于趋向相互排斥，故人们常以之为恶。坤翕与乾辟是一种较好的中性表达，不过体现于人类的社会活动，往往也给人带来类似善恶的观感，如荣格命名的"阴影"原型似乎是恶的，而"自性"原型似乎是善的。

在古希腊晚期，斯多噶派在宇宙学哲学方面认为有两种本原：一种是主动的，如气和火；一种是被动的，如水和土。被动的本原是质料，主动的本原构成精神和理性——它们是纯粹的火。主动的向上运动，被动的向下运动；在圆球形的世界中，向下意味着向（中）心凝聚，向上意味着离心扩散。这派哲学家还看到，最低级，但普遍的理性是"普纽玛"，弥漫于宇宙万物之间，给予质料以"内聚力"，使之形成一个单一的整体，如石头；而植物具有"种子理性"，除了内聚力之外，还有生长力。在此基础上，动物又有能感觉的灵魂，人类则更具有理智，不难看出，从种子理性到感觉理性、理智理性，是逐级的上升，包括无机界也普遍存在的凝聚与扩散，和仅限于有机界的内聚与生长，在华夏先哲看来都是坤翕与乾辟的体现形式。

在西方现代哲学家中，最为接近于《易传》所描述的宇宙图式的莫过于叔本华的观念了。叔本华所看到的世界由两个层面构成：一是表象，也就是康德所谓的现象界，在这层面上需要时间、空间、因果性等根据律表出；二是意志，叔本华认为它就是康德所谓的物自身。除了这内外之分，叔本华还常用另一种平行的二元划分，即理式同意志一样构成本体界的内容。原来，叔本华所理解的意志的客体化有不同的级别，理式就是意志的客体化每一"固定不变的级别"，当然这是相对于意志没有与杂多性相涉，仍然是自在之物而言的。理式又可以说是意志直接的恰如其分的客体性，不过最为简明的表达莫过于以之为一种基本结构，理式之于自然，"有如给自然套上一种格式"①——叔本华认为只有这样理解才真正吻合柏拉图使用此词的原意。意志与理式，无疑相当于乾辟与坤翕。

比较而言，西方哲学传统偏重于"远取诸物"，印度哲学传统偏重于"近取诸身"，轴心时代的中国哲人二者并重，既注重观察外部世界所产生的直觉，又注重叩问心灵所获得的体悟，基于集体的智慧选择了一对介于抽象和具象之间的"乾"与"坤"表述在宇宙演化过程中两种最基本的势用，其概括力迄今似乎较之西方和印度的同类概念为优。根据凡是合理的必将成为现实的普遍法则，有理由期望这对范畴将为全球思想界所采用。

---

① 叔本华. 作为意志和表象的世界［M］. 石冲白，译. 北京：商务印书馆，1982：191.

三、乾辟坤翕的广泛体现

对于乾、坤的把握，不能局限于先哲经常为喻的天地或男女，应该提升到乾道与坤道或乾德与坤德的高度，抽象其最普遍的意义。《易传》的作者认为，若参透了乾之基本特性（易）和坤之基本特性（简）相辅相成的关系，则可体悟天地之道，从根本上把握天下之理。这绝非言过其实的浮夸。相关思想在西方古今哲学界也不断地被讨论，我们可以简单地列表2-1揭示二者之间逻辑上的会通。

表 2-1　东西方哲学对终极对称的相关揭显

《周易》所描述的天地之道	西方哲学所揭示的宇宙图景
乾—阳—动—辟—可久—易……	动力因—时间—自由—混沌—云……
坤—阴—静—翕—可大—简……	形式因—空间—必然—有序—钟……

作为天地之道的二元，必然从根本上决定着宇宙演化的形态和方向。辩证逻辑力图从四维时空中描述宇宙万物的形态结构和变化规律，它所揭示的三大规律和普遍联系的基本环节均可以见到两种势用的潜在制约。可以说，乾易与坤简或乾辟与坤翕是对立统一规律的核心，决定着事物主要矛盾的转换。一般说来，乾构成事物的内容方面，坤构成事物的形式方面，二者既根源于事物的目的因，又合成了事物的质料因（乾知大始，坤作成物）。

事物的内容与形式其实难解难分，就物理世界而言，质料与能量构成事物的内容，形状与结构构成事物的形式，将形式与质料比较，通常前者更为重要，但能量与质料密切相关，它较之相对静态的形式更为主动①。这种"互揪头发"（马克思语）的关系决定着事物发展变化必然是一种螺旋式的圆圈：乾辟之维决定着事物量变不止，必须由坤翕之维参与才能完成质变；质变之时又是量变的开始，新的质变又似乎回到最初的起点，形成否定之否定的圆圈。我们将在第二编较详论及，兹不赘述。

由此或可解释宇宙及其万物的普遍形态。从宏观方面看，星系普遍具有一种接近圆形的旋涡结构，那些形似棒旋等不同的星系形态可能只是因为星系年龄和观测角度不同而产生的视觉效果。从微观方面看，每一个原子内部都近似

---

① 中国哲学的气与理、西方哲学的唯物与唯心同这种矛盾纠葛密切相关。

星系的结构（如卢瑟福所描绘的）。不仅如此，不同的原子之间存在一种美妙的排列，门捷列夫的元素周期表揭示了元素的化合价存在某种有节奏的模式：1，2，3，4，3，2，1（如锂，铍，硼，碳，氮，氧，氟），仿佛是"八音律"，每一行化合价循环结束，又递升为新一行的循环，而每一列化学元素具有相同的化合价，因而具有类似的化学性质。从氢元素开始，行数的递升正好反映元素从简单到复杂的螺旋式上升。延伸至有机界，更是到处可见美妙的螺旋，如人类基因组的核心片段是迄今为止发现的最为美丽的几何图形之一。

乾辟意味着自由，坤翕蕴含着必然；乾易造成混沌，坤简恢复秩序。大量的观察表明，黄金分割律作为一种最无理的数常常构成混沌与有序的边界线。

歌德曾指出，螺旋形图案产生很多最完美的植物。的确，如蓟花、松果、向日葵子等，其螺旋结构与黄金分割律有着惊人的联系。其交叉点数遵守斐波那契级数法则，即序列中每一个后继数是前两个数字之和（如1，1，2，3，5，8……其间比例越来越近于黄金比）；在平面的圆形中，形成的螺旋保持着137.5度的"黄金角"。对于恒星、行星运行的椭圆轨道可视为有序（稳定性、规则性）的中心，而彗星的双曲轨道则可视为混沌（不稳定性、不可预测性）的中心。混沌与有序一般取决于系统的非线性程度。随着非线性的增加，椭圆轨道不断地消失而混沌则四处扩散。大的混沌区域被仅仅少数几条边界曲线所分割，而最后的一条曲线几乎不可思议地与黄金分割有关，常常被称为"黄金中项"。分割有序与混沌的边界曲线揭示了和谐的一个要素。"'最无理的'轨道最持久，像椭圆曲线。而最无理的数是神圣的比率，即黄金分割数"①。

此外，人类社会的永恒主题——发展与和平，社会文化领域的两大力量——宗教（或道德）与科学，社会经济领域的基本矛盾——生产力与生产关系，等等，均可视为乾坤二元对立的具体体现。

现代科学的前沿正在逐渐揭示宇宙进化的动力系统。在这一动力系统中，乾、坤既是本根性质的对立二元——宇宙内在动力系统的原初的一（中华先哲命名为"太极"）分为二，又是宇宙万物之中本体性质的对立二元。

现代量子力学的主要创始人之一海森堡在晚年深切感到物理宇宙存在一种终极的对称关系，与我国《周易》太极"生两仪"的思想相通。按照规范场论的观点，四种自然力之间具有基本的对称性；不过，这种对称性只有在温度极

---

① 弗里德里希·克拉默. 混沌与秩序：生物系统的复杂结构［M］. 柯志阳，吴彤，译. 上海：上海世纪出版集团，2010：159.

高即宇宙膨胀的极早时刻才有效。如电磁力与弱核力在温度高于 $3×10^{15}$ 度时实际是相等的，引力与强核力在温度超过 10^{32} 度时也大小一样①。我们知道，引力见诸宏观世界，强、弱核力存在于微观世界，而电磁力则广泛作用于中观的和微观的世界。按照规范场论的研究成果，在宇宙处于大膨胀之前或最初始的"太极"阶段，四种自然力处于对称平衡的状态，它们之间的对称破缺开始了宇宙的进化过程。

在进化过程中随处可见"两仪"的二元对立，埃里克·詹奇等科学家尤为重视由能量释放造成的"新奇性"和由信息规范造成的"确立性"："实际信息（或许也有其他类型的信息）是由新奇性和确立性两个互补的方面组成的。……纯粹的新奇性，即唯一性，也就不含任何信息；它只代表着混沌。纯粹的确立性则不会带来任何新东西［新事物是能量的迁移促成的——引者］；它代表着停滞或死亡。""耗散结构把新奇性转变为确立性，而平衡中的结构倾向趋于最大确立度。"② 按照《周易》的观点，如果说新奇性由乾辟而生，那么"确立性"便是由坤翕而成。所谓"自组织的宇宙观"，其实正呼应了《周易》的"乾知大始，坤作成物"的宇宙（万物）生成论。埃里克·詹奇致力于在当代科学前沿成果基础上建立一种"自组织宇宙观"，得到诺贝尔奖获得者普利戈金、艾根和协同论创始人哈肯等的认同。而他理解的基元性质"自组织"，正是普遍由乾辟与坤翕的张力结构的动态平衡所构成。他写道，"以后，我们将不断使用新奇性和确立性这两个术语来谈论自组织"。③

大自然演化出生物界，基元信息制导的"自组织"更为显现。"在植物生理学上，人们知道，生长和形态的发生，基本决定于生长诱导激素（其浓度从芽尖向下减少）和生长抑制［"抑制"所指较为浮泛，窃意宜称"规约"——引者注］④ 激素（其最大浓度出现于根的较上部）的相互作用。由于这种相互作用，驻波［频率相同，传输方向相反的两种波——引者注］出现了，这预示着

---

① 埃里克·詹奇. 自组织的宇宙观［M］. 曾国屏，等译. 北京：中国社会科学出版社，1992：95.

② 埃里克·詹奇. 自组织的宇宙观［M］. 曾国屏，等译. 北京：中国社会科学出版社，1992：60-61.

③ 埃里克·詹奇. 自组织的宇宙观［M］. 曾国屏，等译. 北京：中国社会科学出版社，1992：62.

④ "抑制"一词较为消极，"规约"指规范并约束，从而向内归集于某种结构的倾向，为内在信息的制导。

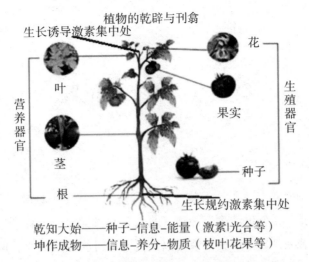

乾知大始——种子-信息-能量（激素\|光合等）
坤作成物——信息-养分-物质（枝叶\|花果等）

图 2-5 植物生长过程中乾辟与坤翕的双向运动

植物的形态发生。"①（如图 2-5 所示）若在《周易》的作者看来，生长诱导激素当视为趋向"新奇性"的乾元，而生长规约激素则当视为趋向"确立性"的坤元。而所谓激素，按笔者一孔之见，或可视为含有制导某种特定能量流动信息的分泌物——亦为物质、信息、能量的"三位一体"。宇宙之妙，万物竞争却不失其序，层层相因而不悖其理！

---

① 埃里克·詹奇. 自组织的宇宙观［M］. 曾国屏，等译. 北京：中国社会科学出版社，1992：71.

第三章　人类的位置

我国上古时代就有"人为万物之灵"的观念。按照基督教《圣经·旧约》的描述，人类是上帝创世的最后一天（第六日）按照自己的样子造出来管理世界的。在今天看来，从宇宙学的视角以人为中心可能很难成立，但从人类学视角以人为目的则是应该的。毕竟人类首先应该关心自己在宇宙中所处的位置，清楚认识自己拥有的能力和需要，切实履行自己的职责和使命，从而达到与天地合德，即同宇宙的律动相协调。

第七节　人类的由来

莱布尼茨在《单子论》第六十一节引述了古希腊医学之祖希波克拉底的名言："万物一致"（或作"万物同源"）[1]。如第二章所述，中国和印度的先哲都表达过同样的观点。乍一看来它似乎神秘，但现代科学在物理、化学、生物诸领域的前沿都不期而然地趋向认同这一命题。当代科学的发展正在力图跨越从无机界到有机界之间的鸿沟。

一、生命的起源

关于生命从何而来，自古至今有着各种猜测或解释，迄今仍无定论。据说美国《科学文摘》曾将地球生命起源问题列为 20 世纪 20 个重大课题之首、自然科学十大谜题之一。尽管在宇宙大爆炸到出现第一个活细胞之间存在很多不甚了了的环节，但科学界为此已付出巨大的努力，提出了多种有一定依据的假

---

[1]　北京大学哲学系外国哲学史教研室，编译. 西方哲学原著选读：上卷 ［M］. 北京：商务印书馆，1981：487.

44

说。依照其视角差异可以将这些假说归为两类。

一是地球自生说。这里主要指地球的化学进化。1953 年，美国青年学者米勒模拟早期地球的原始大气圈，把氨气、氢气、水、一氧化碳等放在一个密封的瓶子里面，在瓶子的两边插入金属棒，然后通上电源，形成类似于闪电的反应，结果产生了多种氨基酸。20 世纪 60—70 年代，人们从来自地底的高达上百度的热泉中发现了大量嗜热生物，那里确实非常类似早期地球的环境，有硫化氢、甲烷、一氧化碳等混合气体。人们又将热泉中的一些嗜热古细菌同现在的普通细菌进行了基因对比，发现它们基因的相同点不超过 60%，表明这些古细菌含有非常多的古老基因，很可能更接近生命起源时代的类型。

二是来自太空说。20 世纪 40 年代以来，人类借助研究天体物理的仪器，在地球之外的星际太空探测到近百种有机分子，像甲醛、氨基酸等。或许星际气体的密度有条件屏蔽某些紫外辐射，才使这些有机分子免遭破坏。迄今可以肯定，一些彗星不仅含有固态的水，还有氨基酸、铁类、乙醇、嘌呤、嘧啶等有机化合物，因此生命有可能在彗星上产生而带到地球上。另一种有力的证据来自对陨石的分析。2012 年，在斯里兰卡的一个村子坠落一块陨石，经英国白金汉大学天体生物学中心主任维克拉玛辛赫等鉴定，其中含有陆生硅藻化石，发现者宣称这是一个非常强有力的证据，表明生命存在于全宇宙。

从逻辑上看，这两类假说其实可以统一。无论是地球自生还是来自太空，都是从无机界演化出有机界的化学进程。既然是化学进程，那么在宇宙中就到处都有存在生命的可能，所以化学进化论与宇宙胚种论密切相连。尽管宇宙各处存在发展阶段不平衡的情况，但无论哪一处空间只要演化到某一特定阶段，均有可能具备产生生命的条件。有理由认为，前生物的演化广泛存在宇宙空间，但地球无疑是孕育生命的良好温床。

由此进一步抽象，我们就可以推定，生命的出现绝不会是纯粹偶然的事件，而是宇宙演化的必然进程的一个环节。有人甚至基于数学方法而断定：如果生命是从一系列随机事件中产生的，那么现在就根本不会有生命存在。这些论者所持的理由是，其概率之小，几乎可以忽略不计①！可以肯定，有机界的演化同无机界一样，是一个从简单到复杂的过程。既然无机界中的物质元素是由氢、氦、锂等逐渐聚变而成，并展现井然有序的系列，那么就不能排除从无机界进化出有机界的必然性。

这种必然性应该溯源于宇宙蕴含的基元信息的潜在制导而形成的自组织功能。由碳、氮、氧、硫、磷等构成生命的主要元素合成简单的氨基酸，再到由多种氨基酸合成蛋白质和酶，最后到形成一个携带遗传信息、可以自我复制的活细胞，这一"生产线"可能是物质元素"生产线"的改进型。困扰科学界的最大难题（或称"关键环节"）是：细胞的遗传信息如何形成？而如果承认无机界也蕴藏宇宙的基元信息，这一难题从逻辑上看就不能构成拦路虎。欣慰的是，当代科学前沿的研究成果如超循环理论等正在让这种信念转变为客观知识。

超循环理论努力揭示从无机分子到有机大分子乃至原核细胞之间经过反应循环、催化循环乃至超循环的递升。有理由推测，这种循环的递升过程中蕴含坤翕与乾辟的天地之道，包含着既能摄（收摄既有成果）又能生（生发新的机能）两种对立趋向的自组织。在无机界向有机界的递升处，人们看到物质与精神难以截然划分。诺贝尔化学奖获得者普利戈金指出："物质在平衡态是迟钝的。离平衡态越远，物质就越有智慧。"② 在宽泛的意义上，生命（这里主要指"自组织"）甚至可以看作物质的内在属性，一旦物质远离平衡态，它就显示自身的存在。

---

① 把 100 个由 20 种核苷酸构成的很小的蛋白质分子作排列组合，其可能的序列数高达 10^{130}，如果要从中找出某个特定的序列，假定每秒试排 100（或 1000）次，那么试验一遍需要 10^{128}（或 10^{127}）秒，而依据现代宇宙大爆炸模型，宇宙的年龄只有 10^{20} 秒。法国生物学家、诺贝尔奖获得者莫诺认为生命在宇宙中产生是纯粹偶然的事件，但普利戈金（耗散结构理论创立者）、哈肯（协同学创立者）和艾根（超循环理论创立者）等则持相反的看法。艾根认为：生命的产生虽然不是决定论的，但是"不可避免的，而且在现实的时间间隔内是完全可能的。"（沈小峰．混沌初开：自组织理论的哲学探索［M］．北京师范大学出版社，2008：67-68．）

② 转引自弗里德里希·克拉默．混沌与秩序：生物系统的复杂结构［M］．柯志阳，吴彤，译．上海：上海世纪出版集团，2010：229-230。笔者管见，20 世纪的许多重大发现（如无意识理论、量子理论、宇宙大爆炸理论、自组织理论等）从不同方面印证了天才思想家莱布尼茨《单子论》中的一些推测。这里提请大家注意其中第 67 条的论述："物质的每个部分都可以设想成一座充满植物的花园，一个充满着鱼的池塘。可是植物的每个枝丫，动物的每个肢体，它们的每一滴体液，也是一个这样的花园或这样的池塘。"或可称为"有机宇宙观"。与之相近，方东美先生认为中国传统哲学秉持一种"机体主义"的观念看待宇宙和人生。

二、生物的进化

从单细胞生物到灵长类的出现，让地球的陆地、海洋和天空洋溢着一派生机勃勃的景象，其中无疑存在一个进化的过程。"进化"（evolution）一词指称生物由简单到复杂、由低级到高级的发展，既表示结果，又表示过程。远古时代的哲人多就结果立论，如荀子和亚里士多德，近代以来学界更致力于揭示其过程。

一般认为，18世纪的法国博物学家布丰是生物进化论的先驱者。他注意到，遗传因素与环境因素是引起生物演变的双重原因：同类物种有着共同的祖先，不同类群的则祖先不同；生物繁衍速度若超过资源的承受力，就会出现为生存而斗争。另一位法国学者拉马克于1809年发表《动物学的哲学》，首次比较系统地提出进化学说。他认为，低级生物的进化主要由于对环境缓慢变化做无意识的生理反应而引起，至脊椎动物则受到内在意志或欲望的影响，其器官演变体现"用进废退"的法则，如铁匠的工作促进其肌肉强壮，并可遗传给后代。

达尔文接受了拉马克的基本思想，还受到农牧业中人工选择的实践和马尔萨斯人口论中"生存斗争"学说等多方面的启发和影响，形成了其进化论的核心思想：即物竞天择，适者生存。显而易见，这一核心思想主要着眼外部环境的决定作用：生物的生存取决于它对环境的适应程度。由于环境在不断变化，所以尤其需要重视变异，达尔文没能探究遗传的深层机制，所以认为生物的进化主要是渐变的，如长颈鹿的脖子之所以如此之长，是为了不断适应能食的树叶渐渐变高的需要——此例往往被人们张冠李戴，归于拉马克。尽管如此，由于占有了丰富的第一手材料并加之以系统的阐述，达尔文无愧于进化论的奠基人，他的理论在生物学领域乃至对人们的世界观都有着革命性影响。

与达尔文同时代，捷克牧师孟德尔默默地进行豌豆实验而发现了生物遗传的基本规律，可惜直到20世纪初才引起人们的广泛注意。19世纪末至20世纪初，荷兰植物学家德·弗里斯根据植物的染色体突变而提出物种通过突变而产生的突变论。从20世纪30年代开始，人们试图将现代遗传学与自然选择说结合起来解释进化的主要机制，被称为"现代综合进化论"。我国科学家陈均远于1996年提出广义进化论，认为生命系统是一个多层次、有如五角大厦般的体系，存在着相当复杂的演化驱动机制，它对信息或系统的消长具有"感知"和"放大"的作用，且能自发地选择某种模式而导致系统的突变。① 这种观点值得重视。

今天，生物学界可以较为细密地描画出一棵树状的生物进化系统。这种树状（亦与闪电相仿佛）的结构无疑可以解释为本书第二章所描绘的宇宙本根图式的理一分殊。

在严格意义上，用"演化"概括林林总总的生物界的演变过程较之"进化"更为适宜，因为后者容易误导人们走向盲目的乐观主义，并不完全合乎历史事实。生物世界同时还存在分化、退化乃至灭绝的情况，一直在召唤人类有意识地保护环境，维护生态的平衡。

就是局限于考察生物进化的部分，也不能只考虑外部环境的压力，还应该进一步探究其内在驱动力。为什么雌性的动物更愿意选择健美的雄性交配？为什么鸟类悉心孵化窝中的卵、悉心照料自己的幼雏？为什么工蜂为了保卫自己的领地而不惜牺牲生命？等等，仅用外部压力或生理本能都难以完满解释，促使我们承认每一物种都存有亚里士多德所谓的"隐德来希"，即具有趋向自身完满的目标的信息。

顺着这一思路便容易理解演化的方向性问题。今天我们已有可能在基因层次上予以阐释，尽管每次基因复制的"误差"概率极小，但就是这种"误差"造成了基因的变异。其中，多数变异或许造成个体的退化甚至灭亡，仅有少数变异才使物种进化或分化，却被相对长久地保留下来。本原意义上的自然选择包含着近似目的因（可见大自然的自组织）的标准：那些有助于完善生物链、具有生存空间的变异更具有保留下来的必然性。举例来说，老虎与家猫同属猫科，一者凶猛一者温顺，由于各自拥有存在的空间，所以无论强弱都能繁衍不绝。

三、人类的出现

关于人类的由来，虽然古有上帝创造论，今有外星移民说，但科学界绝大多数相信动物进化论：在生物进化树上，人类的直接祖先是属于灵长类的类人猿。这一理论得到至少三个方面的支持。

一是形态、习性等的比较研究。赫胥黎于1863年出版《人类在自然界的位置》一书，就提出现代人类与黑猩猩、大猩猩三者之间的解剖学差异不明显。

---

① 见郝守刚，等. 生命的起源与演化［M］. 北京：高等教育出版社，2000：83-84.

达尔文在《人类的来由》（1871 年）一书中采纳了这一观点。曾与达尔文几乎同时提出进化论的华莱士于 1872 年出版了亚洲马来群岛的自然史，详细记录了猩猩的形态和生活习性。1874 年，德国博物学家恩斯特·赫克尔提出印尼地区存在亚洲巨猿——猩猩，可能是人类的发祥地。

二是考古性质的化石研究。赫胥黎与达尔文的看法引领许多研究者走进非洲寻找现代人类的祖先。可是几乎没有发现黑猩猩的化石遗迹，唯一的证据是在肯尼亚发现的 70 万年前的一颗据称是黑猩猩的牙齿。不过在坦桑尼亚、埃塞俄比亚和乍得、肯尼亚等地，考古学家先后发现了距今 400 万—300 万乃至 700 万—600 万年早期猿人，这样的化石后来在亚洲也被发现。

三是新兴的基因研究。通过提取核 DNA 和线粒体 DNA 的信息，证明了现代人类与黑猩猩之间的亲缘关系非常近，而与大猩猩比较远，并测定出现代人类和黑猩猩的共同祖先在距今 800 万—500 万年开始分化。

人们在 20 世纪的上中叶普遍认为，从早期人类向"现代人"的过渡可能独立发生在旧大陆的主要地区，即非洲、欧洲和亚洲。这种观点由于基因的研究而受到严峻挑战。1987 年，美国分子生物学家丽贝卡·凯恩等比较研究了 147 名现代人的线粒体 DNA，发现其大部分变异似乎有一个非洲起源。美国科学家华莱士和威尔逊也分别带领两个实验室检测细胞线粒体内的遗传物质脱氧核糖核酸，断定现代人类有一个共同的祖先，可追溯到大约 15 万年前非洲的一个女人"夏娃"（按《圣经》传说命名）。

依照这种观点，夏娃的后裔可能由于获取食物的原因而从非洲大陆向世界其他各洲迁移；至于其他各洲的原始人，或是被冰川严寒全部自然消灭，或是被夏娃的后裔全部征服并取代。关于夏娃后裔走出非洲的时间，有的说约在 10 万年前已经开始，有的则说在 5 万—4.5 万年，不一而足。另一难题是如何能横渡重洋，他们给予的回答是：过去的 4 万—3 万年的几个时期曾有极寒天气，造成海平面下降且形成厚厚的冰面，结果使人类的祖先跨过它们比较容易，等等。

基因研究揭示了人类的同源，弥足珍贵。尽管在非洲发现了更近似于现代人形的化石，但是"走出非洲说"仍有诸多问题难以解释。一是在人口极为稀少、动植物资源相对丰富的情况下，缺少强有力的远距离迁徙的动机。二是从冰面跨过重洋近于神话，且与寻找食物的动机背道而驰。三是各地原有的直立人没有理由全部灭绝，自然界不会如此特别"关照""夏娃"的后裔，后者也似乎缺少这种消灭异己的必要和能力。四是"夏娃"的子女为了血缘的纯正就得近亲结合，按照遗传学的法则必然缺少足够的生命力和繁殖力，自身没有灭绝已是幸事，实难完成上述三项任务（远距离迁徙、跨越重洋、消灭其他直立人）中的任何一项。五是基因分析固然可靠，但适用范围也不免有界限，物种的同源未必要归于同一个祖先。例如，各大陆都有基因相似的蜗牛，它们喜阴暗潮湿、温度在 25~28℃ 的环境，显然不能解释为同一祖先的后代跨海迁徙的结果。

因此，在上述疑问没有解开之前，笔者更倾向多地区起源说。与非洲一样，亚洲、欧洲甚至大洋洲都系人类起源的区域，它们完全是按照自己的历史进程在自然演化。有证据表明，大约 100 万年前，在非洲、亚洲的多个地点已出现直立人；在距今 20 万年之后，甚至新大陆的一些地点也有智人活动的踪迹；在 100 万—20 万年，中国的周口店人、以色列的尤比迪亚人已学会了用火；距今 10 万年前后，欧洲的尼安德特人已有丧葬风俗甚至可能有艺术创作。这些地区都有进化出人类的条件。

一般而言，直立有助于大脑的发育，也方便接受各方面的信息。劳动让手日益灵敏，让相关神经发达起来。学会用火而获得熟食，有利于肌体摄取和消化多方面的营养，保证大脑发育的质量与能量。此外，不能排除特定的地理、气候剧变或来自太空的辐射促成一部分类人猿的基因发生突变，从而实现由猿到人的飞跃。最后，还当充分估价人类祖先族群身体之内的自组织系统，一俟条件成熟便实现自身——我们看到，轴心时代各文明发源地的祖先几乎同步觉醒，在互相没有信息交流的区域竟突然都"唱起歌来"（闻一多语，指诗歌的出现）。这种跨文化现象当是多地自生说的有力佐证。

第八节　心灵的结构

人类能从动物界中走出，关键的环节是自我意识的觉醒；人类之所以超越动物界，主要是因为具有自己的心灵结构并创造出文化世界。2000 多年前，古希腊的哲人在德尔斐神庙就铭文告诫人们："认识你自己！"2000 多年后，卡西尔仍然认为，"认识自我乃是哲学探究的最高目标"[1]。为何如此？康德哲学揭示了人类的文化创造实质是"人为自然立法"和"人为自身立法"，因此只有通过认识人自身才能真正认识文化世界。无论在哪种意义上，认识自己的心灵

---

① 卡西尔．人论 [M]．甘阳，译．上海：上海译文出版社，1985：3.

都具有枢纽的地位。事实上，东西方的先哲为认识自身做了不懈的努力，对于心灵的剖析主要有三分法和两分法的歧义。

一、关于心灵的三分法

在西方，古希腊的哲人就热衷讨论人的"灵魂"。依据现存的资料，属于毕达哥拉斯学派的阿列扎斯首先将人的心灵分为理智的、勇敢的和嗜食的三部分。其后德谟克利特试图进一步确定灵魂三部分的生理部位，认为灵魂的原子遍布全身，不过又特别集中于几个地方：理智在头部，勇敢在胸部，情欲在肝部。最后柏拉图在《蒂迈欧篇》中提出，理智是高贵而不朽的，活动于头部的半球形骨髓中；灵魂的可朽部分置于胸腹的膈上下：较为高贵的激情或意志在心肺部位，较为低劣的情欲则在横膈膜之下。《斐德罗篇》将灵魂比作一部马车：车夫指理智，高尚的马（又称"白马"）指激情或意志，卑劣的马（又称"黑马"）指情欲。以这种人格构成的观点为基础，他进而解释国家的构成和社会的正义，采用了明确的层级之分。在他看来，虽然人的灵魂均有三个部分，但一部分人沉迷于情欲，只能充当从事农工商活动的劳动者；另一部分人以意志见长，适合于担当国家的守卫者；还有一部分人保持了理智的纯粹性，如掌握了真正知识的哲学家，理当担任国家的执政者。（《国家篇》）

印度哲学尤为注重超越理智的智慧。数论派描述的自性"三德"及将万物区分为红、白、黑三色，主要着眼精神或意识觉醒的三种程度。这一理论得到吠檀多派的认同，可见其接受的普遍性。不过从性质上看，印度佛学的"七识说"和"三性说"最为值得注意。《解深密经》是瑜伽行派信奉的经典，是唯识学理论最早的系统化阐述。所谓"解深密"意即解析和宣讲幽深隐秘的道理。由于佛家普遍认为心生万法，所以尤其在剖析心灵方面独诣玄门。它将心灵由内而外总分为心、意、识三层：狭义之"心"为心灵的第三层面，是蕴含一切的"种子"，又可称为"阿陀那识"或"阿赖耶识"，它既能摄（积集），又能生（滋长），人的所有精神活动都以此识为根基；"意"是指心灵的思虑功能；狭义的"识"专指缘于眼耳鼻舌身的色声香味触诸感觉。若将后者统称"前五识"（数论派称为"五唯"），那么"意"为第六识，"阿赖耶识"为第七识①。《解深密经》紧接着又论述了三种法相：一为遍计所执相，是指前五识将外物执

---

① 后来瑜伽行派在"意识"与"阿赖耶识"之间插入"末那识"而形成八识说，甚为费解。

为有差别的实体存在；二为依他起相，是指意识若作思量，就能看出一切事物都是因缘和合而生，都是有条件的；三是圆成实相，达到"阿陀那识"，可见一切事物最后归于平等真如，其"实"圆满。此处的三相后来通称"三性"（如表3-1所示）。

表3-1　三大哲学传统关于心灵的三分法

三分法	柏拉图［西］	解深密经［印］	庄子［中］
感性	情欲/黑马	前五识/遍计所执相	耳目/离形
知性	理智/车夫	第六识/依他起相	心知/去知
志性	意志/白马	第七识/圆成实相	德之和/同大通

在我国古代，孔子曾对学生谈道，"知者不惑，仁者不忧，勇者不惧"（《论语·子罕》）。后来《中庸》以"知、仁、勇"三者为"天下之达德"，接近西方哲学将灵魂区分为"知、情、意"三部分的传统。庄子及其学派对于心灵的把握既深刻又一贯，三层面的思想构成《庄子》一书的基本理路。仅以其"内篇"为例：《逍遥游》指出形骸有聋盲，心知亦有之，因此让人难以理解无限的自由境界；《齐物论》称形可使之如槁木，心可使之如死灰，于是便可达到"吾丧我"的境地；《养生主》描述庖丁解牛，身手所触，不止于技，且进乎道；《人间世》明确以耳目为外、心知居间，肯定只有通过"心斋"才呈现最深最虚处之道；《德充符》要求超越耳目之所宜、知之所知的局限，而游心于德之和；《大宗师》倡导"坐忘"，即通过离形、去知而实现同于大通（道）；《应帝王》主张不要为事任而劳形、不要为知主而怵心，若游心于淡、合气于漠则自然天下治。"外篇""杂篇"也基本贯穿了这样的理路，兹不赘述。

我们可以从心灵的活动着眼由表及里分为"感性""知性"和"志性"三层。东西方古代先哲尽管表述不同，但的确存在圣贤百虑而一致的情况。

二、关于心灵的二分法

在西方，亚里士多德明确提出关于灵魂的两分法。其专著《论灵魂》并不主张将人的灵魂"分割"为知、情、意三部分，一个重要的理由是这三者可归入认识与实践两个领域。与这两个领域相对应，他区分了灵魂的两种基本功能：思想和欲求。他所谓灵魂是指人的整个精神系统，认为理智在其中支配认识和思维活动，理智能思维一切，但必须保持洁净，任何异质东西的插入或玷污都妨碍它的接受能力，而接受是理智的本性。欲求的能力包括理性部分的意志（希望）、非理性部分的欲念和情感。欲求常常引起精神系统产生运动，其对象"或者是真正的善，或者只是表面的善"。因此，比较而言，"理智永远都是正确的，但欲望和想象既可能正确也可能不正确"①。亚里士多德又将理智区分为思辨的和实践的，并且将哲学看作一切科学的总汇，认为它应当包括理论科学、实践科学和创制科学（艺术）三类。康德撰写三大批判，也许受到亚里士多德这种划分的启发。

印度佛学虽然主导倾向是精神活动向内收敛，但也充分注意到向外发散的另一端，并且意识到这种双向运动的根源是心灵第三层面。说一切有部称它为"集起"，实则《解深密经》所谓的积集和滋长："集"是收敛、摄聚，"起"为发散、生起②。据传为马鸣所撰的《大乘起信论》更提出"一心开二门"的理论，将心灵活动过程展开为一个动态系统进行了周密的描述。它所谓"一心"是宇宙心，但众生都具有，相当于我国上古先哲所讲的"道心"，实指心灵第三层面；所谓"二门"即真如门和生灭门，"二门不相离"，当理解为仿佛转轴门。出真如境而入生灭境，是由绝对转入相对，谓之流转；由生灭境入真如境，是由相对进入绝对，谓之还灭。在佛家看来，前者是心生万法，后者则显万法一如。无论是从绝对方面还是相对方面看，其实都可总摄万有，即一切法。佛家以入真如境为净，入生灭境为染，即以一为净，以多为染。开真如门为"还灭"，于是见空（实相）、得一（真如）；开生灭门则为"流转"，于是滋生妄念、分别。

我国《周易》所讲的乾辟与坤翕虽然着眼描述宇宙万物两种基本的势用，其实同样适用解释人类心灵的活动。庄子追求独与天地精神往来，因此注目于心灵第三层面，且与佛家相似，他推崇向内收敛的"独志"而贬抑向外发散的"勃志"；价值取向或有所偏，但深刻程度不亚于欧洲和印度的哲人。魏晋时期，刘劭从才性角度辨析"英雄"，认为"聪明秀出谓之英，胆力过人谓之雄"，英之明若不得雄之胆，则说不行；雄之胆若不得英之智，则事不立。"是故英以其聪谋始，以其明见机，待雄之胆行之；雄以其力服众，以其勇排难，待英之智成之；然后乃能各济其所长也。"（《人物志·英雄》）其中，涉及明与胆的关

---

① 苗力田. 亚里士多德全集：第3卷［M］. 北京：中国人民大学出版社，1992：87.
② 说一切有部的经典著作《俱舍论》第四卷将心灵由内而外表述为"集起、思量、了别"，与三性说相通。

系，引起嵇康与吕安提升到哲学高度继续讨论。嵇康认为，人由元气陶铄而生，但禀赋阴阳二气的比例各有不同，"明以阳曜，胆以阴凝"。二者各有其功用："明以见物，胆以决断。专明无胆，则虽见不断；专胆无明，［则］达［疑为"违"之误——引者注］理失机。"（《明胆论》）显而易见，无论是英—雄还是明—胆之分，均指涉现代所讲的认识—实践。

比较而言，唐代柳宗元对心灵结构的两维做了更为确切的区分。他撰写《天爵论》，认为人的尊贵天赋是"志"与"明"两种基本能力。天地间运行有刚、清二气，"刚健之气，钟于人也为志，得之者，运行而可大，悠久而不息，拳拳于得善，孜孜于嗜学，则志者其一端耳。纯粹之气，注于人也为明，得之者，爽达而先觉，鉴照而无隐，盹盹于独见，渊渊于默识，则明者又其一端耳。明离为天之用，恒久为天之道。举斯二者，人伦之要尽焉。……明以鉴之，志以取之"。① 他还以圣人为例，认为孔子讲"敏以求之"，指的就是明，讲"为之不厌"说的就是志，柳宗元的这段论述可与亚里士多德的观点相媲美。（如表3-2所示）

表3-2　三大哲学传统关于心灵的二分法

西方（欧洲）		印度-佛学		中华先哲			
亚里士多德	康德	解深密经	大乘起信	庄子	刘劭	嵇康	柳宗元
认识-思想	理论的	积集-集	开真如门	独志	英-明	明	纯粹之气-明
实践-欲求	实践的	滋长-起	开生灭门	勃志	雄-胆	胆	刚健之气-志

三、两种划分法的统一

迄今，心理学界仍然停留于两种划分法相互排斥的境地，其实二者应该是统一的，否则，只能用个体存在两个心灵来解释——这显然是荒谬的。

事实上，我国庄子既是对心灵活动进行三层次分析的高手，又意识到深层之志存在趋向"独"和"勃"之分；印度佛学既有三相或三性之说，又将深层之心描述为集（积集）起（滋长），也注意到心灵存在最基本的双向运动。西方近代认识心灵最为深入全面的学者莫过于康德，他一方面继承传统的情、知、意（志）三分，将三者分别提升为感性、知性（理智）和 vernunft（汉译通作

---

①　柳宗元. 柳宗元集［M］. 北京：中华书局，1979：79-80.

"理性"）；另一方面又吸取了亚里士多德区分认识与欲求的思想，将 vernunft 区分为理论的和实践的，建构了宏伟的批判哲学体系，已引领人类思想史数百年。今天，我们完全应该在这些既有成果的基础上继续前进。

由于康德采用德文 vernunft 一词兼指"自由意志"（动力因）和"纳入思维的最高的统一性"的能力（形式因），汉译"理性"较为牵强，且与我国当代学界普遍将理智视为"理性"的习惯用法相冲突，笔者参考中国哲学的基本范畴"志"而采用"志性"取而代之。由此还可揭示，心灵的三层不只是能力之分，而且还与需要相连——可以顺理成章地将康德哲学与马斯洛的价值论统一起来。虽然未必精当，但在目前可能是较优选择。

所谓感性，是指人们在生活中对对象外部形式的直观感受能力和需要。它应该包括两个方面：感性直观和感性体验。前者或称为"外感觉"，主要取空间形式，获取外部事物的表象；后者或称为"内感觉"，主要取时间形式，情感体验同时是人的基本需要。日常生活中，直观表象与情感体验如影随形。

所谓知性，是指人的头脑将感性材料筛选加工后组织起来，使之构成有条有理的知识的思维能力和依据人的生存需要确定相应的准则，从而支配自己行为的评价能力。它直接体现于认识抽象方面，同时也表现于评价价值方面。当代学界必须统一观念：认识与评价是知性层面的平行而双向的运动。

"志性"一词在中国古代已常用于人物品鉴，且多见于正史。提升到哲学层次，是指潜藏于人类心灵深层的要求究天人之际、达于更高乃至最高的统一性（认识—体悟方面）和超越一切有限的现实事物、指归人生的理想境地（欲求—实践方面）的先天倾向。前者缘于其蕴含自性原型，后者基于其体现为自由意志。二者实为一体之两面，但一者主翕，一者主辟，正合《周易》所讲的易道；或者说一者能摄（集），一者能生（起），大致相当于佛家所谓的种子识。它是心之本体，蕴含心灵系统的目的因（其直接显现即是理想）、动力因（自由意志——取康德哲学之术语）和形式因（自性原型——取荣格心理学之术语）。

着眼由表及里的逻辑区分，我们看到，感性层面存在"直观（表象）"与"体验（情感）"两端，正好与知性层面的"认识（抽象）"和"评价（价值）"两端分别对应，它们的最终根据是志性层具有"自性原型"和"自由意志"两维。志性之所以是心灵活动的本根，是因为它乃天人之际的枢纽：既为天地之道的凝聚（王夫之多有论述），又凭此两维从根本上制导着人们的认识与实践两种最基本的活动。

在通常的认识活动中，从"直观表象"到"认识抽象"，进而追求更高乃至最高的统一性，体现"自性原型"的规范、整合作用。这是一个向内收敛的过程，由具体逐渐过渡到抽象，由杂多逐渐转化为整一，由散乱趋向于和谐，由有限追寻到无限，我们姑且称为"要求和谐整一"系列（关涉信息）。它由浅入深的过渡形成人们认识世界的一般过程。而在道德实践活动中，由"自由意志""评价价值"和"体验情感"构成一个向外发散的三个环节，自由意志携载人类生存的内在目的性而外向立法，从根本上决定着人们的价值（善恶）观念系统，并以爱或憎的情感形式体现出来。这一过程将心灵深层的"理想自我"（亦可称为"通天下之志"）对象化、现实化，我们姑且称为"要求自我实现"系列（关涉能量）。之所以称"系列"而不取"序列"，是因为后者明确规定了井然的秩序，笔者更倾向心灵与物理世界相似，是"云"与"钟"的统一。

心灵的三层面、两系列的诸元素是纵横联系、交叉感应的。就其最一般的关系而论，我们似乎可做这样的总体描述：志性的自性原型维面直接作用于认识领域，要求各种知性成果达到高度的整一，成为"收敛式思维"的根基。同时，它也间接作用于价值领域，成为人的整个族类乃至人与自然和谐相处的纽带，滋生爱恋激情，从心理上要求与对象世界融而为一，于是而有"仁""博爱"等道德观念。自由意志则直接作用于价值领域，从根本上决定着内在价值系统包含有全人类性一面，滋生英雄激情，要求得到尊重，要求自我实现，于是而有对"义""勇"等的崇尚；它也间接作用于认识领域，构成"发散式思维"的潜在动因，保证思维的触角能指向多种方案并做出选择（人类灵感思维的主要来源）。知性不仅在认识领域构筑起一个抽象的知识王国，还向价值领域平行渗透，力图使各种价值观念明晰化、系统化、科学化。知性通过分析和综合来自感性的各种具体材料而把握事物的"真"，价值观念透过情感对对象做肯定性评价即通常所谓的"善"。价值观念可以寄寓在表象中，使表象渗入功利的或道德的内涵；认识因素也潜在地制约着情感的活动，如对之进行"理智的"调控。体现自性原型的表象与体现自由意志的情感经对象化融合在富有个性特征的感性形式中，内容与形式相统一，有限与无限相统一，认识因素与价值因素——真与善相统一，于是产生"美"。综上所述，人类的心灵结构及其各元素的关系如图3-1所示。

人类有史以来建立起的文化大厦便是真、善、美的巨大建筑。人类的感性（这里的"感性"是指其"凝化"了知性、志性的部分）对象化而有文学艺术；知性的对象化在认识方面有自然科学，在评价方面则有人文科学；志性的对象

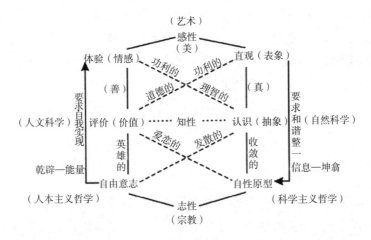

图 3-1　中外历史上两种划分法的统一：人类心灵的层次结构

化于是有宗教和哲学，哲学又以其偏重于自性原型（联系着认识能力）还是偏重于自由意志（联系着生存需要）而裂分为科学主义阵营和人本主义阵营。完全可以说，人类心灵结构是文化世界的根基和雏形，把握人类的心灵结构是理解文化世界的枢纽或锁钥。

　　图 3-1 较为直观地表明，千百年来关于心灵构成的三分法与两分法可以统一为一个有机的整体。它告诉我们，原来二者的分歧乃是着眼心灵的不同方面所致：先哲的三分法大多停留于平面划分，其实还当理解为心灵的三层面；两分法的确揭示了心灵乾辟（关联能量）与坤翕（关联信息）的双向运动，只是当进一步认识到它贯通心灵的表里三层。

　　需要注意的是，心灵活动的展开更像是一个扇面①。明确这一点就可以简约地把握：其三层面的两端是"一"与"多"的分立，而两系列则是"一"与"多"的双向运动。事实上，无论是认识、实践还是审美活动，都包含这种双向运动的往还。作为大自然长期演化的产物，人类心灵的三层面显然与生物进化的历程相关，人脑系爬行动物脑、哺乳动物脑和新皮层的"三叠体"；而心灵的两系列则可追溯于"乾辟坤翕的宇宙律动在人类心灵活动中的延伸"②。

　　若仔细品味，就会发现此图与本书第二章的"毕达哥拉斯的'圣十'图解"一脉相通，可见人类心灵仿佛是个小宇宙。它虽然只能承载极为有限的物质和能量，但是可以包容几乎无限的信息。这些信息一方面源于内在的呈现

① 胡家祥 . 心灵结构与文化解析［M］. 北京：北京大学出版社，1998：87.
② 胡家祥 . 心灵第三层面探究［M］. 北京：中国社会科学文献出版社，2017：142.

（先验），另一方面来自外部的刺激（经验），因此极为丰富且变化万千。如果说志性层是目的因，要求和谐整一与要求自我实现两系列分别为形式因和动力因，那么感性层的表象与情感就是精神系统的质料因。若是视"志性"为心灵的太极，那么上述两系列就是以它为根基分化的"两仪"。

第九节　人类的使命

由于心灵具有三层面，因此人类成员之间在认识活动中存在个别、特殊和普遍的视野差异，在实践活动中存在个体性、特定群体性和全人类性的价值区别。并且，人的感性主要反应和应对"现在"，知性以记忆为基础而体现着"过去"信息的积淀，志性既包含遥远的过去又指向无限的"未来"，在时间维度上也构成一个序列。这就使每一个体具有性格的丰富性，是一个包含多重矛盾的特殊统一体（"这一个"）。

一、人类是大地中万物之灵长

《尚书·周书·泰誓上》虽然可能系后人伪作，但其中有两句话较好地概括了古人的世界观："惟天地，万物父母；惟人，万物之灵。"东西方的先哲都有这样的共识。

荀子在《王制》中对人类与万物做了经验性质的比较。他写道："水火有气而无生，草木有生而无知，禽兽有知而无义。人有气、有生、有知，亦且有义，故最为天下贵也。"① 在荀子看来，世间万物可以分为四个层级——无机物、植物、动物、人类。水火由气凝聚而成，是无生命的存在物；草木当然也由气聚而成，但它们已经有了生命活力，只是还没有达到有知觉的层次；禽兽较之草木类植物更高一级，它们已经有了知觉，能自由活动，不过仅听凭本能驱使，并没有伦理观念；人类既是气之凝聚，又是有生命、有知觉的存在物，并且建立起价值观念，能够考虑何者"应当"、何者"不应当"从而做出选择，因此这一族类最为天下贵。这是从价值论方面的评价。

在西方，亚里士多德提出三种"灵魂"说，体现了经验的观察与哲理的思辨的结合。在他看来，生物都有"灵魂"，它们由低级到高级展现为一个"序

---

① 荀子．［M］．安小兰，译注．北京：中华书局，2012：90.

列"。植物灵魂主要指吸取营养的能力，它是灵魂中最初的，也是最为普遍拥有的能力，一切生物都能摄取食物和生殖。动物灵魂更进一层，它具有"感觉能力"，任何动物至少拥有一种感觉——触觉；感觉与感情联系在一起，有感觉的东西就会知道痛苦和快乐。人类灵魂之所以更高在于其具有思维能力，思索和判断唯独人或与人同等，甚至比人尊贵的存在物才具有。虽然亚里士多德未必具有生物进化的观念，但他清楚地意识到，三种灵魂中每一后继者都潜在地包含了先在者。这是代表西方传统的认识论方面的评价。

应该承认，无论是实践活动中趋向善还是认识活动中趋向真，在动物灵魂中已有萌芽。1996 年，美国一个 3 岁男孩在芝加哥动物园不慎掉进灵长类动物活动的护栏内，围观者都异常震惊。不想一只名叫宾迪的 8 岁雌猩猩迅速反应过来，马上抱起小男孩，并在怀中轻轻拍着安抚他，随后把小男孩送到动物园工作人员手中。在我国汶川大地震时，一只家犬见主人半身被重物所压，靠自己的力量难以使之挣脱，于是奔跑至山下向人们求救……这类事实真切可靠，而且绝非孤例。一些真实的视频告诉人们，甚至连基本依靠触觉的蛇、鳄鱼也具有微弱的识别物体和友善态度的能力。当然，就精神系统的完善性与自我意识的明晰性而言，人类无疑是地球生物界的"灵长"。

通常人们习惯将动物的行为称为"本能"，其实是无意识地支配。人类的精神系统犹如汪洋大海中的一座冰山，意识只是其冒出水面的那一小部分，存在于水下的大部分是潜意识。以擅长心理分析著称的荣格将人的精神系统由外而内区分为两层：最外层是意识，它是心灵中唯一能够被直接知晓的内容，包括知觉、记忆、思维、情感等，"自我"是自觉意识的组织，通常是意识的中心。意识之下是个人无意识，它仿佛一个容器，容纳了由于各种原因受到自我压抑或忽视的心理内容，一组一组的心理内容可以聚集起来，形成一簇簇富有情绪色彩的心理丛，被称为"情结"。最里层是集体无意识，它的内容主要是"原型"，为全人类所共有，其中阴影原型在人类进化史上具有极其深远的根基，是人身上创造力和破坏力的发源地，而自性原型则将人格的各个方面统一起来，使之成为和谐有序的整体。

美国著名脑科学家保罗·麦克莱恩于 1952 年提出"边缘系统"概念，已为科学界广泛采用；后来提出人脑三位一体的进化理论，得到科学界的关注。他认为人脑最里层是爬行动物脑，大致相当于通常所讲的脑干顶端，这是从爬行动物进化而来的，在它的指令下，个体具有保存自己和攻击敌人的本能反应。在爬行动物脑之外覆盖着古哺乳动物脑，大致相当于边缘系统，故又称"缘脑"，是孕育情绪、保持注意以及蕴藏情感记忆的主要部分。在旧哺乳动物脑之上生长出新哺乳动物脑，又称"新皮质"，让人类能够进行抽象思维，懂得数学运算和逻辑推理，并且能运用语言，从事文化的创造与交流（如表3-3所示）。这种生理解剖的结果与荣格的分析心理学基本一致（见本书第二十六节图9-2）。

表3-3　心灵三层面的划分合乎现代分析心理学与脑科学

荣格的分析心理学	麦克莱恩脑进化理论	近代学界的一般称谓	本书称谓
意识-其中心是自我	新皮层-人类特有	理智-知性-意识层	知性/理智
个人无意识-含情结	缘脑-哺乳动物脑	感性-感觉-情感层	感性
集体无意识-内容是原型	脑干-爬行动物脑	理性-自由意志层	志性

前述心灵结构我们主要从精神活动由表及里的过程着眼，它与麦克莱恩的脑解剖与荣格的观察研究得出的层次之分并不冲突。出现歧义的原因当是人类感官接收信息或做出反应直接关联于大脑的边缘系统（简称"缘脑"），然后受到脑干信息的制导和新皮层意识的整理加工。事实上，庄子在描述"坐忘"体验过程时如实记录了先忘仁义（观念—意识）、次忘礼乐（部分内化为本能—个人无意识）、最后才是身心皆忘而呈现同于大通（道——悟道意味着集体无意识地呈现）的境界。

虽然表面上看，人类超越其他生物在于生长出新皮层而有了清晰的意识，实际上更应该理解为整个精神系统的觉醒。特别是意识到心灵第三层面的律动具有决定性的意义，因为集体无意识与脑干虽然最原始但也最接近于天地之道，它们所蕴含的阴影原型与自性原型，以及由这两种先天倾向制导的攻击敌人和保护自身的行为等也正好是乾辟坤翕的体现。①

二、人当超越兽性而趋于神性

应该承认，人类从动物界中分化出来，自身的确残留着兽性一面，但人类还普遍具有趋向神性的一面，宗教和哲学文化的创造就突出体现了对于神圣的追求。

曾经风靡一时的弗洛伊德学说，尽管有深入于心灵隐秘之区的功绩，但遗憾的是它止于个人无意识层面，极度放大了食、色等感性需要对于人类行为的

---

① 依据当代脑科学，五官感觉最先传入缘脑，它部分可进入意识区，部分属于个人无意识。

决定作用，结果导致观点剑走偏锋，甚至断言人无异于动物，只是依赖文明之助取得主宰其动物伙伴的地位而已。

比较而言，马斯洛的需要层次说既未忽视人身上的兽性，又更为重视人身上的神性，凸显了人之所以为人的基本特点。他将人的生存需要分为五个层次，着重阐述了它们之间的递升关系。其中，最基本也似乎最明显的是生理需要，因为人作为有机体而存在，不免需要饮食、居住、性交和睡眠等。较高一级的是安全需要，包括要求稳定的生活，有所依靠，免受恐吓和混乱的折磨，对体制、秩序、法律的需要等。生理与安全的需要若得到很好的满足，爱和归属的需要就会成为新的中心，个人空前强烈地感受到缺乏朋友、妻子或孩子，期盼建立一个充满深情的生活圈子。从家庭延伸至社会，人都有一种对于自尊和来自他人的尊重的需要，包括对于实力、胜任和成就等的追求和对于名誉、威信的渴望。最高的一层是自我实现的需要，即人对于自我发展和完成的欲求，或者说让潜在的具有"上帝般美好的可能性"得以充分实现，成为自己所能成为的理想样子的倾向。

马斯洛认为，就整个人类而言，这五个层次需要的实现呈现一种宝塔形的样态，最基本的生理需要几乎影响着所有人的日常生活，而最顶端的自我实现需要则只有很少的人在 60 岁之后才能真正达成。相对说来，生理需要、安全需要、归属需要和尊重需要属于人行为的缺失性动机，源于实际的或感知到的生活环境或自我的匮乏，这些需要能否得到满足依赖于外部环境，所以主体是不自由的。相反，成长性的动机是由自我实现需要催生的自由的动机，个体自己决定自己，趋向人生高远的目标，它超越个体的现实需求，受人应该有的存在价值的激励，因此又被称为"超越性动机"①。超越型的自我实现者意识到存在的王国，力图实现人生的"再圣化"，生活中伴随着神圣的启示或对宇宙和人生的领悟。

依照马斯洛所谓的"整体动力学"的观点，我们在需要五层次中可以看出，真正为人生存提供最强大动力的其实是其两端，即生理需要和自我实现需要。前者是人作为有机体在环境中生存下来的必需，为缺乏性动机的代表；后者是人超出动物界而实现自身的存在价值的必然，为超越性动机的根源②。如果说

---

① 马斯洛的"缺乏性动机"与"超越性动机"之分与孟子主张区分"命"与"性"的思想相通。

② 胡家祥. 马斯洛需要层次论的多维解读 ［J］. 哲学研究，2015（8）：104-108.

人的生理需要近乎纯自然的需要，那么追求自我实现则是超自然和超现实的精神需要。介于二者之间的是应对社会现实的需要，个体向社会生成，首先是渴望安全保障，其次更寻求群体归属，最后滋生尊重需求。从人格的形成过程看，它们实为一根链条的不同环节。联系前述柏拉图的"马车"喻，正好可见代表情欲（感性）的黑马和代表自由意志（志性）的白马是推动个体行为的动力源泉。所谓自我实现本质上说是心灵深层的通天下之志的实现。马斯洛的需要层次说合乎人类的心灵结构（如图3-2所示）。

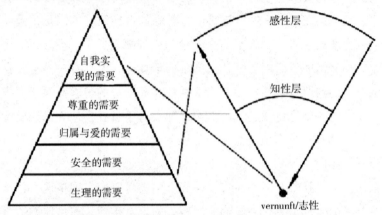

图3-2　马斯洛需要层次论与康德心灵能力论的会通

　　马斯洛的动机理论较为吻合中国哲学的传统。据荀子的《解蔽》篇引述，上古时代的《道经》就将人的心灵分为"人心"与"道心"两个部分，并且指出前者多有危殆，后者则甚为微妙。所谓"人心"，虽然一端联系着道心，但另一端却受到生理需要的制约。如果某个人欲壑难填且不择手段寻求满足，那么连安全、归属甚至尊重诸需要都有可能成为它的俘虏。所谓"道心"，就是天道在人类精神系统中的呈现，照马斯洛的观点看来是某种上帝般完美的可能性（也可视为个体心灵中的神性），它构成个体心灵深层的"自我"。如果通过后天修养使之成为一心之主，支配着人的思想和行动，那么他就是自我实现的人。这样的人居天下之广居，立天下之正位，行天下之大道，实即孟子所谓的"天民"。他按照当行于天下之道而行之，不为世风的偏转所左右，是人所应该有的样子。

三、寻真持善求美是人类的使命

　　汉语的"人"字是象形字，显出顶天立地之意。古希腊的"人"（ά νθρωπος）

字也有"向上看的他"之义项。诚如麦克斯·缪勒所言，只有人才能面孔朝天。① 比较而言，人的感性与知性能力一般执着于应对实实在在的大地，由于具有志性能力而向往灵动缥缈的天宇。在一定意义上说，人的感性能力有可能弱于动物，逻辑思维能力可能输给计算机②，人的优越地位尤其来源于心灵第三层面的潜在导航。

按照《周易》的思想，人类的职责是"与天地合其德"。今天我们更具体一些表述：人类的使命是寻真、持善、求美。合而言之，便是成为"人应该有的样子"。

人类基于自身具有的知、情、意（志）三种心灵能力滋生了真、善、美三大价值观念，通过对世界的掌握而形成科学、艺术、道德（历史上常由宗教的立法承担）三大文化领域。

沿着这样的思路，我们易于理解，康德撰写三大批判，将"判断力批判"视为跨越"纯粹理性批判"与"实践理性批判"之间"鸿沟"的桥梁③。其阐述的真、善、美三者的关系如图3-3所示。

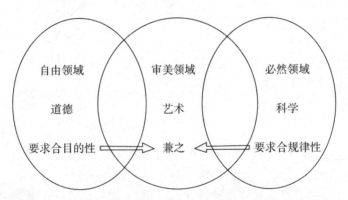

图3-3 审美是联通必然与自由领域的桥梁

康德的这一思想得到后世的广泛认同。席勒撰写《美育书简》，就深受康德的这一思想的影响。他指出："在美的直观中，心灵是处于规律和需要之间恰到

---

① 麦克斯·缪勒. 宗教学导论 [M]. 陈观胜, 李培荣, 译. 上海：上海人民出版社, 1989：12.

② 谷歌的工程总监库兹韦尔不久前甚至预言，计算机的智商在2029年将超过人类。2016年进行围棋的人机大战，"阿尔法"战胜了当今世界的顶级高手。

③ 康德. 判断力批判：上卷 [M]. 宗白华, 译. 北京：商务印书馆, 1964：13.

好处的中点，正因为它介于这两者之间，它才避免了规律和需要的强制。"① 规律属于信息，关涉科学认知（寻真），需要关涉能量流动趋向，决定着价值评价（持善）。

黑格尔其实也认同此说，只是他着眼超越现实的理想而更进一层强调："现在我深信，由于理性包含所有的思想，理性的最高行动是一种审美行动；我深信，真与善只有在美中间才能水乳交融。哲学家必须和诗人具有同等的审美力。我们那些迂腐的哲学家们是些毫无美感的人。精神哲学是一种审美的哲学。"② 在黑格尔看来，美是理念的感性显现，而理想其实也是"符合理念本质而现为具体形象的现实"③，所以在他的艺术哲学中"美""艺术美"和"理想"三者是可以互换的范畴。理想或美既然显现为具体形象，真的因素与善的因素就不可能是抽象的存在，因此当肯定二者达到"水乳交融"（如图3-4所示）。

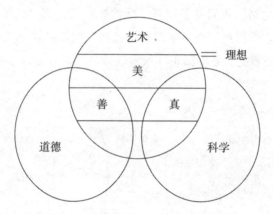

图3-4　真与善在美中实现水乳交融

"旧学商量加邃密，新知培养转深沉。"今天我们有必要在康德、黑格尔等的相关论述基础上"接着讲"。从前述心灵的整体结构看，志性是其中的目的因，为心之本体。由本体分化出人的需要和先天能力：需要决定着价值，可欲谓之善，构成人类实践活动的动力因；能力主要作用于认识，突出表现于根据人自身的思维形式对物理世界信息的把握，"知有所合"从主体能力方面看谓之"智"，从客体把握方面看谓之"真"。人类的任何活动其实都有动力因（关涉能量）与形式因（关涉信息）的双重作用，特别在审美活动中主体借助想象的

---

① 席勒．美育书简［M］．徐恒醇，译．北京：中国文联出版公司，1984：88.
② 古留加．黑格尔小传［M］．刘半九，伯幼，等译．北京：商务印书馆，1978：20.
③ 黑格尔．美学：第1卷［M］．朱光潜，译．北京：商务印书馆，1979：92.

质料自由地将需要与能力、价值（合目的性）与认识（合规律性）统一在一起，将所憧憬的乌托邦提前带进了现实，营造出一方精神家园，艺术与宗教文化均有这样的成分。人类的使命悄无声息地体现于自己创造的文化世界中——我们不难发现，文化世界其实是传播真、善、美的宏伟建筑。依据前述的"终极对称"，我们可以在康德和黑格尔思想成果基础上进一步简明地厘清真善美三大价值的内在关系（如图 3-5 所示）。

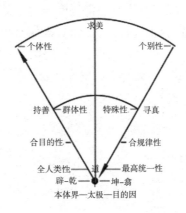

图 3-5 真善美三大文化领域的内在关系

人们往往习惯在普泛的意义上统称"追求真、善、美"，相对现实生活中的缺失而言，确实应该倡导对于三大价值的"追求"。不过在严格意义上应当有所区分，因为三者对象化的领域和性质不同，获取或实现的途径必然存在差异。在科学活动中，人们探究、揭示各种事物的结构法则、变化规律之真实存在概而言之是"寻"，因为这些法则或规律是客观存在的，人类只是力图用自身的思维形式和通用符号把它揭示并表示出来。道德立法则不同，它一般来说出自人类心灵深层发出的律令，非由外铄——良知通常会自然而然地呈现，关键在于个体能否在各种情境中择善固执，故宜谓之"持"①。真正的美是在审美过程中建构起来的，是主体基于自身的基元信息而产生理想追求，这种理想追求将现实对象幻化、升华而形成美的形象，绝不限于现实对象的本来样态，因此宜表述为"求"。

同时，我们还当看到，三者又有着共同的根基。"寻"须有信念的指引，才既有明确目标又有强大动力；"持"即持其通天下之志，既立其大者，则气（属于气质之性）、意（含有食色之性）等诸小者不能夺；"求"更为直接地是志之

① 中华先哲常讲"择善固执"，是一种确切的表达。

所之，因而必然趋向于完满与自由。简言之，潜藏于心灵深层的志性表现为理想，制导着人们寻真、持善和求美。我们知道，科学家几乎都是满脑子的毕达哥拉斯主义精神，认为宇宙必定是有则有序的和谐统一的整体的信念支配着他们孜孜不倦地探寻科学真理。如果人类没有理想、信仰和自由意志就没有"应然"观念，也就无"善"可持，因而无所谓道德可言。牟宗三先生高举"道德理想主义"的旗帜，实为道德重建之必然要求。理想问题更是审美学的核心问题，审美活动实乃理想将现实事物的幻化与提升，审美并非意志的寂灭（如叔本华之所谓），而是意志的自由（任志所之），人们对美的意象或境界心驰神往不能不是自由意志的活动。总之，人类心灵的第三层面（志性，种子，目的因），既是寻真的归趋之所，又是持善的发源之处，还是求美的升华之域。

02

第二编

│认识论：察万物之理│

在认识论与科学哲学领域，我们必须虚心地向欧洲哲学学习，这是他们在世界哲学中最富有悠久传统和丰厚成果的园地。迄今为止，认识论一般指对于物理世界的认识，它与科学精神、逻辑思维密切相关。笔者赞同英国著名科学哲学家波普尔的观点，从获得知识增长的角度看，认识论、科学发现的逻辑和科学方法论是同一个东西。①

本编聚焦科学文化的研究，主要讨论人类认识物理世界的能力、方法和过程三个基本问题。

---

① 波普尔在《科学发现的逻辑》的第一章开宗明义地写道："一个科学家，不论是理论家还是实验家，都提出陈述或陈述系统，然后一步一步检验它们。说得具体一些，在经验科学的领域里，他们构建假说或理论系统，然后用观察和实验，对照经验来检验它们。我想，对这个程序作出逻辑的分析，也就是说，分析经验科学的方法，就是科学发现的逻辑，或者说知识的逻辑的任务。"（波普尔. 科学发现的逻辑［M］. 查汝强，邱仁宗，译. 杭州：中国美术学院出版社，2008：3.）

第四章　认识能力

　　波普尔在《客观知识·前言》中开首写道："人类知识现象无疑是我们宇宙中最伟大的奇迹。"① 理解这一"奇迹"，近代以来从培根、笛卡尔到今天，学界一直在尝试从经验感知和先验呈现两个方面予以解释。当代一些论者只承认经验一端，未免失之片面。兼听则明。爱因斯坦曾感叹："……有一个历来都激起探索者兴趣的谜。数学既然是一种同经验无关的人类思维的产物，它怎么能这样美妙地适合实在的客体呢？"② 如果以关注先验的信息呈现为不能触及的雷区，则无异于画地为牢，扼杀真理的探究。其实马克思也曾肯定，"整体，当它在头脑中作为思想整体而出现时，是思维着的头脑的产物"③。窃意还是蔡元培倡导的兼容并包为妥。

　　在认识论领域，康德的巨著《纯粹理性批判》从能力考察入手确定人类理智活动的可能范围和界限，曾遭到黑格尔的嘲笑："这和一个人在跳下水游泳之前，就想先学习游泳是同样的［可笑］。"④ 虽然对黑格尔的这一批评附和者甚众，但我们还是要从实际出发认为其不合理：难道能不考察人与鸭子的不同能力而贸然像鸭子那样跳入水中吗？难道能让火车司机不经过培训考核而去掌握方向盘吗？

---

① 波普尔. 客观知识［M］. 舒炜光，等译. 上海：上海译文出版社，1987. 在前言中，波普尔直截申明他的观点"同渊源于亚里士多德的传统即常识知识论的传统相决裂"。

② 爱因斯坦. 爱因斯坦文集：第 1 卷［M］. 许良英，等译. 北京：商务印书馆，2010：217.

③ 马克思. 政治经济学批判·导言［M］//中共中央马克思恩格斯列宁斯大林著作编译局. 马克思恩格斯选集：第 2 卷. 北京：人民出版社，2012：701.

④ 黑格尔. 哲学史讲演录：第 4 卷［M］. 贺麟，王太庆，译. 北京：商务印书馆，1978：259.

第十节　认识论的两种传统

一种思想能够形成传统，一般来说总是包含某些合理成分。如果存在两种对立的传统，就应该分辨其短长，兼收并蓄其合理成分，合于一炉而冶之。这常是开新之一途。西方思想史上长期存在"柏拉图传统"与"亚里士多德传统"的对峙，在认识论领域各有千秋，应该互补。

一、柏拉图传统

（一）柏拉图的"回忆说"和"助产士说"

柏拉图借苏格拉底之口提出"学习就是回忆"，一方面与上古时代流行的灵魂不死的观念有关，另一方面还与他本人尤为注重几何学有关。"回忆说"强调真正的知识具有先验的基础。《斐多篇》描述了苏格拉底思想的转变历程：在苦心研究真正的存在方面失败了之后，他决定另辟蹊径，"求助于心灵，在那里去寻求存在的真理"①。其中，还列举了一则例证，人们在日常经验中做出两块石头重量相等或两根木头长度相等之类判断，有赖于灵魂中存在"相等"（或译为"一样"）的理念这一先决条件。一般说来，见到相等的事物并不能变为相等的理念，可见后者具有先天的性质。《曼诺篇》中记述苏格拉底随机找一个童仆进行数学测验，经过循循引导，未曾接受正规教育的童仆不仅能判断正方形的四条边相等、通过各边中点画的线也相等，而且能够掌握边长与面积的关系而进行准确的计算。的确，在几何学领域，知识的自明性是很显见的。

按照《斐多篇》所说，对于"学习就是回忆"命题的一个极为出色的证明是："如果你对人们提出合适的问题，他们自己便会对一切作出正确的回答。"②这正是高明的助产士之所为。也许可以说，助产术是作为他者帮助主体回忆的艺术，而"回忆说"则是倡导主体自觉地反身叩问从而实现顺利"生产"。

《泰阿泰德》记述，苏格拉底称这种技术为照料人们的灵魂，能以各种方式鉴别心灵所产生的是错觉还是真知。它通常是有步骤、分层次地问别人问题，

---

① 北京大学哲学系外国哲学史教研室，编译．西方哲学原著选读：上卷 [M]．北京：商务印书馆，1981：64-65.
② 苗力田．古希腊哲学 [M]．北京：中国人民大学出版社，1989：259.

并不越俎代庖而提供明确的答案，但能将对方的思维引向正确的方向。这的确与助产士的工作非常相似：自己不生子，只是帮助别人顺利产下健康的婴儿。婴儿从母亲的子宫到呱呱落地，需要经历重重障碍，排除障碍对于获取真知来说就是摒除错觉的遮蔽。

（二）笛卡尔的天赋观念说

身处距离中世纪不远的时代，笛卡尔深切感受到当时的文化知识非常不可靠，主张应当普遍怀疑，对照实际予以清理，从而为真正的知识获得存在和发展的空间。在《方法论》中，他提出"我思，故我在"命题，作为他"所寻求的哲学的第一原理"①，确立理性的我的权威地位。在提出这一命题之前，笛卡尔阐述了四条自己遵守的规则：其一，"绝不接受任何东西为真，只有当我确定它是如此时，才接受它"；其二，"将我所考察的每一个困难，都按要求分成尽可能多的小块"；其三，"从最简单的和最容易认识的东西入手，以逐步认识更复杂的"；其四，尽可能详细、全面地考察所有东西，以确保无一遗漏。② 第一条是秉持怀疑和批判的原则，后三条按顺序由分析方法过渡到综合方法。第一条仿佛清理地基，所谓清理也可以说是还原；后三者只有在清理过的地基上运用才有意义。

虽然笛卡尔将天赋观念归结于上帝，其实他真正讲的是人的理性心灵能力。这种天赋观念具有明白清楚、与实际相符的特点，按胡塞尔的阐释，正是通过清除感性的蒙蔽（存在的还原）和知性的欺骗（历史的还原）而达到理性的敞亮，从而直面事物本身而获取的。梯利认为"笛卡尔的天赋观念有时指灵魂于自身之中发现的原理，有时指在经验过程中灵魂产生这种知识的固有的能力或机能"③，其实都可以作为理性来把握。在笛卡尔看来，心灵与生俱来便有一些不证自明的观念，包括数学公理和普遍原则、上帝观念等，这些是灵魂在自身之中发现的原理，同时灵魂还具有天生的认识能力和禀赋。二者形成主体的认知结构，成为获得确定性和真理性知识的逻辑前提。所谓"我思"就是指这种认知结构的运行。

他的这种观点，受到英国经验主义者如洛克等的猛烈批判。

（三）莱布尼茨的大理石纹路说

针对洛克撰写的《人类理智论》，莱布尼茨著《人类理智新论》与之商榷。

---

① 笛卡尔.方法论·情志论 [M].郑志彬，译.南京：译林出版社，2012：23-24.
② 笛卡尔.方法论·情志论 [M].郑志彬，译.南京：译林出版社，2012：14.
③ 梯利.西方哲学史 [M].葛力，译.北京：商务印书馆，1995：320.

他写道:"他［指洛克］的系统和亚里士多德关系较密切,我的系统则比较接近柏拉图,虽然在许多地方我们双方离这两位古人都很远。……"具体一些说,这种分歧是,"我也曾经用一块有纹路的大理石来作比喻,而不把心灵比作一块完全一色的大理石或空白的板,即哲学家们所谓 Tabula rasa(白板)。因为如果心灵像这种空白板那样,那么真理之在我们心中,情形也就像赫尔库勒［希腊神话中的大力神］的像之在这样一块大理石里一样,这块大理石本来是刻上这个像或别的像都完全无所谓的。但是如果这个石头上本来有些纹路,表明刻赫尔库勒的像比刻别的像更好,这块石头就更加被决定(用来刻这个像),而赫尔库勒的像就可以说是以某种方式天赋在这块石头里了,虽然也必须要加工使这些纹路显出来,和加以雕琢,使它清晰,把那些妨碍它显现的东西去掉。也就是像这样,观念和真理就作为倾向、禀赋、习性或自然的潜能天赋在我们心中,而不是作为现实天赋在我们心中的,虽然这种潜能也永远伴随着与它相应的、常常感觉不到的某种现实。"①

应该说,莱布尼茨所讲的较之笛卡尔的表述更为中肯和圆融:他所讲的"天赋"并非指明确、具体的观念,而是指心灵中先天"倾向、禀性、习性或自然的潜能"。在今天看来,这种先天倾向来自人类集体无意识中的基元信息及其自组织。

二、亚里士多德传统

(一)亚里士多德的蜡块说

与柏拉图的认识论思想尖锐对立,亚里士多德从人的感觉切入进行探究。他在《论灵魂》第二卷第十二章写道:"我们必须理解所有的感觉的普遍意义。感觉就是撇开感觉对象的质料,而接受其形式。正如蜡块,它接受戒指的印迹而撇开铁或金,它所把握的是金或铜的印迹而不是金或铜的本身;同样,每一个人的感觉都要承受有颜色、气味、声音的东西的作用,但并不是作为那个所说的东西,而是作为这个,与公理相关。……感觉的主体［指对象——引者注］是种有体积的东西,而感觉能力和感觉则没有体积。"②

显而易见,从探究感觉开始也就是从经验开始。如果说柏拉图的观点是先

① 莱布尼茨. 人类理智新论:上册［M］. 陈修斋,译. 北京:商务印书馆,1982:2,6-7.

② 苗力田. 古希腊哲学［M］. 北京:中国人民大学出版社,1989:483-484.

验论的代表，那么亚里士多德是观点则是经验论的代表。他提出的"蜡块说"其实从感官接收信息阶段可以说是颠扑不破的"公理"，至 17 世纪的先验论者笛卡尔也采纳了他的"蜡块"比喻，而在经验论者洛克那里更是发展出"白板说"。

（二）培根的清除假相说

在笛卡尔之前，弗兰西斯·培根已在寻求"科学要来一个伟大的复兴"，他深深感到当时科学知识的增长面临着多重障碍——在《新工具》中称为四种"假相"。一是"种族假相"，指人的天性都以自身为尺度衡量外物，而不是忠实于对象本身，损害了科学知识的客观性；二是"洞穴假相"，人们往往囿于自己的特定立场、视角、阅历、成见等，坐井观天，观点不免偏窄；三是"市场假相"，指人们在语言交往中产生出的误解，语词的多义或语境的变化造成意义传达的混乱，使人陷于无数空洞的争辩和无聊的幻想；四是"剧场假相"，指从各种哲学教条及错误的证明法则移植到人心中的假相。流行的理论误导了受众，人们以为其权威，不自觉中受到其迷惑。如历史上的诡辩派、炼金术等，都在必须清除之列。清除假相是"破"，取而代之的倡导实验的和归纳的方法则是"立"。从"破"的方面看，他是欧洲哲学史上第一个较为全面批判经院哲学的思想家；从"立"的方面看，他被誉为近代"实验科学的真正始祖"。

（三）洛克的白板说

在培根之后，欧洲大陆出现了笛卡尔等理性主义哲学家倡导"天赋观念论"，英国哲学家洛克予以批判。他认为这种理论是不必要，也不可能成立的假设，甚至命题本身就自相矛盾：他认为天赋观念是指印在心灵中的"概念、思想、符号"，既然已经印在心中——却又说人们并不知道它，岂不荒谬？按一般的常识来说确有道理，但至 20 世纪出现"深蕴心理学"（弗洛伊德语）着力开掘人类的无意识领域，其实可以完全否定洛克的这一指摘。

排除了天赋观念，洛克认为人出生时心灵犹如一张白纸或白板，一切事物的印象、观念都是由外界事物在白板上留下的痕迹，也就是都来源于后天经验。当然，洛克除了认定知识来源于感觉之外也承认离不开心灵的活动——对于后者他认为"可以很恰当地称为'内部感官'"，而因为既已将前者称为"感觉"，于是称为"反省"："这两种东西，就是作为感觉对象的外界的、物质的东西，和作为反省对象的我们自己的心灵的内部活动，在我看来乃是产生我们全部观念的仅有的来源。"① 遗憾的是，他对"内在的感官"的存在样态缺少描述且对它如何与"感觉"获得的材料相融合缺少深入的阐明，于是引出莱布尼茨的反批判（见前）。

三、两种传统的融汇

（一）康德哲学的折中

康德哲学我国学界通常称为"批判哲学"，旨在辨析理性的正确运用，同时又寻求经验论与唯理论的统一。德国哲学家普遍认同心灵存在"先验"之维，但他们又并不否认经验对于获得知识的重要性。康德研究认识论的巨著是《纯粹理性批判》，致力于调解先验论与经验论的传统对立，其中一个核心命题是"先天综合判断"——先天肯定是先验（先于经验）的；综合则指对经验材料的归纳；前者蕴含理性奠定了判断的"普遍必然性"，后者落实于经验的事实则保证了判断的客观性。这种判断实现了推理真理与事实真理（见后）的调和。从逻辑上看这类判断的谓项并非从主项分析出来，但又必然地和主项相联结而增加了新内容，因此其广泛运用使科学知识的增长成为可能。

（二）皮亚杰的发生认识论

面对历史上经验论与先验论的观点冲突，创立国际发生认识论中心的瑞士心理学家皮亚杰写道："……如果局限于对这个问题的古典论述，人们就只能问：是否所有的认识信息都来源于客体，以致如传统经验主义所假定的那样，主体是受教于在他以外的物的；或者相反，是否如各式各样的先验主义或天赋论所坚持的那样，主体一开始就具有一些内部生成的结构，并把这些结构强加于客体。""然而心理发生学分析的初步结果，似乎是与上述这些假定相矛盾的。一方面，认识既不是起因于一个有自我意识的主体，也不是起因于业已形成的（从主体的角度来看）、会把自己烙印在主体之上的客体；认识起因于主客体之间的相互作用，这种作用发生在主体和客体之间的中途，因而同时既包含着主体又包含着客体，但这是由于主客体之间的完全没有分化，而不是由于不同种类事物之间的相互作用。"②

这段话中，"中途"宜视为一种比喻性的说法，肯定主客体之间没有分化而

---

① 北京大学哲学系外国哲学史教研室，编译. 西方哲学原著选读：上卷［M］. 北京：商务印书馆，1980，451.

② 皮亚杰. 发生认识论原理［M］. 王宪钿，等译. 北京：商务印书馆，1981：21-22.

否定不同种类事物间的相互作用也须在其特定意义上理解，我们将在本书第六章进一步探究辨识。

（三）从思想史角度的调解

从宏观角度考察两大传统，我们不难从中发现这样的秩序。

第一，近代经验论与理性论的开山鼻祖培根、笛卡尔都站在发展科学、寻求真知立场上批判中世纪遗留下来的文化蒙昧，经验派与理性派实为批判中世纪政教合一造成文化贻害的两个方面军，从批判过去方面看目标一致，在力图开创未来时发生分化：经验派偏重经验归纳，理性派偏重先验演绎。两种倾向实为天地之道的乾、坤二元在认识领域的必然体现：先验演绎是由一到多的理性呈现，为乾之辟；经验归纳由感官反映而归多于一，为坤之翕。

第二，二者立论还与其着眼领域密切相关：经验派主要着眼实验科学，理性派则一般着眼数学。笛卡尔、莱布尼茨本身就是大数学家，自他们之后，着眼领域不同者仍将出现类似的观点分歧。对于促进知识的增长而言，二者各有千秋：经验派的结论拥有客观性，理性派的结论具有普遍性。

第三，后世经常谈及英国的经验主义同欧洲大陆的理性主义的对立，其实是古希腊时代开出的两种传统在文艺复兴到启蒙运动时代的必然延伸。一些"理性思维的英雄"在人类认识论史上画出两道弯曲的彩虹，仿佛生物体 DNA 的双螺旋的轨迹——这是"历史的辩证法"，还是"理性的狡计"，抑或"宇宙基元信息的自组织"？（如表 4-1 所示）

表 4-1 欧洲哲学史上认识论领域的两大传统

欧洲哲学史上认识论的两大传统			培根	笛卡尔	洛克	莱布尼茨	着眼学科	心灵活动	知识特点	地域分布
柏拉图传统	回忆说和助产士说	先验论	...	天赋观念论		大理石纹路说	数学	理性呈现	普遍性	欧洲大陆
亚里士多德传统	蜡块说	经验论	...	清除假相说	白板说		实验科学	感官反映	客观性	英国
古希腊			中世纪		文艺复兴—启蒙运动			比较分析		

显而易见，几千年的史实雄辩表明：重视经验一端与重视先验（理性）一

端均有其存在的必然性，在基础理论的意义上应该秉中执两，而不能偏废其一。①

第十一节 人类的两种思维方式

"发散式思维"（Divergent Thinking）与"收敛式思维"（Convergent Thinking）的概念，最早是由美国心理学家吉尔福德根据其智力结构（SI）理论于 1967 年在《人类智慧的本质》一书中提出的分类。吉尔福德认为传统科学教育中或者注重发散式思维能力的培养而忽视了收敛式思维的发展，或者以牺牲发散式思维为代价来培养学生的收敛式思维能力。总之，这种教育是有片面性的。后来美国著名科学史家库恩借鉴了这一理论来阐释自己的科学发展观（常规与革命），较深入论述了发散式思维与收敛式思维之间须保持"必要的张力"。这种思维方式的区分风靡世界。

一、发散式思维

发散式思维亦称"辐射思维""放射思维""扩散思维""求异思维"，是指大脑在思维时呈现一种扩散状态的思维模式。

发散式思维有以下基本特点。一是活跃性。库恩指出："如果不是大量科学家具有高度思想活跃和思想开放的性格，就不会有科学革命，也很少有科学进

---

① 补充几则真实个例（见于央视《挑战不可能》节目）。之一，快速心算能力，计算出屏幕上纷纷飘落的红包雨中所含钱币（每个 1 ~ 99 并含小数点不等）的数量，第一轮计 2130.49 元全部正确；第二轮速度加快到常人（包括华人神探李昌玉博士）难辨其中数字的速度，总数达 11500.43 元，也由其中一位 9 岁的全国心算冠军准确算出。——可能先天条件与后天练习同等重要。之二，2017 年河北读六年级女孩赵苑彤用 129 秒钟辨识出杜甫一首长诗 163 字的笔画（平均一秒钟不到就能判断并写出一个字的笔画数），仅最后 2 个字出现笔误（她说自己根本没用心算，是小学一年级时意外发现自己有一种很快确定汉字笔画的能力，那时还认识不了多少字）。可见这种能力更多是先天的直觉。之三，我国空军通信连红色一号台班长刘文君挑战辨音能力。先听 3 个目标人同时念 3 首不同的古诗，要求能分辨出 3 人各自的声音特点和她们朗诵的古诗内容；随即让 3 位目标人插入另外 17 人中，一起各自朗读不同的对联 100 秒，要求从 20 人中找出 3 位目标人朗读的对联，并与先前朗读的古诗一一对上号，结果一次成功。此例中可能后天训练更为重要。

步。"① 二是开放性。在艺术创作（如酒神精神）、技术发明（如爱迪生）中表现最为明显。三是辐射性，由一到多扩展。刘勰描述诗人创作往往是"寂然凝虑，思接千载；悄焉动容，视通万里"（《文心雕龙·神思》），科学研究同样需要这种"神思"来获得创造性成果。

发散式思维的主要功用是超越既有视界，又开出新生面。

深入探究其缘由，在我国《周易》中称为"乾辟"，依现代哲学和科学的视界是自由意志的积极活动，心理能量活跃，大脑神经纤维末梢出现快速电化学反应，相似与相异信息的扫描迅捷。采用荣格的心理学观点，可谓是集体无意识中的阴影原型的活动占优势。

二、收敛式思维

收敛式思维又叫"聚合思维""集中思维""求同思维"，是思维者聚集与问题有关的信息，在思考和解答问题时，进行重新组织和推理，以求得正确答案的内聚式思维方式。例如，学生从书本的各种定论中筛选一种方法，或寻找问题的一种答案；理论工作者依据许多现成的资料归纳出一种结论。

其基本特点与发散式思维正好相对。一是平衡性。思维在平静中进行，精神系统保持相对平衡状态，在雕刻家、理论家的工作中表现突出。二是闭合性。任何系统都有相对封闭性的特点，只有这样才便于加密完善。三是辐集性，即由多归一，一种系统必须能将相关的杂多要素统一为和谐的整体。

收敛式思维的主要功用：对于学习者来说是加密知识系统，对于研究者来说主要是致力于加固传统。库恩说："常规研究，即使是最好的常规研究，也是一种高度收敛的活动，它的基础牢固地建立在从科学教育中获得的一致意见上，这种意见又在以后专业研究的生活中得到加强。可以肯定，在典型情况下，这种收敛式的或者说受一致意见制约的研究工作终将以革命告终。于是，传统的方法与信念就要被抛弃，由新的取而代之。但是，科学传统的革命转换，相对说来还是罕见的，收敛式研究的持久时期正是这一转换所必不可少的准备。"②

深入探究其缘由，在我国《周易》中称为"坤翕"，采用荣格的心理学观点，可谓是集体无意识中的自性原型的作用占优势。按照本书的视界，则是心灵中基元信息的制导，也就是说，收敛式思维的存在突出表明认识主体（人类）

---

① 库恩. 必要的张力［M］. 纪树生，等译. 福州：福建人民出版社，1981：224.
② 库恩. 必要的张力［M］. 纪树生，等译. 福州：福建人民出版社，1981：224.

确有先验能力的存在，当是先验的结构信息制导着收敛的趋向。

三、发散与收敛的协同

吉尔福德认为，这两种思维类型都是创造性思维的具体形式。"发散式思维"特指从同一信息出发求取多种正确答案的思维过程；"收敛式思维"则特指从所给予的各种信息中推导出逻辑结论的思维过程，这种结论由所给信息完全决定，但又必须是独特并且是为习惯等所能接受的最好成果。

库恩以《必要的张力：科学研究中的传统和变革》为题撰文强调发散式思维和收敛式思维在科学发展过程中的不可或缺："全部科学工作具有某种发散性特征，在科学发展最重大事件的核心中都有很大的发散性。但是我自己从事科学研究以及阅读科学史的经验却使我怀疑，强调思想活跃和思想解放是基础研究必须具备的特性，这是否太片面了。因此，下面我将提出，某种'收敛式思维'也同发散式思维一样，是科学进步所必不可少的。这两种思想形式既然不可避免地处于矛盾之中，可知维持一种往往难以维持的张力的能力，正是从事这种最好的科学研究所必需的首要条件之一。"[1] ——他认为科学革命须借助发散式思维，但收敛式思维同样必不可少。学校教育注重培养学生的收敛式思维和掌握常规科学是合理的。

库恩赞同这样的观点：基础科学家"总是毫不抱偏见，即使他看到最为'不证自明'的事实或概念也未必接受，相反，他容许自己的想象力考虑最靠不住的可能性"（赛里，1959）。"用其他论文所提供的更专门语言（盖泽尔斯和杰克逊）来说，这一方面的描述反复表现为：强调'发散式思维……走向不同方向的自由，……抛弃旧的答案和开辟新的方向'。"[2]

吉弗德对现代教育的弊病做了贴切描述，这种教育"强调在收敛式思维和评价方面的能力往往是以牺牲发散式思维方面的发展为代价的。我们总是努力教导学生们怎样去获得那些已由我们的文明所肯定的'正确'答案……在艺术（我认为还应包括大部分社会科学——库恩注）之外，我们一般都在无意之中阻碍了发散式思维能力的发展"。[3]

对于这两种思维方式，按中国传统哲学解释恰好是乾辟坤翕的体现，按当

---

① 库恩. 必要的张力 [M]. 纪树生，等译. 福州：福建人民出版社，1981：223.
② 库恩. 必要的张力 [M]. 纪树生，等译. 福州：福建人民出版社，1981：223.
③ 库恩. 必要的张力 [M]. 纪树生，等译. 福州：福建人民出版社，1981：225.

代科学的视界阐释，发散式思维是心理能量主导，收敛式思维则是基元信息的规约据支配地位。事实上，几乎任何人都具有发散与收敛两种趋向的智力结构，只是就其据支配地位的趋向确定其所属而已。落实于教育便要求遵循因材施教的原则，扬长而补短。

第十二节　人类的三种思维类型

我国钱学森先生站在现代科学立场上倡导建立"思维学"，其观点与德国古典哲学的相关揭示实有异曲同工之妙。钱先生指出，"除抽象（逻辑）思维之外，还有形象（直感）思维和灵感（顿悟）思维"，而迄今为止，"思维学中只有抽象思维研究得比较深，已经有比较成熟的逻辑学，而形象思维和灵感思维还没有认真研究，提不出什么科学的学问"[1]。

钱先生的论述是公允的。但是我们须注意：一是这里所讲的"思维"是一种广义的用法，狭义的思维一般仅指抽象思维；二是这种思维学的类型划分其实是一种抽象的逻辑划分。人类的文化创造活动，均有这三种思维类型的参与，只是其主次关系易位而已。

一、形象（直感）思维
（一）形象思维不宜等同于艺术思维

"形象思维"最初由别林斯基提出："诗歌是表现在形象中的思维"[2]，是"对于真理的直感的观察"[3]，均仅就文艺领域而言。后来围绕它的成立与否和概念界定聚讼纷纭。肯定者中大多认为艺术与科学的区别在于形象思维与抽象思维。其实这种观点有以偏概全之弊，艺术活动是具体的，只是以形象思维为主干，同时包含抽象思维成分（如典型的概括等），还经常得益于灵感思维。艺术家运用何种思维？准确的说法当是"艺术思维"，而不只是形象思维。

---

① 钱学森. 关于思维科学［M］. 上海：上海人民出版社，1986：16.
② 别林斯基. 别林斯基选集：第2卷［M］. 满涛，译. 上海：上海译文出版社，1979：15.
③ 别林斯基. 别林斯基选集：第3卷［M］. 满涛，译. 上海：上海译文出版社，1980：93.

（二）形象思维是人类对世界的感性把握

人类思维发展落实于个体心灵能力的开发，个体最初都是感性地把握周围的世界。

感性把握主要为视听反映和肌体反应（感觉与情感）。所以人类文化中较早繁荣的是艺术。刘勰在《文心雕龙》中设"物色""情采""神思"诸节，描述的就是作家的形象思维。《物色》篇写道："诗人感物，联类不穷；流连万象之际，沉吟视听之区。写气图貌，既随物以宛转；属采附声，亦与心而徘徊。"① 《神思》总结说："神用象通，情变所孕。物以貌求，心以理应。"② 表达了艺术创作以形象思维为主干，中含抽象思维成分的观点。

然而从认识论角度考察形象思维，往往须排除其中的情感成分，以免产生错觉或蒙蔽（邵雍注意到以情观物则陷于昏蔽）。不过仍保留了纯形式的成分：时间（情感在时间中流动）与空间（表象在空间中展开）。关注空间中的存在样态和时间中的变化样态——抽象，正是在此基础上抽取事物的结构法则和变化规律。

（三）形象思维是抽象思维的前形式

认为思维学根本不应该讨论形象思维的观点也未免失之褊狭，考察人类的各种精神活动过程，个体是从具象的思维开始。整个族类最先通行的是具象思维（或称"诗性思维""巫术思维""原始思维"等）。

宇宙万物的发展过程普遍存在环链结构，抽象思维并非凭空出现，抽象总是源于对具象之物的抽象，所以宜将形象思维视为抽象思维的前形式。

现代心理学一般认为，心理并非与生命相伴生。在严格的意义上，最简单的生物并不具有心理反应能力，只是具有感应性——有机体对外部刺激做出某种反应（不等于反映）。这是一切生物机体所普遍具有的特性，一般而论还不属于心理范畴，只是心理的萌芽形式。在感应性基础上产生感受性，是最简单、最初级的心理表现形式，它是机体反映外部环境影响的感觉能力。心理在生活条件的影响下，随着神经系统的发展而逐渐完善。有的分为四个阶段：感觉、知觉、智慧、意识。无脊椎动物处于感觉阶段；低级脊椎动物（从鱼类到鸟类）达到知觉阶段，高等脊椎动物如灵长类进达智慧阶段（已有高度发展的神经系

---

① ［南朝梁］刘勰. 文心雕龙义证［M］. 詹锳，义证. 上海：上海古籍出版社，1989：1733.

② ［南朝梁］刘勰. 文心雕龙义证［M］. 詹锳，义证. 上海：上海古籍出版社，1989：1007.

统和分析器，以及相当高级的分析综合能力，出现思维的萌芽，但没有真正的语言和意识），人类则达到意识阶段。这种观点可资参考。虽然将"智慧"置于"意识"之前的表述有待商榷①。

二、抽象（逻辑）思维

（一）抽象思维不能等同于科学思维

科学思维是一种具体的思维活动，主要凭借抽象（逻辑）思维，但并不排除形象（直感）思维（如田野调查或实验观察），并且经常得益于灵感（顿悟）思维（如美国青年科学家詹姆斯·杜威·沃森因寒冷蜷缩在炉火边时，突发关于 DNA 双螺旋结构的奇思妙想）。

（二）抽象思维是人类对世界的理智把握

理智又可称为"知性""知解力"等，是人类依照不同需要、从不同维度对具体事物进行抽象，通过分析和综合而把握事物的本质和变化规律的能力。

理智活动需要抑制或屏蔽情感，从而客观地解析现象。在认识过程中，确如邵雍所说，"情蔽则昏"。我们知道，亚里士多德曾指出理智须保持洁净，才能保证其顺畅接受的本性。

人类的理智能力之所及，在于揭示事物的特殊本质或规律，所以抽象思维总是不免局部性、相对性的局限，其成果既可证实又可证伪。

（三）抽象思维一般是主体运用逻辑范畴规范对象提供的材料的活动

逻辑范畴相对于科学研究主体与实际对象的面临（经验）来说是先在（或先验）的。

这些逻辑范畴的形成来自先天感悟和后天归纳两种基本途径（参见前述"两种传统"）。

人类认识世界所形成的范畴已经形成一个有机系统，后面将立专章讨论。

三、灵感（顿悟）思维

（一）灵感思维存在于文化世界三大领域

在艺术活动中，如郭沫若创作《地球，我的母亲！》等，有过突然间仿佛

---

① 在心灵哲学中，由表及里应该是感觉—意识—智慧。佛学以"意识"为第六识，以阿陀那识或阿赖耶识的开悟为"智慧"。佛门弟子常以"智""慧"命名绝非只是期盼意识清醒（常指理智）。

"打摆子"的震颤体验；冯骥才创作小说《高女人和她的矮丈夫》，在浮现核心意象（夫妻共伞）的霎时间也陷入了迷狂。在科学活动中，阿基米德发现浮力定律而解开"金冠之谜"，更是千古传诵的佳话。灵感（顿悟）思维在宗教与哲学活动中应当说居于关键地位，也许是因为宗教与哲学力图把握宇宙和人生的总体——这是超越人类理智的领域，往往须得深层"无意识的突然闪光"（铃木大拙语）——顿悟而获得呈现。传说释迦牟尼曾在菩提树下静坐七天七夜而悟出"四谛"，在寺院从事杂务的慧能悟出"菩提本无树，明镜亦非台。本来无一物，何处惹尘埃"而得禅宗五祖传授衣钵。史载陆九渊 10 多岁时，读到古书中"宇宙"二字，查看其注释为"四方上下曰宇，往古来今曰宙"，忽然之间大悟，提笔写道："宇宙内事即己分内事，己分内事即宇宙内事。"（《宋史纪事本末》卷二一）熊十力先生自述 18 岁时读《周易·系辞传》，至"辟户之谓乾，阖户之谓坤"，神解脱然，顿悟虚灵开发者谓之辟，亦谓之心；聚凝阖敛者谓之翕，亦谓之物。这次顿悟对他成就一家之言有着决定性的影响。

如果说艺术活动主要采用形象（直感）思维，科学活动主要采用抽象（逻辑）思维，那么哲学与宗教活动则主要依赖灵感（顿悟）思维。三者正好对应人类心灵的三层面，滋生出人类生存必需的三大文化领域。可见钱学森先生的三种思维的区分具有重要学理意义。

（二）灵感（顿悟）思维的特点

简单枚举以下三点：一是偶然性。由于灵感思维活动于意识阈下，所以不受意识的驾驭，其到来或呈现对主体来说是随机、偶然的。二是突发性。也因此，人们只能感觉到它的结果而没有觉察到其过程，是瞬间、突然的呈现。三是亢奋性。没有经过冥思苦想，却意外获得最佳解决方案，所以往往让主体狂喜（据传阿基米德解开金冠之谜时竟跑到大街上高喊），柏拉图将灵感描述为"迷狂"。

（三）灵感（顿悟）思维的来由

要合理解释灵感、顿悟，就必须承认心灵第三层面的存在。它既不同于感性层的想象那么随意，又不同于知性层的逻辑那样严谨，而是源于深层无意识领域的"自组织"而迸发出的创造性火花。前述发散式与收敛式思维的结合在灵感（顿悟）中尤为突出。

所以灵感常常在精神放松时到来（我国于 1989 年出版的《辞海》界定为精神"高度集中"时出现仅适用于极少见的"急中生智"情形）。究其原因，当是精神放松时，意识阀下基元信息针对特定情形的"自组织"仍在进行。其乾辟势用决定着发散式的自由选择，其坤翕势用决定着收敛式的恰当规范，可比喻为两道光柱（有光则明，与认识密切相关）在扫描相关信息过程中的交汇。从心灵三层面角度剖析，灵感要求在超脱感性欲念羁绊和排除知性观念屏蔽的时刻最为便利迸发，笔者曾有多次切身体认。① 因此向学生传播这样的猜想：灵感思维是意识阈下的发散与收敛两种趋向（仿佛两道光柱），针对特定问题阈的恰到好处的交汇、碰撞而迸发出的思想火花，往往获得创造性成果。后来见到一本介绍脑科学的著作讲述，已有日本科学家发现，处在灵感状态的人们，其脑干中多列成对神经核的活动异常活跃。

四、人类认识能力面面观

以上我们简略阐述了认识论领域的"柏拉图传统"（先验论）和"亚里士多德传统"（经验论），培养创造型人才涉及的发散式思维与收敛式思维，以及钱学森先生倡导建立"思维学"所做的形象（直感）思维、抽象（逻辑）思维和灵感（顿悟）思维的区分等。笔者认为这些学说均具有真理性，既合乎逻辑又合乎事实，只有头脑僵化、坐井观天的人才习惯固执一端而不及其余，其实是作茧自缚，若将这种褊狭观念用于传道授业，更将贻害世人，必将有损科学研究的进步和全民素质的提高。因此，必须以开放的心胸看待大自然的赐予，

---

① 其一，1993 年春，笔者居住在湖北恩施州医院职工宿舍，当时正为解读康德著作而困扰。一天晚饭后在院中一个小花园散步，突然想到可以将康德著作的理论理性与实践理性的二分同感性、知性与理性的三分统一起来，刹那间呈现图表的样式，后来写成《试论人类的心理构成》（发表时应编辑建议题为《感性·知性·志性——人类心灵的层次结构》）一文。其二，1993 年秋有幸进北京大学哲学系访问深造，将该文先后送赵敦华和张世英先生过目，得到重视。张先生对文中尝试用"志性"取代康德著作汉译本中的"理性"的做法表现出宽容态度："（这种替代）说得过去。但是最好要从中国传统哲学中找到根据，是否存在'志'范畴。"遵从张先生指点，笔者随后每天到北大图书馆二楼的保存本室系统查阅从先秦至明清的典籍。近 2 个月中做了大量卡片，结果写成《志：中国哲学的重要范畴》一文。还有一个意外的收获是灵感赠予的：在查阅典籍、做笔记的过程中，笔者深感中国传统哲学潜在有一个系统，并于 1993 年 12 月6 日（原卡片所记）取一张卡片勾画出来，它就是拙文《中国哲学一些范畴、命题的逻辑定位》乃至拙著《中国哲学原理》的胚胎。其三，2014 年起撰写《心灵第三层面探究》系列论稿，笔者感到面临的课题是揭示人类的心灵结构乃大自然的演化成果，于是同时阅读反映现代科学的前沿成果的著作。其中，从加拿大学者戴维·欧瑞尔撰写的《科学之美——从大爆炸到数字时代》中看到对毕达哥拉斯"圣十"的图解等边三角形，笔者结合对《周易》的理解和霍金《时间简史》介绍的知识，灵机一动，给该图解加上一个圆圈，并想象成球体，一下子觉得豁然开朗：人类心灵结构与宇宙基元信息果然是相贯通的！——这一图解奠定了笔者撰写本书的思想基础。

珍视全人类的文明成果，重要的是充分注意对立意见的相互补充而非夸大其差异的不可调和。虽然在特定历史时期有的学者出于矫枉过正的需要而执持一面大力宣讲，如亚里士多德虽然主张从经验入手的认识论，但又不完全否认其师柏拉图思想的合理因素；莱布尼茨对洛克观点的批评也是我辈学习的榜样。

对于初学者来说，接受这些纷杂的观念可能感觉眼花缭乱，不同理论的确有其不同视角。如果它们都有存在的理由，就一定可以组织为一个系统，因为宇宙的信息本来就自成一体，人类只是在特定时段凭借有限的智力揭示其某一局部或某一维面而已。科学研究的基本任务是在前人研究成果基础上力争达到更高的统一性。本章的三节内容我们可以描绘如图 4-1 所示。

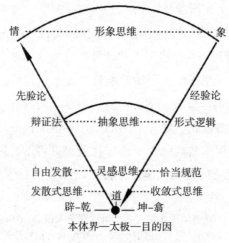

图 4-1　人类的认识能力面面观（综合）

在这一图解中，我们可以清楚看到，人类的认识能力其实是宇宙的乾辟、坤翕两种共轭而互补的对立趋向的具体体现。认识论中注重先验论的"柏拉图传统"和坚持经验论的"亚里士多德传统"正是二者的一贯体现，而现代学界解析人的精神活动的发散与收敛也可见二者的霎时制导。从钱学森先生倡导建立"思维学"的整体上看，形象思维当含"情"与"象"的对立二元，二者的融合即是人与生俱来的想象能力。其中，"情"具有时间性，"象"具有空间性，正是乾、坤二元特点的延伸。想象的丰富性固然取决于后天的阅历，但想象的活跃性更取决于情感的炽烈程度，因此儿童的求知欲往往较成人为盛，更富于想象力；而热恋中的情人几乎个个变成了诗人。抽象思维又称"逻辑思维"，辩证法特别是其中的四大规律重在揭示事物的变异，为乾健一端；而形式逻辑则重在表达的同一，为坤翕的体现①；二者在科学研究过程中的关系正好印证了中华先哲的断语："乾知大始，坤作成物。"灵感思维的活动存在于意识的阈下，主体更能体验到乾辟坤翕的双向作用：乾辟则思绪自由发散，坤翕则"因地制宜"赋予思绪所触处恰到好处的规范。灵感之所以较多在虚静时造访研究者的心灵，在于其活动处在深层无意识（志性）领域，解除了意识（知性）的屏蔽和个人无意识（感性）的干扰才更易于呈现。推崇灵感者可能视逻辑思维只是一种消极的存在，其实不然。逻辑思维在想象与灵感中可能起着定盘星和压舱石的功用。思维的逻辑既有来自后天经验总结的成分，又有先天的逻各斯的信息遗传的成分。由此我们就该进入"认识"的方法论的探讨了②。

---

① 也许并非巧合，西方认识论史中两大传统的开山人物注重发挥的思维能力与其注重遵循的思维方法相关：亚里士多德是公认的形式逻辑奠基人，柏拉图则可以说是古希腊时代运用辩证逻辑的杰出代表。

② 在严格意义上，现行哲学教科书所讲的方法论仅限于认识领域。价值领域、审美领域的方法、路径与之迥然不同——参见本书第三、第四编。

第五章　认识方法

逻辑思维包括形式逻辑和辩证逻辑，前者由亚里士多德的《工具论》奠定基础，后者由黑格尔的《逻辑学》筑起系统。迄今为止，二者的立场、观点多有冲突，需要将它们统一起来，合成一个有机系统。虽然不可能一蹴而就，但朝着这一方向努力不失为有益的尝试。

近百年来，形式逻辑领域百花齐放，异彩纷呈，一派繁荣景象，但辩证逻辑几乎在原地踏步，鲜见新的观点方法，近于一个封闭、凝滞的系统，处于静态平衡之中。这种状况本身背离辩证法是"批判的"和"革命的"特性，亟须改观。

逻辑范畴一方面来自生活经验的总结（如亚里士多德），另一方面来自先天的心灵结构的滋生（如康德），基础在于时空反映（感性）与乾辟坤翕（志性）的双向运动。我们拟从根本讲起，延伸于躯干，继而进达枝叶，也就是一端承接本体论，另一端衔接经验论，或者说从体天（物理世界）之道进达立人之道，即从宇宙本根的体认向文化世界的建构逐级延伸。

按本书的视角，方法论与本体论紧密联系在一起（如黑格尔《逻辑学》）。黑格尔曾指出，锄头比谷物重要；本章我们注目获取谷物的锄头。人们普遍认为成功的教育不是"授人以鱼"而是"授人以渔"。本章不可能面面俱到，仅望有助于读者对辩证逻辑和形式逻辑的系统把握①。

---

① 笔者最初自学哲学，主要是为了掌握其中的方法论，在辩证法部分费时较多，记忆甚深。但有幸走上科研之路后，因专业所限从未对这一领域进行专题研究。本章所述，宜视为笔者经时间沉淀试图厘清辩证法基本规律、范畴和传统形式逻辑之间内在关系以便系统把握的一组简札。其中，存有将辩证逻辑形式化的尝试，仅供读者参考。金岳霖先生视逻辑为同"能"相对的"式"（mode），表明这种方向的探索可资参考。

第十三节 思维与存在同一：遵循基本规律

　　人类思维与客观存在一方面存有本原上的统一性，即都植根于本体论意义上的基元信息，从主体方面说存有先天的潜能（理性主义观念的合理成分）。另一方面，思维通过对感官接受的客观存在的信息进行加工（经验主义观念的合理成分），在反映现实过程中又不断校正自己，在主体所从事的特殊领域与对象性的存在关系愈加亲切，认识日趋细密：客观存在的内部结构、基本性质和变化规律等在思维中日渐朗现。

　　先天的本原上的统一与后天经验上的统一，决定了思维与存在的统一性。这种统一性尤其在辩证逻辑中表现突出。黑格尔写道："哲学与经验的一致至少可以看成是考验哲学真理的外在的试金石，同时也可以说，哲学的最高目的就在于确认思想与经验的一致，并且达到自觉的理性与存在于事物中的理性的和解，亦即达到理性与现实的和解。"① 恩格斯也指出："所谓客观辩证法是支配着整个自然界的，而所谓主观辩证法，即辩证的思维，不过是自然界中到处盛行的对立中的运动的反映而已。"②

一、辩证逻辑要求的三重视角

　　这里所讲的"三重视角"，是说应该从怎样的角度看待我们所处的宇宙及其万物。宇宙是一个大系统，它所包含的万物又各是一个系统，所以"三重视角"既适用于大宇宙，又适用于各个事物。领会了这"三重视角"，接受辩证逻辑的相关知识有可能事半而功倍。

　　理解这三重视角，需要联系第一编所述的"本体论"，牢固树立"万物同源"的观念——20世纪的宇宙学雄辩证实了它的真理性。由于万物同源，所以都处于"普遍联系"之中；普遍联系包括时间的和空间的，我们尤为关注系统的变化，因此在普遍联系的观点基础上，凸显"发展变化"的观点或视角；由于万物同源，从哲学视野中，应该从任何一个个别事物的特征和功能（用）中

① 黑格尔. 小逻辑 [M]. 贺麟，译. 北京：商务印书馆，1980：43. 在黑格尔看来，"理性是世界的灵魂"（同书第80页）。

② 中共中央马克思恩格斯列宁斯大林著作编译局. 马克思恩格斯全集：第20卷 [M]. 北京：人民出版社，1971：553.

发现其"本根",犹如从任何一片叶子的形状、质地、色泽（用）中发现它与种子所含的基元信息（体）的关联——这是现代哲学较少关注的视角，中国传统哲学通常称为"体用一如"。

（一）普遍联系的观点——纵横网络

环绕着我们的宇宙万物，千姿百态，异彩纷呈。粗疏地看，每一事物都是独立的存在，占有独立的空间和特定的时间，通常人们以为这是毋庸置疑的真实存在，但是印度佛学却认为这是人们普遍流行的"执"念，称为"遍计执"，没有充分注意它们潜在的"依他起"，它们的存在其实总是依赖他物的因缘。佛学还提出"帝网重重"的观念，在对世界的把握上确实超越了世俗之见。世界万物中根本不存在绝对孤立、不受他物制约或影响的存在物。

宇宙万物犹如处在繁密的网络之中，而且任何事物自身内部也是一个繁密的网络。

（二）发展变化的观点——曲线函数

万物不仅不能孤立存在，而且不能永恒存在，佛家称为"无常"——一切都在变化之中，古希腊哲人赫拉克利特甚至提出"人不能两次踏入同一条河流"。事物的发展变化通常既受必然性的制约，又受偶然性的扰动，并且基于内部矛盾方面的竞争而出现主导地位的转化，往往经历肯定—否定—否定之否定的过程，因而呈现的是一种"曲线"。

（三）体用一如的观点——根叶连通

对于前两个观点，从黑格尔以后人们普遍认为是辩证法区别于"形而上学"的基本特点，指责"形而上学"的世界观是"孤立的""静止的"。现在我们补充第三个观点，可以将它的对立面称为"表面的"或"无根的"。"体用一如"的观点可取诺贝尔奖获得者维尔切克非常欣赏的布莱克《天真的预言》中的诗句描述："一粒沙子一世界，一朵野花一天堂。无限置于手掌上，永恒刹那间收藏。"

坚持这三重视角看世界，就易于接受现代科学的"时空连续区"的观念乃至宇宙进化观。以下我们将秉持"终极的对称"（乾辟与坤翕）原则尝试阐述人类创造的逻辑系统。

二、四大基本规律

所谓规律，一般是指事物发展过程中本质、必然和稳定的联系。规律与本质、必然性属于同一层次的范畴。就人们的普遍习惯而言，规律指的是一种历时性的必然联系，如称"事物的发展规律"，如果是共时性的本质、必然的联系，往往称为"结构"，如"事物内部的结构系统"或"事物所处的结构系统"。但现时学界较多错杂使用，本书建议适当区分。

（一）对立统一规律

对立统一规律一般被认为是辩证法的实质和核心，原因是其他普遍联系的规律或环节都具有对立统一的关系，而且正是这一规律决定了辩证法的批判性和革命性。

对立统一规律又可称为"矛盾律"，中国先哲注意到矛盾律的普遍存在（如老子、《周易》的作者），朱熹根据自己对《周易》的理解，曾通俗地表述为"一分为二"（《朱子语类》卷六）。（如图 5-1 所示）

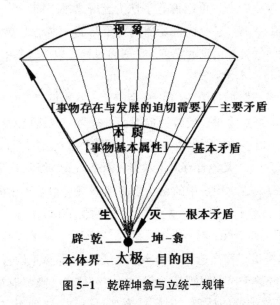

图 5-1　乾辟坤翕与立统一规律

1. 矛盾方面的同一性与竞争性

矛盾两方面是同一事物内部的必然分化，从根本上决定了其同一性：处在统一体中，相互依存（甚至相互抵消①）、相互贯通，例如，生物从无性生殖、

---

① 从本体界或本根角度看，现代科学揭示了宇宙膨胀之初正粒子与反粒子、引力、电磁力、强力和弱力四种作用力等相互抵消，接近平衡态。从事物的发展过程看，中医的"阴阳自和""五行胜复"理论也能验证"自组织的宇宙观"，在"对称破缺"之后的动荡中滋生趋向新的平衡的态势。

单性繁殖、两性生殖是进化的过程，有利于后代的优化。① 矛盾两个方面在一定条件下相互转化，不宜理解为实体性的一方变成另一方，而宜理解为地位、功能或性质的转化（非实体的转化）：如媳妇熬成婆，转而虐待儿媳妇；塞翁失马，焉知非福？

矛盾的竞争性是指其两个方面相互对立、相互排斥、优胜劣汰。矛盾双方的存在和发展都需要空间乃至资源，所以竞争性必然存在。但是当代学界常常将"斗争性"附加"你死我活"的规定，因此有必要改为"竞争性"。19 世纪的辩证法受达尔文"进化论"的影响放大了互不相容的情形，现代科学界纠正了这种偏颇。著名竞争理论评论家布尔于 1986 年写道："在自然界的开放系统中，共存是'普遍规则'，而完全的竞争排斥则是个'例外'。"②

从宇宙的根本法则看，可以说竞争性为乾辟之维，同一性为坤翕之维，二者相互为用，形影不离。事物内部矛盾的竞争与同一推动事物的发展变化。其积极方向是能量的提升和信息的完善。——可见这也取决于其中的根本矛盾。

2. 根本矛盾与基本矛盾

提出"根本矛盾"的理由。（1）从逻辑出发，当联系宇宙的本根。乾辟为生之起处，坤翕的终点为灭；乾辟坤翕因而可视为"终极的对称"，已见前述。值得玩味的是，与我国《周易》之"易"传达的意旨非常接近，德文"Werden"既指变化，"又包含有发生和消灭两个环节，简称'生灭'"③。（2）借鉴中、印、西三大哲学传统中的泰斗思想遗产（可谓是天下同归而殊途，圣贤一致而百虑）：《老子》第四十章："天下之物生于有，有生于无。"龙树《中论》第一偈："不生亦不灭，不常亦不断，不一亦不异，不来亦不去。……"黑格尔《小逻辑》第一篇"存在论"："逻辑开始之处实即真正的哲学史开始之处。……哲学史……开始于巴门尼得斯的哲学。……他说：唯'有'在，'无'不在。""这种纯有是纯粹的抽象，因此是绝对的否定。这种否定，直接地说来，

---

① "为什么有有性生殖"？美国肯塔基大学生殖生物学家刘璟认为，单细胞生物，如细菌是采用简单的分裂方式繁殖的，它们丝毫不知道"两性"的存在。低等生物如水螅，可以通过"出芽"产生新的个体。这类无性生殖的方式多快好省，就好比人多长出一个手指来，然后手指自己掉下来，长成了一个小人儿，完全省去了"搞对象"的麻烦。那么，为什么有性生殖会在演化中出现，并且成为演化的主流呢？现在大多数理论认为有性生殖能产生更多的基因组合，增加适应性演化的概率。

② 尤金·奥杜姆. 生态学：科学与社会之间的桥梁［M］. 何文册，译. 北京：高等教育出版社，2017：150.

③ 贺麟. 新版序言［M］//黑格尔. 小逻辑. 北京：商务印书馆，1980：xviii.

也就是无。""'有'与'无'的真理，就是两者的统一。……就是'变易'。"①
（3）完善辩证法理论的必需。后面的阐述将显示，只有设立根本矛盾，才能揭显贯穿辩证法的基本规律、基本范畴，甚至形式逻辑之间有机统一的经线，从而提纲挈领。

任何事物、系统内部都是一些对立要素构成的"矛盾的丛林"——多维度、多层级的矛盾系统，可以区分很多层级。在自然界中，丛林的形成最基础的是地衣，地衣在岩石上生长，促进土壤的形成；在土壤上生长出草丛，从草丛中生长出灌木；有了灌木后，土壤、气候进一步完善，创造出乔木生长的条件……生态学告诉我们：地衣—草丛—灌木—乔木是所有丛林内含的生态层次。即使在海底世界的冷水珊瑚林中，也仿佛存在这四层次。原因为何，一时尚难解释。

道法自然。我们可以将事物或系统中的矛盾区分为根本矛盾、基本矛盾、主要矛盾与次要矛盾等层次。根本矛盾决定着事物的存在与灭亡，——任何生物的生命历程都贯穿这对矛盾。围绕它形成多个基本矛盾——包括决定其生死的基本因缘、条件，如植物的基本矛盾有水与旱、温与冻、日照与阴暗、肥料与贫瘠等。

在基本矛盾中因时因地形成主要矛盾，如农作物的培育：干旱时供水为主要矛盾，贫瘠时及时施肥、补充生态因子成为主要矛盾。主要矛盾的确定具有人为属性，但必须基于客观实际——因其固然，否则贻害无穷。

3. 主次矛盾和矛盾的主次方面

主要矛盾是在事物发展特定阶段中处于支配地位、起着统帅作用的矛盾，与之同时存在的其他矛盾则处于从属的地位。从工程科学角度来看，主、次是纲、目关系，纲举则目张。如人类社会在 17 世纪至 20 世纪存在许多阶级矛盾，其中的主要矛盾是：封建地主阶级与资产阶级之间的斗争。

矛盾的主要方面与次要方面。主要方面是占优势和主导地位的方面，次要方面是占劣势和服从地位的方面。如在 19 世纪我国的民族资产阶级已经形成，但力量相对弱小，我国仍处在封建地主阶级的代理人皇帝的统治之下。

主要矛盾的主要方面决定事物在特定阶段的性质。如 20 世纪初叶孙中山先生得海内外多种势力的支持，推翻了清帝国，建立了中华民国，完成了一次资产阶级的民主主义革命。

---

① 黑格尔．小逻辑［M］．贺麟，译．北京：商务印书馆，1980：191，192，195.

矛盾方面的主、次地位的转化联系着量质互变规律。

（二）量质互变规律

1. 事物的质、量、度的所指

质与量是同一事物的两种规定，但并非两个事物。康德的逻辑学将二者视为考察同一事物的两个维度。

"质"指事物基本属性的规定（通常也称"定性"），事物因之与其他事物区分开来。

"量"指事物所具有的数学的规定，包括数量多少、规模多大、程度多强、速度多快等的量度（通常称为"定量"）。虽然它并不直接决定事物性质，但能揭示事物的具体存在样态。

"度"，又称"尺度"，是事物保持特定的质的量的范围（量度）。黑格尔的逻辑学因之视为质与量的"合题"。超越这个范围（度量关节点），此物就变为它物。因此是区分量变与质变的分界线。

2. 量质互变及其根源阐释

量变是在事物保持质的规定性的范围内的渐进式变化，质变是事物性质或形态的突然变异。如水分子的固体、液体、气体三种形态的变化。

能量的积聚或迁移是量变的根本原因：《老子》中提到"九层之台，起于累土"①，涉及量质互变。习惯上人们多只注意到堆砌土石的变化，但若深入分析，更当看到其中蕴涵的能量（搬运和堆砌）的迁移和信息（"台"的理念）的指引。

信息的恰当规范是质变的潜在根据。量变达到度量关节点，事物结构方式——决定事物的特定性质和存在形态发生整体变化，如大米加适量的水加热一定时间便成为熟食。《周易》作者的可贵直觉："乾（能、力）知大始，坤（式、度）作成物。"

3. 发展的连续性与阶段性

量变不息，是渐进的；达到一个"度量关节点"，事物的某种性质发生变化，通常称为"质的飞跃"。"度"是区分量变与质变的标志，是维持特定事物既有结构的极限。

事物的发展是连续性与阶段性的统一。连续性是指事物在量变过程中仍保持质的同一，阶段性则指事物发生质的飞跃同时意味着新质伴生新的量变的开

---

① 老子［M］．饶尚宽，译注．北京：中华书局，2007：155.

始。莱布尼茨从普遍联系的连续性方面着眼提出"自然界不存在飞跃"命题，确有其道理，因为在他看来，只有跨越截然断开的鸿沟才需要飞跃，事实上自然界两个鱼贯而出的事物之间没有断开的鸿沟。（如图5-2所示）

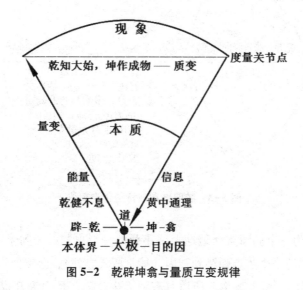

图 5-2　乾辟坤翕与量质互变规律

以下我们将在更大范围内考察事物发展的连续性和阶段性。并且弥补对立统一、量质互变规律未能揭示事物发展变化的方向性问题。

（三）肯定否定规律

1. 肯定否定的逻辑圆圈

辩证的否定是既克服又保留，汉语用"扬弃"（并非全部摒弃，如农民的"扬场"——凭借风力吹走麦壳，留下麦粒）一词指称甚妙。黑格尔指出："扬弃一词有时含有取消或舍弃之意，……又含有保持或保存之意。"①

事物克服了偏颇倾向，保留了合理成分，因而壮大了自身而趋向鼎盛。

物极必反：经历肯定—否定—否定之否定，事物达到螺旋式上升，或波浪式前进。这一过程正好呼应前述的发展一般是曲线式的命题（如图5-3所示）。

2. 波浪式前进的几何描述

从根本上看，任何事物的发展、壮大和衰落，都包含能量与信息两维，二者源于本根处的分蘗（太极生两仪）。本根处的分蘗便形成两个焦点，事物的存

---

① 黑格尔．小逻辑［M］．贺麟，译．北京：商务印书馆，1980：213.

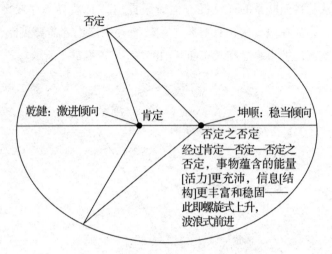

图5-3 乾辟坤翕与肯定否定规律

在样态因之成为一个椭圆体（地球上"不死的变形虫"——阿米巴就是这样繁殖的）。从椭圆的一个焦点弹跳到圆周（能量所及之处），必然回弹到另一焦点。（如图5-3所示）。新生事物之所以具有强大生命力，是因为其保持开放系统，正好可以顺畅经历否定之否定的圆圈，实现能量的充沛和信息的完善双重飞跃，因而其生存和发展具有深厚的土壤和广阔的空间。

事实上，在社会群体（如党派）的对立冲突中，我们更容易清楚地见到这种肯定—否定的对立倾向所推动的事物发展变化，如激进与保守、鹰派与鸽派等的交替。（如表5-1所示）

表5-1 乾辟坤翕与社会势力的派别分化

两种根本势用	中性体现与表述	西方惯用称谓	苏俄惯用称谓
乾辟（健，能量）	激进派—不免冒进	鹰派—少壮派	"左倾"冒险主义
坤翕（顺，信息）	稳当派—不免保守	鸽派—老成派	右倾机会主义

3. 关于思维与表达的"三一式"

在西方哲学中，思维和表达流行一种叫作"三一式"即"正—反—合"的论述方式。它是肯定否定规律的一种体现。新柏拉图主义者普罗提诺首先提出，万物发展都可分为停留、前进、回复三个阶段。在德国古典哲学中蔚然成风：康德的逻辑学中从量、质、关系、样态四个维度分别按正—反—合的秩序列出十二范畴，认为人类理智基于这些范畴描述世界（知性为自然立法）①。康德的追随者费希特则以"绝对自我"为最高的能动实体，以之为他的"绝对唯心论"的出发点和归宿点：正题是"自我设定自己"，由正题推演出反题即"自我设定非我"，正题与反题的综合是合题，即"自我与非我的统一"。正、反、合的演进就是"绝对自我"自身发展的三个阶段：自我（正题）—非我（反题）—自我与非我的统一（合题）。谢林把三段式运用于自然和精神，以此建立他的"自然哲学"和"先验唯心主义"的哲学体系。黑格尔的哲学著作从整体到局部几乎都按这种逻辑展开。就整体而言，绝对理念（逻辑学，正题），理念否定自身（自然哲学—反题），绝对理念认识自身（精神哲学，合题）。就局部而言，他对逻辑学、自然哲学和精神哲学的内在系统的阐述几乎力图都按三一式展开。

　　遵循"三一式"有助于打开思路，思密虑周，阐述有序。其客观的逻辑根据与肯定否定规律密切有关，但在主观运用场合也多见于对立统一规律的具体表达（矛盾两方面或者在逻辑上统一于其上位概念，或者在事实上统一于某具体事物，等等）。

（四）生灭周期规律

　　这一规律为笔者首倡，请参阅拙文《论辩证法的第四规律：生灭周期》②。兹择要简述。（如图5-4所示）

图 5-4　乾辟坤翕与生灭周期规律

　　1. 三大哲学传统的"四阶段"周期说

　　构成毕达戈拉斯所讲的"圣十"的"4"虽然主要指立方体，由于从点、

---

① 可参阅本书第 17 节的相关内容。

② 胡家祥. 论辩证法的第四规律：生灭周期 [J]. 社会科学动态，2019（5）：16-20.

线、面到体，其实涉及四阶段；印度佛学有"成、住、坏、灭"的"四劫"说，还有"生、住、异、灭"的"四相"说；中国《周易》的"两仪生四象"中的"四象"在卦象方面直解为少阳、太阳、少阴、太阴，所指关联着东、南、西、北四方和春、夏、秋、冬四时。

2. 大量客观事实的验证

自然界的四季轮回——春生、夏长、秋收、冬藏。

一个时代或个体人一生的变化周期大多表现为：开拓期、守成期、感伤期、没落期。

文化艺术的集中体现：古风阶段、古典阶段、摹仿风气盛行的"风格化"阶段及给人错乱视觉的"巴罗克"阶段（本书第四编展开论述，请参阅）。

3. "四阶段"周期的成立缘由

《周易》作者的推断：乾坤二元为易道的门户，"乾坤毁，则无以见易；易不可见，则乾坤或几乎息矣"（《周易·系辞传》）。

本书的逻辑演绎：事物的根本矛盾（生灭或有无，或乾辟与坤翕）两个方面的消长具有轴心地位。

当代自然科学的视界，能量（E）与信息（I）的结合可能有四种形式：$E/-I$（生），E/I（成），$-E/I$（衰），$-E/-I$（灭）。从中显而易见，第四阶段为死寂。

综上所述，对立统一展现事物系统的普遍样态，量质互变则展现事物的变化过程，肯定否定进而标示事物的发展方向，生灭周期破除盲目乐观，更真切地展现事物发展嬗变的完整过程。我们没有理由因为"灭"为周期的终点而堕入悲观主义，因为在旧事物衰弱灭亡的同时，新生事物在不断发展壮大。

以马克思揭示的生产力与生产关系的矛盾运动决定社会形态的更替为例。在人类历史的长河中，生产方式的更替较为突出体现这样的革故鼎新：某一生产方式的老化之日，其实正是新的生产力（内容或要素——关联能量）开始勃兴之时，维护或变革生产关系（形式或结构——关联信息）便成为社会经济乃至政治生活的主要矛盾，且必将以新生产力的代表者胜利而告终。周期的轮回显然并不排斥生产方式的进步与发展。相关事例不胜枚举，如下表5-2所示。

表 5-2　生灭周期规律不排斥生产方式的持续发展

生命周期	生	成	衰	灭				
动力因：质与能	Y 乾健	Y 乾健	-Y 乾衰	-Y 乾衰				
形式因：结构	-X 坤弱	X 坤顺	X 坤顺	-X 坤衰				
				Y 乾健	Y 乾健	-Y 乾衰	-Y 乾衰
				-X 坤弱	X 坤顺	X 坤顺	-X 坤衰
				生	成	衰	灭

上表：事物的基本矛盾与生命历程
两表结合：新旧事物的更替规律。（此处乾特指生产力，坤特指生产关系）

此表向我们揭示："沉舟侧畔千帆过，病树前头万木春。"让人们有理由坚信：新生事物是不可战胜的。

第十四节　从时空维度把握：确立基本范畴

本节所讲的"基本范畴"也称"基本环节"，旨在与前述"基本规律"区别开来。现行教科书所列基本范畴的多寡和先后各有不同，笔者尚未找到较为严密的方案，这里采用艾思奇先生主编的《辩证唯物主义历史唯物主义》所列的五对范畴，只是更为注重揭示五对范畴之间的潜在秩序。

一、空间视角的范畴

（一）现象与本质

1. 现象范畴

人们所感知的是一种现象世界。康德指出人们凭借理智（知性）只能认识现象界。现象是指事物直接呈现于人类感官的外部样态、表象，或者说是事物的外部表现，它是丰富多彩、复杂多样、瞬息万变的。

2. 本质范畴

在五光十色、变化万千的现象中存在某种相对恒定的东西，人们总是希望把握不变以应万变——万变不离其宗。本质是指事物的基本性质及此事物与其他事物的内部联系，它决定于事物的基本矛盾（前述）。相对于现象，它是相对抽象、相对概括、相对稳定的规定。

本质基于事物的结构法则——事物要素的结构化而具有特定的性质和功能，并形成特定的发展变化的规律。所以事物的结构法则、变化规律与本质是同一层次的规定性，不过本质一般就事物的基本性质和功能而言，在狭义上并不包括结构法则与变化规律。

3. 现象与本质的统一

现象蕴含着本质，本质表现于现象——二者为表里关系。现象包括真象与假象：真象是本质的本然表现，假象是本质的曲折表现。现象直接诉诸感官，本质为知性的抽象概括。通常人们讲"透过现象看本质"，就是要穿越变化多端的诉诸感官的信息，把握其内在相对恒定的规定。

（二）内容（要素）与形式（结构）

1. "内容与形式"划分的困境。习惯上"形式"相对于"内容"而言，实际上，与"内容"相对的应该是"外观"。如果将"形式"理解为外观，这对范畴就与"现象和本质"多有重叠（区别点只是：内容是具体的，本质是抽象的）。形式还包含"结构"的义项。结构同时存在于事物的外观与内容中。正如黑格尔所指出的，存在于内容中的结构"内在于内容"，人们通称为"内形式"。

如此看来，"形式"既外在于内容（外观），又内在于内容（结构），因此造成逻辑关系的错杂和人们把握对象的烦恼。在西文中，"形式"一词主要有两种表达：Form（结构）和 shape（外观）。由于两个义项的所指犬牙交错，造成逻辑混乱和理解困难。西方一些专注形式研究的学者普遍主张废弃这对范畴（详见本书第三十一节图 11-1）。

2. 回到亚里士多德的"质料—形式"划分

"质料"与"形式"是亚里士多德哲学的两个基本范畴。他运用起来得心应手。

他所讲的质料主要指物质元素（如金、木、水、火、土等），而"形式"则指"理式"的具体样态。它承担将质料组织起来的功能，如让泥土变成陶罐，让木材变成床榻等。

因此他认为"形式"较之"质料"更为根本。的确，一堆砖石杂乱无章地堆积在地上，赋予它一种有序的形式则可能成为一栋富丽堂皇的建筑。

3. 建议用"要素—结构"取而代之

要素既可指物质材料，又可指能量；既可指具体的质能，又可指抽象的属性。

用"结构"可避免"形式"的多义造成的烦恼。并且，"结构"用作动词即为"组织"，可以指称事物在四维时空中的律动。

"要素与结构"的称谓正好与现代系统论兼容。在辩证逻辑中正好与"现象和本质"形成互补（一为表里关系，一为横断二分），且与"量质互变"规律贯通：要素在一定结构内量变，达到"度量关节点"，旧结构破裂滋生新的结构即质变（如鸡蛋孵化）。金岳霖先生在《论道》中的核心命题"居式由能"恰好可理解为结构—要素的统一。

又如社会生产力与生产关系。生产力不只是物质存在，其中掌握了科学技术且充分发挥自身积极性（与生产关系相关）的劳动者释放的能量非常重要（这当是中国改革开放40多年取得举世瞩目的巨大成就的基本原因之一）。

现象与本质、要素与结构两对范畴可以统一表示，如图5-5所示。

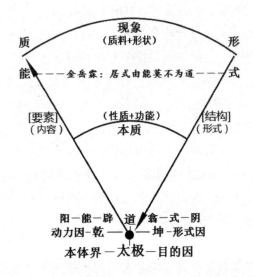

图 5-5 乾辟坤翕与偏于从空间切入的两对范畴

二、时—空视角的范畴

（一）原因与结果

因果关系是天地万物的普遍联系和相互作用的最常见的表现形式和普泛称谓。

1. 原因范畴

无论是自然还是社会事物，都是各种原因、条件造成的结果。一般地说，是原因在先，结果在后。由此可以追溯至终极原因——不可言说的太一或太极。

在万事万物构成的因果链条中，人们一般以引起某种结果的事物、现象为原因，也就是说，原因指构成某一事物或现象的来由和条件。来由在时间的先后次序上表现明显，条件则蕴含同时相互作用的可能。

2. 结果范畴

相对于原因而言，现实所有存在的东西都属于结果范畴，它们都是众多要素和条件共同作用产生的。结果既指个体事物，又指个别现象（如天晴升温）。前瞻事物的因果转化，结果就转化为"现实"范畴（主体期望实现的可能）。

3. 原因与结果的关系

原因与结果的相互转化最为显见。一事物作为结果成为现实，随即成为孕育新事物产生的原因。佛家着眼于此，提出因缘和合（缘起）论。

因果之链与宇宙共存。不过从人类认识角度概括，基本上是亚里士多德归纳的"四因"（目的因、形式因、动力因和质料因）。一因多果（如干旱导致……）与一果多因（如人体健康）的现象。

因果关系的或然性。休谟对因果律的解构值得重视，科学重视偶然性因素介入导致的或然性，但更为关注从或然性提升到接近必然性以便于人类把握，如概率论。

（二）偶然与必然

偶然与必然是原因与结果范畴的确切化——人类作此区分尤其希冀找到必然的原因（科学的形成）。我们这里将二者主要作为影响事物发展变化的"因素"理解，有的哲学教科书作为"趋势"理解，也可成立。这对范畴的特性正好介于原因与结果同可能与现实之间。

1. 偶然范畴

偶然或偶然性是事物发展过程中非本质的、特别是横向相干的因素。在事物发展变化过程中，偶然因素的累积很可能促进事物的质变。如达尔文的进化论所揭示的，人类生活因大量偶然性的介入而难以预测，也因此而丰富多彩。

2. 必然范畴

必然一般是指客观事物发展过程中不可避免、一定如此的趋向，它从根本上来自终极因的直系延续或分化，犹如生物的遗传倾向——其纯粹者如生物的"克隆"（cloning）。在这种意义上，必然性与规律性常常是可以互换的范畴。

3. 偶然与必然的关系

必然制约着事物的遗传倾向，偶然特别体现发散中的自由，决定着事物的变异倾向。偶然性蕴含必然性，必然性通过偶然性开辟道路：事物的更替不变中有变。必然性决定着事物的存在和延续似"钟"，偶然性的加入决定着事物存在和变化似"云"。宇宙万物因而都宜看作钟与云的统一。只承认必然导致极端决定论，只关注偶然导致极端的非决定论。

例如，在一条河上两岸的纤夫拉同一条航船，达到某种平衡才能保证航向的直线（必然）延伸，否则就会左右摆动。假设负责向前拉动的一方保持力的均匀，而负责让船保持离岸距离的一方由于自身或环境影响而出现松紧的变化（偶然），结果这条船就时而离岸近，时而离岸远，其航线只能是曲线（或然）。

原因与结果和偶然与必然两对范畴可统一（如图5-6所示）。

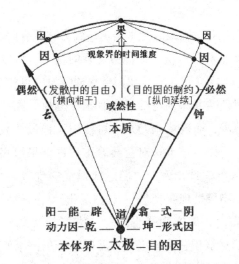

图5-6　乾辟坤翕与偏于从时间切入的两对范畴

三、空—时视角的范畴
可能与现实

1. 可能范畴

可能又称"可能性"（严格说来应该是可能的事物），是人类用于对事物前瞻的一个范畴，是人类思维基于现实的各种情况对于未来情况的估量。

可能是现实客观存在的发展趋势的萌芽——《周易》作者称为"几"，对发展过程中可能的事物或现象的觉察和把握即"知几"。

一般而论，事物的发展存在多种可能，其中有的属于必然范畴，有的属于偶然范畴。合乎必然性的可能将成为现实的概率较大，但也不能忽视看似只具有偶然性的可能最终成为现实存在。过分注重必然性者知经而不知权，显得机械；过分看重偶然性者，可能滑入机会主义。

2. 现实范畴

现实就是现在、当下存在着的客观实在的总体，与可能相对的"现实"，是指某种可能将要成为的现实，即某种可能性的充分的客观实现，构成客观实在总体的一个部分。

黑格尔有句名言："凡是合乎理性的东西都是现实的，凡是现实的东西都是合乎理性的。"这是具有代表性的理性主义者观点，不免偏颇。其立论的根据是武断地取消偶然的现象或事物存在的权利，认为"一个偶然的存在不配享受现实的美名"①。

3. 可能与现实的统一

艾思奇先生等以这对范畴殿后合乎逻辑，因为它兼有前述四对范畴的要素。

可能与现实都是现象与本质、结构与要素的统一，可以运用前述的两对范畴对"可能"与"现实"（请注意，我们将它理解为"事物"）进行剖析。

可能与现实这对范畴同原因与结果具有某种镜像关系：众多可能萌生的条件、因素即潜在的原因，而现实则乃众多可能中某种最终胜出的结果。不过从工程或实践角度看，原因与结果这对范畴着重在由结果追溯原因，而可能与现实这对范畴则着重从可能性出发，力图达成最优的现实。在原因—结果论域，原因多是过去时态，结果是现在时态——这对范畴重在"回顾"；而在可能—现实论域，可能是现在时，现实则是将来时（潜能的实现）——这对范畴重在"前瞻"。回顾主要诉诸认识，前瞻更多有需要（价值因素）的考虑介入。由于结果一般只是一个，所以追溯原因，往往凸显过程；由于现存的可能众多，前瞻时更多受条件比较、利弊权衡的困扰。从另一角度考察，正是由于或然为偶然与必然的合题，才让事物的变化存在多种可能。

在操作层面，要密切关注和积极推进有利于人类生存和发展具有必然性的可能，也就是"与天地合其德，与日月合其明""先天而天弗违，后天而奉天时"的可能转化为现实。但是也不能忽视具有偶然性的可能，尽量做到有备而无患。

本节我们阐述了五对范畴，它们是主体基于不同需要，从空间或时间的视角对研究对象做出多样的二元划分。其中，潜存一种总体秩序：现象与本质（空间—表里）、要素与结构（空间—平行）多为静态剖析，原因与结果（时空—过去与现在）、可能与现实（时空—现在与未来）多为动态追寻，偶然与必然介于原因与结果、可能与现实之间（力图较确切地把握因果关系，以便于合理利用，争取最好的可能成为现实）。

---

① 黑格尔. 小逻辑［M］. 贺麟，译. 北京：商务印书馆，1980：43-44.

第十五节　适应表达交流需要：恪守形式逻辑

一般认为，形式逻辑是一门研究思维逻辑形式及其规律的科学。笔者对此一直并无异议，直到构思本书时才出现观念转变。意识到它并不限于思维领域，还跨越至表达过程。因此形式逻辑宜界定为是一门人们为了思想交流而须采用的思想形式和遵循的表达法则的学科。只有这样，才能将它与辩证逻辑相并列，并且显示它们各领千秋，当相互为用。兹择要简述。

一、概念与判断

（一）概念（词项）

什么是概念？概念是思想的细胞，是指称事物及其特有属性的思维形态。

内涵与外延：内涵是指概念所指的事物的特有属性，外延是指概念所指的所有事物（涉及的范围）。概念的内涵与外延的"反变关系"：内涵越多的外延越小（特定的具体事物），反之，内涵越少的则外延越大（一类事物某一维度的抽象和概括）。

两个关联概念的几种关系：（1）对立关系——并列对待，如黑与红；（2）矛盾关系——是非分明，如白人与有色人种；（3）交叉关系——共有部分外延，如政治面貌与男女性别；（4）从属关系——某概念的外延包含于另一概念之内，如老虎与动物。

分类：种与属、种差——逻辑学一般以"属"为"种"的上位概念（母类），反之为下位概念（子类）。下位概念之间的差别即种差。分类须遵循的规则：（1）每次分类只能采用同一个标准，（2）分类后的子类之和应当与母类的外延相等（不多也不少）。

定义：亚里士多德总结的定义法为"属+种差"。如梁思成是梁启超的大[种差]儿子[属]。

要明确一个概念，最好是先给它下一个内涵定义（主），再下一个外延定义（辅）。如"艺术"概念大致可以这样定义："艺术是以具体生动的感性形式对现实人生既反映、又超越的文化形式。包括文学、美术、音乐等。"由于事物在变化发展中，所以任何定义都只是相对确切的。如现代的"行为艺术""波普艺术"等就似乎超出了上述界定。其他如"悲剧"，从古希腊的柏拉图、亚里士多德至近现代的黑格尔、叔本华等大家，都曾有过严格的界定，但迄今为止均未必公允。单就"下定义"这一点即可看出，形式逻辑既有必要又不免时空局限的基本特点。

（二）判断（命题）

什么是判断？判断就是一种断定事物情况的思维形态，就是断定事物怎么样的思想。

直言判断的构成一般有四个部分：量项（全、特、单）、主项（主词）、联项（系词是、否）和谓项（谓词）。例如，所有的（量）老虎（主）都属于（联）哺乳动物（谓）。其中，量项和联项合称"常项"［各存两种（单称可归入全称），便于抽象］。主项与谓项所指称的事物林林总总，难以抽象概括，合称"变项"。

周延问题与全称、特称及单称：周延是指断定了概念的全部外延。在判断中涉及主项与谓项。全称指所有被包含的事物，单称指单个事物，二者都指事物全体，故常可合并。

进行逻辑抽象，我们不难发现：全称判断的主项周延，特称判断的主项不周延；否定判断的谓项周延，肯定判断的谓项不周延。

二、逻辑方阵与推理

（一）逻辑方阵

将判断按量项（全、特）和联项（是、否）的定性进行抽象、组织，形成四种对同一素材（变项的主项 S 和谓项 P）的逻辑判断（全称肯定-A，全称否定-E；特称肯定-I，特称否定-O。），它们之间必然存在一种"对当关系"——有矛盾关系、从属关系、上反对关系和下反对关系四种，于是可以描绘一幅"逻辑方阵"直观标示。

AEIO 来源于两个拉丁单词 affirmo 和 nego，对应的是肯定和否定的意思，分别取这两个单词中的元音字母 AI 和 EO，A 和 I 代表肯定，E 和 O 代表否定。同时，前面的字母代表全体，后面的字母代表特定，所以，A 和 E 分别是全称肯定和全称否定，I 和 O 分别是特称肯定和特称否定。

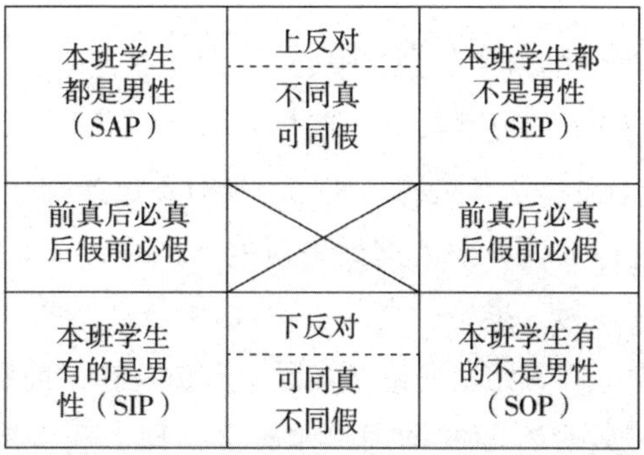

本班学生 都是男性 （SAP）	上反对 - - - - - - 不同真 可同假	本班学生都 不是男性 （SEP）
前真后必真 后假前必假	╳	前真后必真 后假前必假
本班学生 有的是男 性（SIP）	下反对 - - - - - - 可同真 不同假	本班学生有 的不是男性 （SOP）

图 5-7　逻辑方阵要求屏蔽时间维度

这一方阵实际上是截取现实世界在空间中一刹那的关系，在一个空间的平面上揭示四种相关判断具有从属、矛盾及上反对、下反对四种对当关系，只要确定其一为真，就可断定其余必然为或真或假。这种"必然性"完全屏蔽了时间维度，其功用特别表现于帮助人们在做出断言时避免自相矛盾。——这是形式逻辑作为思维和表达的工具的基本效用。将这种方阵纳入素材后可以清楚看出它仅适用于凝固了的某一顷刻（如图 5-7 所示）。

由此可见，形式逻辑不能仅规定为关于"思维的"科学，还应该施加另一层限制——"避免表达自相矛盾"的科学①。

（二）推理

第一，所谓推理，就是从一个或几个已知的判断得出另一个判断的思维过程。上述逻辑方阵可以说是一种简单便捷的推理。这里我们简要谈谈两种最常见的推理。

根据推理的前提和结论之间联系的性质，推理可分为演绎的和归纳的两类。凡前提和结论之间的联系是必然的，都属于演绎推理；凡前提和结论之间的联系不是必然的，都属于归纳推理。它们的根本区别是：根据演绎推理，从真的前提必然推出真的结论，而归纳推理从真的前提不能［保证］必然推出真的结论。

第二，演绎推理是由普遍知识推论出特殊或个别知识的推理。简单的演绎推理是由三个直言判断构成的推理，通常称为"三段论"（大前提、小前提、

---

① 形式逻辑的发展也显示从思维向表达方面的位移。如常见相关著作将"概念"表述为"词项"，将"判断"表述为"命题"，等等，近代以来，在语言、符号层面的操演越来越突出。

结论）。如：

地球上一切生物的寿命都是有限的。（大前提）

人类是地球上的一种生物，（小前提）

所以人类的寿命都是有限的，长生不老只不过是神话。（结论）

注意：其一，这种推理只要大前提是对的，推理形式是对的，结论必然是对的，——莱布尼茨称为"推论的真理"，其结论是必然的；其二，实际上这种推理没有提供新知识，因为结论的论断实际上已包含在大前提之中。

演绎推理中常见复合判断的推理，如假言推理、选言推理和二难推理等，本章的宗旨在于揭示逻辑系统，这里从略。

第三，归纳推理是综合个别事物或现象的知识而得出更大范围适用该类事物或现象的特殊知识的推理。

从寻求新结果、获得新知识方面考量，归纳推理的作用比演绎推理更大、更显著。但是，归纳推理即使形式正确，也并不能保证从真的前提一定得到真的结论，只能肯定从真的前提得到的结论有一定程度的客观可靠性。

归纳推理的材料一般来自感性认知，来自日常现象的随机观察或实验室环境的控制观察。

归纳推理与简单枚举法。枚举法是指从某类事物中所观察过的对象都怎样怎样，得出这类所有对象都怎样怎样的一种推理，如俗谚"瑞雪兆丰年"。一般而论，枚举的数量越大，结论就越可靠。由于在时空维度难以囊括对象的全体，所以归纳推理的结论一般只能称为"事实的真理"（莱布尼茨），不能保证其普遍必然性。如人们一般认为天鹅是白色的，哪天飞过来一只黑天鹅，原先的结论就动摇了。——现代非理性主义者常以此发难知识的确定性。

堡垒往往最易于从内部攻破，经验论者休谟对于因果归纳的可靠性曾予以致命打击，值得重视。

从精神的趋向性方面考察，演绎为乾辟，由一到多；归纳为坤翕，归多为一。这里的"一"可以在逻辑上追溯于具有普遍性的本体界的绝对的"一"，但更常见的是具有特殊范围的"一"，系人类理智（知性）能力的运用。

三、形式逻辑的基本原则与根本宗旨

通常讲形式逻辑有四条原则，亦称"律"，其中前三条是亚里士多德揭示的，适用于概念、判断和演绎推理（三段论），莱布尼茨认为演绎法旨在得出的是必然的"推理的真理"，而归纳法揭示的则是"事实的真理"，它的结论不是

唯一的，但是也当有一条相应的原则，那就是"充足理由律"。他写道："有两种真理：推理的真理和事实的真理。推理的真理是必然的，它们的反面是不可能的；事实的真理是偶然的，它们的反面是可能的。当一个真理是必然的时候，我们可以用分析法找出它的理由来，把它归结为更单纯的观念和真理，一直到原始的真理。"① 这里其实涉及本编所谈的先验与经验两条经线的延伸问题。

（一）逻辑三律与推论的真理

首先是同一律，它要求思想必须确定，前后保持同一，即 A 是 A。其次是矛盾律，较完整的表达应该是"不矛盾律"，因为按照这一规则，不允许在同一思想过程中出现自相矛盾，即 A 不能既是 A 又是非 A。显然，这样的规则不适合描述现实的物理世界，因为现实世界到处充斥着对立面的矛盾冲突和辩证否定环节，并因之而变动不居。最后是"排中律"，要求思想和表达不能两不可，对于两个矛盾的判断，必须二者择一，要么是这样，要么是那样，排除折中的可能。它也显然同辩证法对立：现实的发展变化往往是渐进的，在两极之间总是存在中介位置或过渡环节。例如，"这一活动的生物要么是人，要么不是人"这两个矛盾命题，从一时的表达看，有必要做出取舍。但从生活实际角度看，却不能简单对待：从猿到人的进化过程中存在多次蜕变，怎能不承认既属猿类、又属人类的中介环节？即使在现代世界，人的族类中仍存在极个别成员浑身长毛、且有尾巴的"返祖"现象，形式逻辑的"排中"显然不及辩证法的"秉中执两"周全。

（二）充足理由律与事实真理

充足理由律的表述：任何判断必须有充足的理由，回答事物为何如此而非其他。理由也就是根据。人们通过对事物的综合得出的判断具有真理性，也必须有坚实的根据才行。但通过经验的综合得到的事实真理并非必然的，其反面是可能的。例如，我们不能因为日常生活中看到的天鹅都是白色的就归纳说，所有天鹅都是白色的，因为事实的综合很难达到全部周延。

尽管存在这样的局限，人们还是有理由依据局部的"实得信息"进行归纳，近代实验科学便是因此而得到不断发展（包括证实与证伪的不断交替）。所以，莱布尼茨提出这条定律得到后世包括康德、叔本华、海德格尔等人的广泛肯定。

（三）推论的真理与事实的真理的成立根据

莱布尼茨认为"推论的真理"可以用分析法找出它的理由，一直可追溯到

---

① 北京大学哲学系外国哲学史教研室，编译. 西方哲学原著选读：上卷［M］. 北京：商务印书馆，1980：482.

"原始的真理";而事实的推理成立的最后理由也"应当在一个必然的实体里面"。在他看来是造物者上帝,它是"绝对完满的"①,成立根据的追溯系哲学思辨,在日常的逻辑推理中并不到场。

今天我们可以在莱布尼茨的观点基础上接着讲:依据先验信息,通过理性演绎的"推理的真理"出发于"原始的真理",而依据实得信息,通过经验归纳的"事实的真理"趋向于"原始的真理",——二者实为天地之道(自身和谐的"一")在推理领域的具体体现②:

三段论—推理的真理—乾辟(从一到多),

归纳法—事实的真理—坤翕(归多为一)。

演绎推理与归纳推理成立的最后根据都可追溯于莱布尼茨所认同的"万物同源"。

四、辩证逻辑与形式逻辑的统一

一般来说,"逻辑学"是关于人类思维的科学,包括形式逻辑和辩证逻辑。应该承认,二者的观念颇多矛盾冲突。从辩证逻辑角度看,形式逻辑可视为具有贬义的"形而上学",认为它只是孤立、静止、表面地看待事物;固守形式逻辑的立场,往往将辩证思维的成果讥为"相对主义"甚至"诡辩论",认为它亦此亦彼,观点模糊不定。尽管如此,二者均长盛不衰,可见其各有存在的理由,适用于不同的场合。重要的问题是将二者整合为一个系统,辨识其不同的位置与功能,既不能混淆又不应简单取舍。

在辩证逻辑中,人们划分基本规律与基本环节(或范畴)是合理的,前者着眼事物的本体存在与脉动,后者则是认识主体分别从时、空维度对事物和现象进行透视和探究。相应地,我们在这里将人类思维的逻辑分为三个部分考察:辩证思维的基本规律,辩证思维的基本环节,形式逻辑的基本形式和规则,重点放在揭示贯通三者的潜在脉络。笔者管见,辩证思维力图直击物理世界的存在样态和变化规律,而形式逻辑其实在思维转向文化世界才最得风流。

着眼辩证逻辑的四大规律,本体论与方法论浑为一体,庄子称"至人无己"与《易传》的作者称"易无思也,无为也,寂然不动,感而遂通天下"之类观

---

① 北京大学哲学系外国哲学史教研室,编译.西方哲学原著选读:上卷[M].北京:商务印书馆,1980:483.

② 按本书观念,演绎推理是从基元信息推出特殊或个别信息,是从一到多,为乾辟趋向;归纳则反之。

点是一致的，这里需要提升到造物者的视界，心（精神）随物而婉转，真正可以说"世界就是这样的"①。辩证逻辑常用的五对范畴则不同，只能说"我们常这样看世界"：现象和本质、结构和要素是认识主体偏于从空间维度做表里透视或平行分析，原因和结果、偶然和必然则是认识主体偏于从时间维度由普泛向确切方面展开。可能和现实则是面向未来的前瞻：可解析为先有多种可能在空间中并存，最后由一种胜出是在时间中的筛选。形式逻辑的立法几乎全是人为因素，它是对人的思维到传达交流过程必备规则的揭示，告诉我们："人们对世界的认知只能这样传达和交流。"如果说，辩证逻辑的四大规律的主旨是揭示"变易"，揭示本体界的运行法则（logos），五对范畴是对现象界做时空的把握，那么形式逻辑则是将思维成果表达出来、保证其含义"同一"的必需。或者说，辩证逻辑的四大规律突出体现了思维活动中乾道的变易势用（乾辟—易）；而形式逻辑则充分体现了坤道的贞固势用（坤翕—简）。

因此，重要的问题不是将三者区分优劣，更不是在辩证逻辑和形式逻辑中做出取舍，而是将辩证逻辑同形式逻辑整合为一个有机的系统。逻辑学也应遵循自然的构造法则，保持基本的矛盾方面、对立趋向的适当张力。只是有必要区分其不同的适用领域，以便在认识世界和凝聚为文化成果过程中协同发挥作用。

2000多年前，古希腊哲学家赫拉克利特感悟世界"过去、现在、未来永远是一团永恒的活火，在一定的分寸上燃烧，在一定的分寸上熄灭"②。关于"一定的分寸"，他又取"Logos"一词表达，指称变化中的万物都隐含一种微妙的尺度和准则，也就是有一定的结构法则和运行规律。据此我们可以说，辩证逻辑揭示的是存在—思维的结构法则，其中的四大规律可以视为揭示了造物者秉持的Logos，形式逻辑揭示的是人类思维—表达的结构法则，相对而言是文化创造者秉持的Logos。

换句话说，人类思维旨在采集思维对象的基本信息，旨在把握事物的潜在结构和运动规律等。深入于客观世界内部采集，具有四维且动态的时空观，催生了辩证逻辑；而将所采集的信息转化为人的族类共享的文化乃至进行日常交

---

① 沉浸于本体界的思想者往往自觉或不自觉地以造物者自居。除《庄子》和《易传》所述之外，老子对道的描述（"道之出口……"），印度《奥义书》对梵的描述，黑格尔对于绝对理念的描述，等等，例证比比皆是。

② 北京大学哲学系外国哲学史教研室，编译．西方哲学原著选读：上卷［M］．北京：商务印书馆，1981：21．

流，都需要遵守一定的法则，需要工具、结构的相对固化，通过反思而构造出形式逻辑。所以无论是辩证逻辑还是形式逻辑，对于人类的文化建设（包括认知和传达）来说各领千秋，二者其实相辅相成。

表5-3 人类创建的逻辑系统的主干部分一览表

逻辑系统	辩证法四大规律	辩证法基本范畴	形式逻辑
三个领域	人类思维—本体界	人类思维—现象界	人类思维—文化世界
主要内容	对立统一、量质互变 肯定否定、生灭周期 理念：变易［乾辟］	空间：现象本质要素结构 时空：原因结果偶然必然 空时：可能与现实	基本形式：概念—判断—推理 基本规则：同———矛盾—排中 理念：同一［坤翕—贞固］
具象描述	以物［纯客观］观物 "世界就是这样的"	以我［的视点］观物 "我们常这样看世界"	我-他交流，时间被空间化 "人们只能这样交流知识"
Logos 的演进	造物者的 Logos	中间地带	文化创造者的 Logos
	揭示存在—思维的结构法则		揭示思维—表达的结构法则

如表5-3所示，人类反思自己的思维活动，逐步建立起较为完整的逻辑系统：从本体界、现象界到文化世界而形成三个层级，分别由辩证法的四大规律、五对范畴（可以更多、更周密）和形式逻辑（本章所述不过是管中窥豹，仅取一斑）予以阐明。由此可见，逻辑发展与宇宙万物的发展过程一样，似乎潜存某种"自组织"系统，决定了它在哪一部分都不能有空白。当然，这种必然是通过偶然开辟道路的，思想史上无数的"理性思维的英雄"辛勤劳作为之添砖加瓦，才有现今巍然耸立且富丽堂皇的逻辑大厦。尽管我们可以用批判的眼光看待先辈的某些思想观点，但不能不由衷地向这些辛勤耕耘、不断开拓的"英雄"脱帽致敬！

第六章　认识过程

　　人类为何能认识世界？学界普遍承认是一个主体与客体相互作用的过程。这种"相互作用"怎样发生？经验论者通常着眼感官反映，而先验论者则更重视理性的呈现。于是形成亚里士多德传统和柏拉图传统，已见前述。这里我们在"万物同源"原则的基础上，尝试依据心灵三层面的思想进行阐释。

　　从经验一端考察，认识的逐层深入会经由这样的过程：感官接受外物信息——大脑皮层依据先验范畴对它们进行加工提炼，得出外物结构与功能、本质和规律的认识，将这类认识组织成系统，就是科学；进一步集约（为道日损），达到脑干某种激活，便有开悟"本体"的体验，于是形成哲学。简言之，耳目张开，让人接收感性信息；理智活动，让人达成抽象理解；志性敞开，获得乾辟坤翕之类本体体验。由此可见，认识外部事物的过程其实也是人类心灵同步敞开的过程。卡西尔指出："认识自我乃是哲学探究的最高目标。""它已被证明是阿基米德点，是一切思潮的牢固而不可动摇的中心。""近代哲学开端于这样一个原则——我们自身存在的自明性是坚不可摧、无懈可击的。"① 如果进一步将人类的认识活动视为获取对象基本信息的过程，就可以剖析它包含的先天与后天两个方面：一方面，宇宙万物的基元信息存在于人类心灵深层，有待于主体的开悟；另一方面，宇宙万物具体各异的形色声味刺激人类感官，促使主体接收并经缘脑传输于新皮层予以加工提炼。存在于人脑深层的基元信息制导着加工提炼的方式与范畴，在本编第四章、第五章多有阐释。

---

　　① 卡西尔．人论［M］．甘阳，译．上海：上海译文出版社，1985：3.

客观事物（实在信息）			信息交通	人类心灵（主观认识）			
本体	本质	现象		感性		知性	志性
动静互根	基本功能	形色		眼睛	缘	大脑皮层加工提炼	脑干"集起"：确立基本趋向
能式和合	基本性质	声音	经验信息	耳朵	脑接收		
辐射辐集	基本规律	味		鼻舌			
乾辟坤翕	基本结构	触		身			
基元信息	特殊信息	发信号		接受信息		思维	开悟
先验信息							

表6-1　认识过程中先验因素与经验因素的交互作用

这一图表（表6-1）潜在会通前述的"认识能力"与"认识方法"，可为我们理解认识过程奠定基础①。我们最好将它视为两个箱子，随着光的亮度的调高而发生"黑箱—灰箱—白箱"的变化。如前所述，东方哲学（包括中国传统和印度传统）都将认识活动称为"明"，也可由此得到哲理的解释。

以下我们将主要按实验科学和人们日常生活的认识过程展开讨论。但须注意，数学和理论物理学等领域发现新知并不一定严格遵循从感性认识到理智认识的历程。

第十六节　感性认识

虽然当代的宇宙学让我们有理由相信"万物一源"，但必须同时正视万物是一源的分化——中国先哲称之为"理一分殊"。所以认识具体、个别的事物，必须从现象入手考察，不能先入为主地用普遍理论取代具体分析。"物之不齐，物

---

① 此图或许有助于我们理解康德哲学乃至有所超越。康德称自己的哲学为"先验哲学"。但其"先验"是有层次的。感性的时间与空间是先天的，知性（理智）的范畴是先于此在经验的。他意识到心灵深层存有超验的发散（实践理性或自由意志）和收敛（理论理性或"原理的能力"）两种趋向，并且是"纯形式的"，但并没有同宇宙观即天地之道相贯通，也未顾及印度传统哲学特别是佛教哲学中瑜伽行派对于人类集体无意识的开掘成果（简称康德所讲的 Vernunft 为"集起"）。任何伟人都不免时代的局限，后学应该尊崇，但不宜迷信（当敢于直面实际追求更高的"逼真性"）。

之情也。"①（《孟子·滕文公上》）

一、感性认识的内涵

现在我们延续本章"导语"中所述，设想在"客观事物（实在信息）"的箱子里装着一只我们从来没有见过的海洋生物。在没有光线的情况下，我们对它一无所知，但它作为"物自身"确实存在。

随着亮度逐渐提高，这只密闭的黑箱逐渐能够透视，黑箱变成了灰箱。于是在场的人们通过眼睛看到这只生物的形状乃至表皮颜色，头脑中很可能产生一系列的类比：形状有点像什么，颜色有点像什么。形状、皮色占有特定空间，画家可以随手速写以告之他人，音乐家则不行，只能诉诸记忆存储。可见空间是人们认识事物的先天形式，进行类比时的像"什么"的知识相对于当下也是先验的——见多识广的人的类比一般更为确切。应音乐家的要求，工作人员打开了箱子的几个窗口，并驱动了里面的生物活动，于是人们通过耳朵听到了响声，甚至可以捕捉箱内生物活动的节奏和旋律。节奏与旋律都是声波在时间中的律动，可见时间也是人们认识事物的先天形式。而音乐家对此格外敏感，也与此前的专业训练（广义的先验）密切相关。设想在为人们准备饮食的厨师这时也来看热闹，他禁不住通过窗口用鼻子去闻闻生物的气味，大胆地将手伸进去摸摸它的皮毛，甚至用舌尖去轻触一下，结合他的既往经验（先验）告诉人们它像什么。于是一直默然站在旁边倾听和思考的博物学家凭借他掌握的知识和大家的议论（意见）而判断这是一种海洋中属于哪一科哪一目的生物，甚至可能说出它的已有命名。通过眼耳鼻舌肤五官，这一临时凑合起来的集体就将不同感官接受的来自对象的特定信息（感觉，现象）综合为一体，形成物的表象。

这就是感性认识，为认识过程的初级阶段。从主体方面看，它内涵三个层级：个别感官得到的信息（或称人通过感觉器官对事物的个别属性或个别方面的反应）叫"感觉"；大脑会不自觉地将它们结合在一起（或称多种感觉材料的组合，是对事物整体的反映）叫"知觉"；通过感知觉而形成客观对象的外部形象被称为"表象"，它是进入大脑的记忆贮存材料和思维对象。在科学研究中，要求表象保真，主要运用表象的再现；在审美和艺术活动中，尤其看重表象的重组，如达到想象的自由。——认识论与审美论于此分途。

---

① 此语境中的"情"为实际情况或真情实况之意，与感情无关。

此处的宗旨要求我们从认识活动着眼继续往前处也是深处走。除了先天的时空形式之外，我们还应该理解人类的感性能力不同于动物。诚然，动物基于生存的需要和对环境的适应，在某些感觉器官上可能优于人类，如鹰的眼睛、犬的耳朵等，但是它们限于先天的本能，仅有第一信号系统发挥作用，而人类则拥有第二信号系统，通过运用语词、概念掌握外部信息，更全面也更深入。在日常生活中我们不难发现，理解了的东西往往能更深刻细致地感觉它。上述事例中画家、音乐家和博物学家所形成的感性认识就蕴含理智成分，尤其是博物学家，他关于这一生物的感性认识在常人看来已经达到理智层次。

无论是感觉、知觉还是表象，都具有具体、个别、生动的特点，较之抽象、概括的理智认识显得活泼玲珑。所以注重经验与理性相统一的歌德曾在《浮士德》中借笔下人物之口指出："理论是灰色的，而生活之树常青。"重视感性认识不仅有益于对世界的认知，还有益于人的生存。一般而论，好奇心强、兴趣广泛的人拥有更多幸福感。

歌德作为伟大的艺术家赞赏生活之树更多考虑的是艺术的形象世界。我们还须注意，感性认识虽然与上一章阐述的形象思维属于同一心灵层次，其实二者存在质的区别。如前所述，形象思维是一种宽泛的称谓，实指形象（表象）与情感交融的精神活动，在艺术领域广泛运用。而感性认识属于认识论领域，其指归在于获得真知，必须讲求客观性，因此必须排除主观的情感因素。我国宋代哲学家邵雍正是从获得真知角度提出"以物观物"说，可资借鉴。他指出："以物观物，性也；以我观物，情也。性公而明，情偏而暗。"（《皇极经世书·观物外篇》）当然邵雍所讲的"观物"并非指理智认识，而是趋向超越理智的合天地之"道"。

二、感性认识的局限

人的感觉依靠五官，即眼耳鼻舌身（肤），五者分别把握认识对象的形色、声音、气味、味道和软硬、冷热等情状，人们称为"现象"。这些林林总总的现象并非都是客观、真实、可靠的，早在300多年前，伽利略等就将人类感官所接受到的材料依据其客观可靠性区分为第一性的质和第二性的质。认为第一性的质是与物体不可分的性质，比如，物体的大小、体积、形状、结构、数量、密度等，它们是客观的存在；第二性的质并不是对象本身的性质，如颜色、声音、滋味、气味等是依赖人类感官才形成的，较少客观性，这类现象提供的信息通常因人（接受者）的生理条件而异。如对象的五光十色并非其自身所具有，而是在光照条件下它反射的光波刺激我们的视网膜而得到的印象，让人们在不自觉中反过来将这种印象强加在对象上，以之为对象本身的属性。知觉作为对感觉信息的整合，其实包括了事物特定的第一性的质与第二性的质，因此其形成的表象几乎不可能是"纯客观的"反映。

特别是对于社会领域的事物，由于人自身可以为伪，一些品质卑劣的人常以衣冠楚楚的仪态出现于大众面前，台面上装得道貌岸然，台面下大行歪门邪道。许多人被其假象所骗竟浑然不觉。只有穿透其华丽的伪装，才能认识其丑恶本质，不至于受骗上当。培养这种穿透力需要求助于理智或知性，即人们常说的"透过现象看本质"。

不仅人类个体的感性把握非常有限，而且对于广袤的宏观世界和玄奥的微观世界，人类整体迄今能够所及的范围仍然是有限的。当代科学界注意到：在科学技术高度发达的现代，"人所观察到的空间间隔超过了 10^{43}［米］，时间间隔超过了 10^{41}［秒］。这些数字惊人的相似，令人想起摘取诺贝尔奖桂冠的英国科学家狄拉克的假说。这个假说认为，由一个数量级为 10^{40} 的无量纲的数规定了大宇宙和小宇宙之间的关系。在这个极度扩展的时空连续统中，出现了各种相互关联和模式，它们在本性上是动态的。这就第一次使在许多不可还原的水平上相互关联的、总的开放的进化建立在科学的基础上成为可能"[①]。意识到人类认识能力的局限，并非必然导致人们妄自菲薄，它也包含积极的因素：一方面要求人们破除迷信，即使在今天，人类对世界的认识还远远没有穷尽，任何学说都不宜被迷信为"绝对真理"；另一方面能让我们恢复理性，在探索客观世界时继续保持笛卡尔倡导的"我思故我在"的理性精神，敢于批判地审视既有的文明成果，同时坚持直面事物本身，实事求是，将科学事业朝着"逼真性"方向不断推向前进。我们将在后面的"科学革命"小节继续阐述。

此外，感性认识所得到的"知识"总是具有个别性、杂乱性的局限。庄子称为"物之粗者"，佛家认为人们往往在这一层上陷于"遍计所执"的迷误。一般而论，适用范围极其窄小的信息的价值较小，并且将这类信息相对外在地（因而是杂乱的）累积在一起，其价值必然远远小于部分价值之和，因为累积杂乱意味着熵增加或信息流失。

---

① 埃里克·詹奇. 自组织的宇宙观［M］. 曾国屏，等译. 北京：中国社会科学出版社，1992：9.

三、感性认识的递升

前述情绪的伴随、感官的欺骗、累积的杂乱等因素均有损感性认识的可靠性，要追求和保持知识的客观性和普遍性，就必须经过一番去伪存真、去粗取精、拨乱反序的工夫，从感性认识上升到理智认识。这种上升之所以可能，是因为在生物进化中人脑出现了新皮层，发展出超越动物界的"第二信号系统"，从而让理解因素渗透进感性认识，并且促进感性认识向理智认识递升。

现代汉语的"理解"一词非常精妙。"理"为形声字，本义为"治玉"，包含有去粗取精（除去杂质而得精纯）、拨乱反序（因物的固有纹理而琢璞为玉），并且还有剖析之义；"解"为会意字，本义是用刀分开牛角，为剖开、剖析之意。"理解"为联合式合成词，成为描述人的认识活动的关键词，包括了解、明白、领会、懂得诸义，旨在表达对于事物的洞见：深入于事物内部，把握其内在的结构条理、功能特性等。

《庄子》中描述的故事"庖丁解牛"可以说具体生动地阐释了从感性认识递升到理智认识乃至超理智的领悟过程。庖丁是文惠君家的一个负责宰牛的仆人，技艺高超，但并非天生而然。在他开始担负这份职责时，"所见无非全牛者"，亦即与普通人一样，由感官接收信息而形成牛的表象（整体外观），经过多次解剖观察，才熟悉掌握了牛躯体的内在肌理，特别是筋骨的空隙处，经络的扭结处等，"三年之后，未尝见全牛也"。这是说，他已超越牛的外部表象而深入于对象的内部结构，浮现的是牛的筋骨、经络图谱（仿佛达·芬奇所描绘的人体解剖图）。纯粹从动物解剖学角度考量，是从感性认识把握事物的外部表象上升到理智认识把握事物的内在结构或内在的本质联系层次了。

关于巴甫洛夫的高级神经活动学说中的"第二信号系统"在感性认识阶段的介入，现已获得人们的广泛认同，但其对于文化学的意义还有待进一步发掘。第二信号系统其实相当于由人类语言符号组织起来的信息系统，这种符号一般可分为视觉的和听觉的两类，视觉尤其适用于把握空间，听觉则尤为适用于把握时间，可见在经验一端承接了康德所讲的感性的先天形式，但从本根一端考察，这也是乾、坤二元的体现，如前所述，乾元构成时间维度，坤元展现空间维度。于是我们可以说，感性层的把握现象、理智层的把握本质①都植根于本体层的一分为二。这种潜在的逻各斯也可能决定着文化世界的构成。

沿着这样的理路我们发现，人文学科偏重生命体验过程而尤重时间之维，自然科学致力揭示物理世界的结构法则故尤重空间之维。所以反对唯科学主义的柏格森认为，西方近代以来文化发展的畸形化表现在将时间"空间"（刻度）化了，因而导致普遍地对生命体验麻木不仁。其实还可更推广一层观察，东方特别是中国哲学传统较为重视时间之维，如以"易"或"道"为本体，所以孕育出较为丰厚的人文文化；而西方由古希腊哲学奠基，较为重视空间之维，习惯于以"数"或"理式"（理性、共相）为本体，这为科学精神奠定了基础。②

概而言之，感性认识虽为人类认识事物的初级阶段，但其中蕴含丰富而深刻的缘由。同样，人类基于求知的天性③，获得感性认识后的人们几乎必然要求向更深处延伸或向更高处递升。

第十七节　理智认识

感性认识基于生动的直观，有待于上升于理智的概念的把握才具有普遍性。理智的概念提供一般的形式，也有待于感性直观提供的具体内容。康德总结二者的依存关系有一经典的表述："思维无内容是空的，直观无概念是盲的。"④由此易于理解，本节所讲的"理智认识"（或称"知性认识"）⑤　其实是介于

---

① 前述（认识方法章）人类用以把握事物的知性范畴也潜在地体现了这种先天倾向，像内容与形式、现象与本质、整体与部分这类范畴是对事物在空间上的把握，而原因与结果、偶然与必然、链条与环节这类范畴则更凸显了时间维度。

② 还可以说，现代西方一些崇尚人文精神的思想家，如尼采、柏格森、海德格尔等重视"时间"与中国的庄子等重视"听"在逻辑上是一脉相通的。

③ 笔者赞同亚里士多德《形而上学》中"求知是所有人的本性"的论断。

④ 康德．纯粹理性批判［M］．蓝公武，译．北京：商务印书馆，1960：71.

⑤ 本节标题原为"理性认识"，并附一段说明文字："本节所讲的'理性'，在康德哲学中通常称为'理智'，即德文'Verstand'，我国贺麟先生主张译为'知性'，朱光潜先生则译为'知解力'，均指人类对于世界各个局部或不同侧面的一种理解把握，科学知识就属于这一类。本书一般采用贺麟先生的用法，在认识论领域照顾我国学界的习惯，仍采用'理性认识'一词，但保留了这种认识具有特殊性的规定。"直到第5次修订初稿，笔者才痛下决心修改过来，以保持全书逻辑和语词的一贯性。

康德哲学所讲的感性与理性（Vernunft）之间的一个领域。因此需要从经验与先验两个方面予以把握。

人凭借理智理解林林总总的事物和现象，主要表现为运用逻辑范畴去解析和整合。事实上，这些范畴来自经验的归纳或先验的演绎两个方面，二者可以亚里士多德和康德哲学为代表。

一、理智认识所用工具的来由

理智认识要对感性材料进行加工提炼，做出真假判断——这里的"真"不只是就客观实存而言，而是包含普遍、恒常的规定，所以涉及思维的范畴。

亚里士多德在《工具论》中提出，构成一个判断或命题的"所有非复合词"① 共有十类，即十个范畴：实体（如人）、数量（如两个）、性质（如男性）、关系（如兄弟）、何地（如野外）、何时（如早晨）、所处（如站着）、所有（如穿衣）、动作（如讨论）、承受（如遭水灾）。人们对世界的认识通常以判断的形式表述，考察判断的谓词的种类从而归纳为范畴的确是一种切实的方法。十个范畴中，实体是其他九个范畴的主体、基础和中心。围绕实体，可以合成为对某一情境的整体描述，如"早晨有两个男人他们其实是兄弟穿着雨衣站在地头讨论如何应对水灾的办法"。

在亚里士多德看来，这些范畴是人类概括经验（感性）材料的结果，并不是先天具有的能力。毋庸讳言，由于局限于经验材料的概括，得出的十个范畴是一种不完全的归纳。正如康德所指出的，"不拥有任何原则"，"是不完备的"②。不过，由亚里士多德奠基的形式逻辑从一开始就将它与思想的传达与交流密切联系在一起，直到现在仍为人们所遵循。

至近代，无论是英国的经验主义还是欧陆的理性主义，都肯定感性认识是理智认识的基础和前提。

英国的经验主义哲学家偏于继承"亚里士多德传统"，他们适应实验科学的发展，尤其在探索认识过程如何实现从感性认识向理智把握的跨界上有所推进。培根撰写《新工具》，着重总结科学实验的归纳法。对于收集和整理感性材料，他提出"三表法"，即集中正面例证的具有表，集中反面例证的缺乏表和反映不

---

① 苗力田. 古希腊哲学［M］. 北京：中国人民大学出版社，1989：400-401. 亚氏在《正位》篇称"非复合词"为"谓词"。

② 康德. 纯粹理性批判［M］. 邓晓芒，译. 北京：人民出版社，2004：72，73.

同程度例证的程度表。其后穆尔提出"因果五法"，也主要着眼如何从感性现象入手寻找事物之间内在的因果关系。其一，求同法：如果发现凡是被考察的对象 a 出现的场合，都有另外某个现象 A 出现，我们就可以知道这两个现象间有因果联系。其二，求异法：不仅考虑被考察对象出现的场合，还考虑其不出现的场合。如果一种场合中现象 a 的出现，也有现象 A 出现；在第二种场合现象 a 没出现，现象 A 也没出现，而两个场合的其他情况相同，说明 a 和 A 之间有因果联系。其三，为求同求异并用法：在正反两组场合中，第一组 a、A 一同出现，在相反的第二组场合，a 与 A 都不出现，说明 a 和 A 之间有因果联系。其四，共变法：根据一个现象的变化，随之有另一现象的相应变化。其五，剩余法：如果有一个复合现象（a，b），已知它的原因在某个特定的范围（A、B、C）之内，又知此范围的因素 B 只能说明复合现象的一部分 b，那么，复合现象的其余部分 a 的原因，就只能是此范围的其他因素（A 或 C）。这类经验总结虽然未必能获得普遍有效的知识，但作为入门的方法，仍有一定的价值。

与亚里士多德的经验归纳相比较，康德主要采用演绎法列出的范畴表现得更为逻辑周密，他依据判断的形式推演出十二范畴：从量的方面看有统一性、复多性、总体性；从质的方面看有实在性、否定性、限制性；从关系方面看有实体与偶性、原因与结果、主动与被动；从形相方面看有可能与不可能、存在与不存在、必然与偶然。照康德的意旨，每一组中的第三个范畴具有合题的性质，如"限制"正好是实在加否定，"必然"是通过可能给予的存在等。与亚里士多德的观点截然不同的是，康德认为理智的先天法则不是从自然得来的，相反的是给自然界以规定的，亦即理智为自然立法①。

---

① 加勒特·汤姆森. 康德［M］. 赵成文，等译. 北京：中华书局，2014. 第 23 页："十二个范畴形成……四组。原理所要做的是范畴的时间化。……诸原理构成时空中事物的先验观念世界。（包括 1 直观的公理：单一性、多数性、全体性；2 知觉的预测：实在性、限制性、否定性；3 经验的类比：实体与偶性、原因与结果、主动与受动的交互作用；4 经验思维的公设：必然或偶然、存在或非存在、可能或不可能）……结论是，范畴是经验的必要条件。"可参阅康德《纯粹理性批判》蓝公武译本第 87 页、邓晓芒译本第 71—72 页所列图表。

表 6-2　康德哲学中的判断与范畴

	（正）	（反）	（合）	说明
量的判断	全称	特称	单称	总体：统一的复多
基本范畴	统一性	复多性	总体性	直观的公理
质的判断	肯定	否定	无限	限制：实在加否定
基本范畴	实在性	否定性	限制性	知觉的预测
关系判断	直言	假言	选言	交互：实体规定的因果
基本范畴	实体与偶性	原因与结果	主动与被动	经验的类比
样式判断	或然	实然	必然	必然：由可能给予的存在
基本范畴	可能/不可能	存在/不存在	必然与偶然	经验思维的公设

　　表 6-2 简要的比照启发我们，康德虽然未予交代，但其所列的知性范畴形成的根据当追溯于心灵的深层，在同一（坤翕）与差异（乾辟）之间形成二元对立，经过辩证否定而出现二者的合题——正好是康德所列范畴表所遵循的逻辑。当然，亚里士多德的观点也有存在的理由，知性范畴一方面固然植根于本体的普遍性，另一方面又的确为着把握现象的无穷个别性而形成。概而言之，知性范畴是受志性能力制导而概括感性材料的结果，是经验之维与超验之维两个方面交互作用的产物，因而是介于普遍与个别之间的一种"特殊"。低于人类的其他动物之所以没有形成这些范畴，在于它们没有达到这两端的联通。

　　遗憾的是，这一范畴系统也同样主要着眼静态空间中的剖析，而未能充分显现动态时间中的辩证运动。也许正因为有这样的弱点，促使黑格尔转向动态的包括时间维度的考察，力图达成历史与逻辑的统一。黑格尔的《逻辑学》既是其哲学的本体论，又蕴含其哲学的方法论，因为其主旨是揭示绝对理念的展开或自我认识的过程。该书以"有"与"无"的二元对立经辩证的否定而导致"变易"为经，"有"与"无"的二元以"存在论"、"本质论"和"概念论"为纬，从一个什么都不是的"纯有"开始，推演出质与量、本质与现象等范畴，并将形式逻辑所讲的概念、判断和推理包含于自身。这种辩证逻辑植根于对超验领域的某种领悟，刚好与亚里士多德传统所倡导的经验材料的归纳相对（反向）而行。

二、理智认识对感性材料的加工

　　理智认识与抽象（逻辑）思维属于同一层次，而无论是形式逻辑还是辩证逻辑，从人的作为角度看，都是工具或方法，所以第五章所阐述的内容全部适用于认识的这一阶段。本节我们特别补充亚里士多德和康德等的观点：一是作为认识论的基本知识有必要掌握，二是旨在揭示相关理智范畴的两端来由。理智认识高于感性认识在于它获得的知识（信息）更具有深度和广度——把握的是事物的内在本质和运行规律，对于同一类事物来说具有普适性。具有普适性的一般是抽象的存在，所以理智认识其实是一个抽象的王国①。

抽象也是一种方法，通常指人的认识基于某种需要将作为有机整体（具体）存在的事物的某种或某些特性、内在联系（涉及结构法则和变化规律等的揭示）孤立地抽取出来进行考察。汉语有个成语叫"来龙去脉"，对它的寻找就是一种抽象，既需要透过现象看本质，又需要厘清前因后果、偶然和必然等，才能确切把握。正因为基于这种抽象，所以人类理智获得的认识是一种不免特殊性局限的知识，它一般是对对象从某一个维度或截面的概括，可以说，将全世界一百个从不同学科研究昆虫的顶尖科学家召集在一起讨论，结果他们也会承认其实并没有达到对一只蚂蚁作为有机整体的精确认识（可联系康德关于"物自身"的观点）。

由此转换一个视角，获得理智认识的入手处或基本功尤其当推分析与综合。

显而易见，没有分析事物就是一种具体存在，对于人类认识来说是一种混沌。分析是思维将认识对象（事物或现象）分解为不同的部分进行考察的方法，如前述方法论中的纵深维度分解为现象与本质、平行维度分解为要素与结构以及事物内部的分类等，还包括在时间维度分解出变化的连续性和阶段性等。这就使人的理解力穿透具体混沌的外部形态，进入抽象的脉络清晰的领域。无怪乎康德将我们所讲的"感性认识""理智认识"分别表述为"感性论""分析论"，正好对应于感性与知性二重心灵能力②。从实际出发把握，分析相当于前述"庖丁解牛"中的"解"——没有它，牛对于人来说就是一种外表具体、内里混沌的存在物。

综合则是将把分析过的各个部分、各种属性联结成一个统一整体的方法。综合只有在切实分析的基础上进行才有效，综合的结果是因其固然整合成一个井然有序、虽然抽象却是有机的观念系统。如本书第五章末尾所列的"人类创

---

① 事实上，没有抽象就很难概括。不能概括就不见普遍性。除专有名词外，几乎所有的实体性概念都是抽象概括的产物，它们构成抽象思维的细胞。

② 加勒特·汤姆森. 康德［M］. 赵成文，等译. 北京：中华书局，2014：10.

建的逻辑系统的主干部分一览表"（即表5-3）就是这种努力的尝试。虽然未必确当，但以期作为一孔之见提供大家参考。"抽象"与"有机"其实并不冲突，抽象王国因为其逻辑严密性、系统自洽性而达成某种程度的有机性。

在分析和综合的过程中，前述方法论所列的基本规律、基本环节（范畴）等可以得到针对具体对象的应用，从而形成相对正确的理智认识。马克思不愧为抽象思维的英雄，他的女婿保尔·拉法格曾这样描述他："马克思兼有一个天才思想家必须具有的两种品质。他巧妙地把一种事物分解为它的各个组成部分，然后再综合起来，描述它的全部细节和各种不同的发展形式，发现它的内在的联系。"① 笛卡尔在《方法论》中阐述自己遵循的几条原则，实际上就是分析与综合相结合的原则。追根溯源，分析与综合乃乾辟与坤翕根本性的二元对立在认识方法中的体现，所以具有提纲挈领的功能。

经过分析和综合形成的理智认识尽管具有较为充分的存在理由，但站在浩瀚的历史长河考察，不能不承认它只能算是一种"猜测"。认识主体不仅应该虚心接受中肯批评，还应该勇于自我批评，包括自我反驳。科学知识的真理性一般是在猜想与反驳的张力中逐渐提升的。当代著名科学哲学家波普尔认为，科学知识不等于真理，科学知识本质上是猜测性的。科学知识的增长须通过猜测和反驳相互作用而实现。如亚里士多德和托勒密的"地心说"曾长期被认为是科学知识，其实只不过是猜测，后来受到哥白尼和开普勒的有力反驳，天体力学这方面知识的真理性于是得以增长。猜测得到一定程度的证实才被人们视为科学知识，如果发现这种科学知识解释相关现象不够确切就应该揭露出来，这就是反驳。"反驳的失败则意味着理论的成功。"② 可以这样理解：猜想是乾健之维的自由发散，反驳则是坤翕之维的加密贞固。由于知性把握事物具有特殊性的局限，一种理论总是会被证伪或否证，其后人们力争用更为确切的解释（猜测）取而代之，于是推动了科学的进步。爱因斯坦的广义相对论之于牛顿的万有引力论，就是一个显著的事例。

三、理智认识阶段的直觉与灵感

人们从感性认识递升到理智认识虽然依据知性范畴为工具，但并非将感性材料生硬地塞进一些模具中去那样生硬、造作，即使像亚里士多德和康德那样

---

① 保尔·拉法格，等. 回忆马克思恩格斯［M］. 北京：人民出版社，1973：10.
② 波普尔. 猜想与反驳［M］. 傅季重，等译. 上海：上海译文出版社，2005：367.

的泰斗级人物，其著作也没有体现他们所列范畴的机械运用。

逻辑范畴和法则作为工具，常常内化为人们的思维方式之中，让人们随机运用，化必然为自由。犹如会唱歌的人未必精通乐理，而精通乐理的人一般能准确把握曲调一样。无论是经验概括还是先天演绎得出的范畴，在直面对象（经验）产生直觉的当下都是先验的存在，所以无视先验因素的认识论是难以令人信服的①。汉语的"直觉"一词能很好地指称涉及心灵三层面的感性直观、知性觉察、志性觉悟三重含义——在西方哲学中，克罗齐、黑格尔和柏格森的直觉观刚好体现为这三个层次的分野②。

此处我们所讲的是理智直觉即"知性觉察"，指一种无须经过有意识的分析和综合、演绎与归纳，接触感性现象的霎时间直接把握对象的内在本质及必然联系的一种能力。爱因斯坦曾在《论科学》一文中开首写道："我相信直觉和灵感。"③ 爱因斯坦的这一观点道出了有成就的科学家群体的心声。灵感的普遍存在启迪人们必须正视意识阈下的思维活动，研究者纠结某一难题不得其解，但念兹在兹，不妨睡一觉或散会儿步、洗个澡，在精神放松时脑海中可能突然灵光一现，呈现奇妙的答案。据说阿基米德正是在这样的情境中发现了浮力定律。关于灵感（顿悟）思维，已见前述。这里只补充一点：柏格森所讲的直觉可称为"本体觉悟"，实与灵感或顿悟难解难分，所以人们经常将二者一起连用。

理智认识进展到接近本体觉悟层次上的直觉与灵感所获得的创造性成果，较之在个别细节上的收获更具有重大意义，因为它有可能酝酿着带来科学革命的成果。爱因斯坦曾描述这种切身体验："理论家的方法，在于应用那些作为基础的普遍假设或者'原理'，从而导出结论。他的工作于是可以分为两部分。他必须首先发现原理，然后从这些原理推导结论。对于其中第二步工作，他在学生时代已得到了很好的训练和准备。……可是第一步工作，即建立一些可用来作为演绎的出发点的原理，却具有完全不同的性质。这里并没有什么可以学习的和可以系统地用来达到目的的方法。科学家必须在庞杂的经验事实中间抓住某些可用精密公式表示的普遍特征，由此探索自然界的普遍原理。这种公式一旦胜利完成以后，推理就一个接着一个，它们往往显示出一些预料不到的关系，

---

① 人们通常称康德哲学为"批判哲学"，其实康德本人更多自命为"先验哲学"。
② 胡家祥. 审美学 ［M］. 北京：北京大学出版社，2010：253-254.
③ 爱因斯坦. 爱因斯坦文集：第1卷 ［M］. 许良英，等译. 北京：商务印书馆，2010：409.

远远超出这些原理所依据的实在的范围。"① 这段论述告诉我们，基础理论的开新往往并不能遵循通常的学习和按部就班的方法可以得到，因而非常稀缺，且推导出来的结论一个接一个，更是显得珍贵。参照本章导语中的图表，它当属于人类集体无意识的"开悟"。

就普遍的情况而言，人们在获得局部性的理智认识后，主体基于内在的天性一般会追求更高的统一性。在牛顿和爱因斯坦这些卓越人物的探索、研究的历程中得到典型体现。借用康德的语词，这是知性的"分析论"向理性的"辩证论"的递升，其终极指向是宇宙的本体——理智"追不上"的领域，已超越认识论范畴。因此这里不予讨论。

第十八节　实践检验

以爱因斯坦为代表的现代科学界普遍认同，一种完备的为人们共享的科学理论通常符合五项标准②：自身是有序自洽的，显现逻辑的简单性，具有广泛的覆盖面，应当能精确地预言，能有效预见新现象或现象之间的关系。这套理智认识的标准若分为内外两方面看，前三者爱因斯坦称为"内在的完备"；后二者，爱因斯坦称为"外部的证实"，也就是"理论不应当同经验事实相矛盾"。③即我们这里所讲的实践检验问题。

应该说，科学是对世界万物的不同侧面的一种解释。这种解释是否具有真理性取决它是否符合客观实际，应该坚持实践是检验真理的基本标准的原则，形成理性认识（猜想性质）后，还须放回实践中反复检验。一般而论，理论解释适应范围越大，其科学价值越高；遇到不能解释之处，就是它适用范围的界碑。一旦发现临界点出现迷茫，其实既是挑战又是机遇，召唤人们创立新的理论予以更宽广和更确切的解释，从而导致科学革命。

---

① 爱因斯坦. 爱因斯坦文集：第 1 卷 [M]. 许良英，等译. 北京：商务印书馆，2010：111-112.
② 库恩. 科学革命的结构 [M]. 金吾伦，胡新和，译. 北京：北京大学出版社，2012：24.
③ 爱因斯坦. 爱因斯坦文集：第 1 卷 [M]. 许良英，等译. 北京：商务印书馆，2010：11-12.

一、自然科学的真理检验

爱因斯坦的广义相对论实际上是要取代牛顿的万有引力论（引力场）对宇宙的解释。他提出三条可检验的预见都得到了证实：一是遥远恒星的光线经过太阳时发生偏折，证明太阳周围的时空是"弯曲"的——一战刚过，经天文学家爱丁顿倡议，英国派出两支远征队分别赴非洲普林西比和南美洲的索布腊尔观测，证明爱因斯坦的预言正确，测量结果公布后轰动了世界；二是对于水星轨道进动（近日点）的描述比牛顿力学更精确；三是引力红移，将太阳表面的氢原子看作"原子钟"，与地球上的氢原子钟的光谱线相比较，证明了时空弯曲较大的地方钟表变慢，意味着氢原子谱线会向红端移动。

基于爱因斯坦相对论而由俄裔美籍科学家伽莫夫等提出宇宙热爆炸理论的验证主要来自两个方面，一是合理地解释了美国天文学家 20 世纪初叶发现的距离我们地球所在的银河系越来越远的红移现象，二是基于这一模型做出的两项预言也被证实：一是宇宙早期核反应生成的氦应该保留到今天，其丰度约为 25%；二是"冰冷"的大爆炸余热保留下来，那是宇宙创生的回声，被称为"微波背景辐射"。1964 年，"微波背景辐射"被美国天文学家威尔逊和彭齐斯发现，两位因此获诺贝尔物理学奖。

爱因斯坦于 1922 年在一本纪念诺贝尔物理学奖获得者昂纳斯教授的书中写道："科学理论家是不值得羡慕的，因为大自然——或者更准确地说，实践——总是毫不留情并且很不友善地评判科学理论家的工作。它从来不对一项理论说'对'，即使是最获青睐的理论也只不过得一个'也许'的评价，而绝大部分理论都被它评一个'否'字。如果实践同理论相符，那么这项理论就得到一个'也许'；如果不相符合，那就是个'否'字了。也许每一项理论或迟或早都要吃个'否'字——大部分理论形成不久就被'否'掉了。"① 相对于大自然的奥妙无穷，人类个体理智把握能力的确是非常有限的。每个科学研究者都应该对此有清醒的认识，可以、也应该期盼在前人研究成果基础上有所推进，但是决不能盲目自命或接受他人推崇为"掌握了绝对真理"。

前述波普尔主张科学知识的增长贯穿猜想与反驳的张力，他所讲的"猜想"主要指得到部分证实而没有得到充分证伪的科学发现，而"反驳"更多是指从

---

① 杜卡斯，霍夫曼·爱因斯坦谈人生［M］. 高志凯，译. 北京：世界知识出版社，1984：24.

证伪方面检验这种科学发现。如果说理论的"自洽性"可以由研究者自身从事，那么实践检验中的证伪则涉及面更为广泛。在波普尔看来，检验和反驳、证伪三者可视为同义词，"对一种理论的任何真正的检验，都是企图否证它或驳倒它"。如果确实驳不倒，"才算得上确证"①，这种观点虽然不免激进（相对轻视科学常规时期广泛需要的证实），但在人们强调实践检验时仍应该加以借鉴。

二、社会科学的真理检验

在社会领域，实践检验与社会采纳十分复杂、困难。究其原因，一是这一领域涉及价值选择，而善恶评价往往像一枚硬币的两面。一项有利于社会发展、符合大多数人的利益的举措也未必能得到群体认同并付诸实施，须得"民可，使由之（一道去做）"，"不可，使知之（明白得失大小）"（《论语·泰伯》）。二是由于关联着人们的利害冲突，所以民众的意愿往往为权力、金钱所左右或遮蔽。如许国璋主编的《英语》第三册收录了迈克·奎因（Mike Quinn）的作品《金喇叭》，描述美国探险家洪斯纳戈博士来到一个原始部落状态的汪汪国，询问该国国王，在他的统治下是否允许议论自由。这位国王不假思索地回答："我的国民享有充分的议论自由。凡事无论大小，我们都根据舆论——听金喇叭的声音大小来决定。"博士想一探究竟。等到国王召集国民议事的一天，举国只有4个富人带来金喇叭，其他的都是穷人。众人到齐之后，国王向前一步宣布他的决定，随后举起右手高喊："赞成的，吹喇叭！"只听到4只喇叭呜呜呜叫，震耳欲聋；随后国王又举起左手喊道："反对的吹喇叭。"此时大殿里鸦雀无声，于是决定了政策，人们散会。洪斯纳戈博士告诉国王，现代社会不用金喇叭，拥有报纸、杂志、电台，不过也掌握在富人手里。国王咧嘴一笑说："其实也一样。"

此外我们还须看到，自然科学的发展也曾受到不是以实践检验而是凭借经典（属于社会文化）检验的损害。中世纪末期，哥白尼写成《天体运行论》，由于担心受到已将托勒密的"地心说"与《圣经》结合起来的宗教界的"裁判"而迟迟没有出版，直到临死前在朋友的操办下才得以面世。宗教徒认为"日心说"动摇了地球在宇宙中的中心地位就意味着废黜了人类在宇宙中的中心地位——这与《圣经》的创世说相违背而将它列为禁书。科学界中伽利略基于

---

① 波普尔. 猜想与反驳：科学知识的增长 [M]. 傅季重，等译. 上海：上海译文出版社，2005：52.

科学良知赞同哥白尼的学说，虽然他与教皇乌尔班八世是朋友，也未能逃脱宗教裁判所的关押"裁判"；布鲁诺缺少这样的身份地位，被活活烧死。19世纪生物进化论的提出同样引起了轩然大波，只是教会势力有所削弱，达尔文等才免于遭受伽利略时代的厄运。野蛮和愚昧联手扼杀人们对真理的追求，这种沉痛的教训当被后世永远铭记。

三、常规科学与科学革命

美国著名科学史家库恩将科学的发展视为常规科学与科学革命的交替。一般来说，常规时期比较漫长，革命时期比较短暂。库恩认为在常规科学时期有一个科学共同体通用的"范式"——具有基元性质的理论格局，可以适用多个领域的"解谜"或者说能让不同领域的科学家基于这种理论解释该领域的问题得心应手。传统的教育就是这种常规科学的传承。但是，随着时间的推移，科学共同体视域的扩宽或深化，往往会发现既有"范式"不能解释的"反常"现象，这种"反常"的累积就产生"危机"，危机呼唤着科学要实现"革命"。时势造英雄，有幸能提出"新范式"的科学家，便成为"科学革命"的担当者，同时也是一个能改变人们的世界观的开创者。在《科学的革命》面世近7年之后，库恩于1969年补充写道："一些读者推断我的重点主要或者完全在与哥白尼、牛顿、达尔文或爱因斯坦有关的较重要的革命上。""我的论证并不依赖于'危机是革命的一个绝对必要的条件'这一前提，危机只需要作为通常的前奏，即提供一种自我矫正的机制，以保证常规科学的严密性不会永远不受挑战。革命也可由其他途径引发，尽管我认为这种例子极少。"[①] 讲得更圆融了一些。就其认为最普遍的情况而言，笔者认为，库恩的这一理论可依据"量质互变规律"予以解释（如图6-1所示）。

---

① 库恩. 科学革命的结构 [M]. 金吾伦，胡新和，译. 北京：北京大学出版社，2012：151，152.

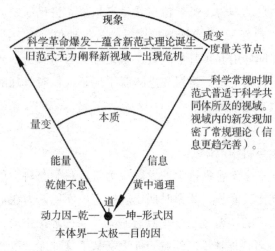

图 6-1 乾辟坤翕与常规科学、科学革命

如牛顿的经典物理学理论曾统治科学界约 300 年，在 19 世纪末 20 世纪初，人们普遍以为经典物理学的大厦坚不可摧，物理学的天空清澈爽朗，不想危机正在逼近。1900 年 4 月，英国著名物理学家开尔文勋爵在英国皇家学会发表演讲，谈及物理学的天空飘来两朵乌云：一是光的波动理论，一是关于能量均分学说（涉及热力学）。当时大多数人没有想到，正是这两朵乌云，蕴含着经典物理学的危机，意味着旧范式无力阐释新视域，催生了科学革命的爆发，促使人们踏进了相对论和量子力学的新时代。

当今世界再次处于常规科学时期，各个领域的科学家在辛勤劳作，主旨在加细加密既有的科学理论，使之更趋完善。但放眼历史长河，我们可以相信，应该不会超过 300 年，新的科学革命仍将发生。让我们以开放的心胸、踏实的工作迎接它的到来！因为每一次科学革命，都会促进知识的加速增长，都会让人类对宇宙万物的认知，更加接近它们的本来面目。

四、认识过程的双轮运行与必然指向

第一，人类的主观认识是与宇宙的客观演化相逆的过程。正如一颗种子在适宜的条件下长成参天大树，从感官接收信息到理智把握的认识过程则是由叶片到枝干的追求更高统一性的过程。各门科学所揭示的是具有"特殊性"的知识，迄今为止基本是对其枝叶（现象界）的把握。对于其"种子"的剖析则属于最高统一性的追求，在康德看来它越出理智的界限，仅限于哲学思辨和宗教信仰范畴。但它具有潜在的功能，对于本根的觉悟体现在科学研究中就是信念的引导。正如爱因斯坦谈及的切身体会："所有这些努力所依据的是，相信存在应当有一个完全和谐的结构。今天我们比以往任何时候都更没有理由容许我们自己被迫放弃这个奇妙的信念。"①

第二，认识过程是先验与经验的互校。爱因斯坦非常重视理论与实践的相符，同时也承认科学知识通常来源于经验的归纳，但他还公允地指出："诚然，没有经验基础就很难发现真理。但是，如果我们探索得愈是深入，我们的理论所包罗的范围变得愈是广大，那么，在决定这些理论时，经验知识所发挥的作用就愈小。"② 实验物理学的研究主要依赖经验基础，而爱因斯坦从事的是理论物理学，主要依靠的是数学运算。他发现的狭义相对论的质能关系式远远地走在实践活动的前头，构成几十年后人们制造原子弹的理论基础。

第三，认识过程贯穿猜想与反驳的交锋。在波普尔看来，科学知识本质是猜测性的。科学知识的增长就是一种猜想—反驳、证实—证伪或更普遍地说肯定—否定相交替的过程，这一过程之所以是"进化"，在于它在对立二元的交锋中不断增强了"逼真性"，即越来越接近于真理。一般而论，猜想主要基于先验的能力与知识储备，是自由意志的主导，因而是积极主动的；反驳较多来自同经验的对照，发现与所包括的某一事物不符，就是对既有猜测的成功反驳，这种情况也常被称为"证伪"。猜想具有开新倾向，为乾辟倾向，反驳对猜想不只是否定，同时也是一种校正，促进猜测渐趋精确，当属坤翕（或更切实一些说是贞固）的体现。

第四，人类的认识活动受志性导引必然追求更高乃至最高的统一性。在一些杰出的个体身上就典型表现出来，如牛顿发现了三大定律、万有引力等，最后力图找到宇宙演化的第一推动力，于是推测存在一"神臂"予以解释。爱因斯坦发现了狭义相对论、广义相对论（引力场论）等，后来穷其余生力图建立统一场论，虽然未能成功，但其努力方向既是科学发展的必然要求，也是其高尚人格的鲜明体现。卡西尔认为，"追求这一整体的意志乃是我们理论和经验的概括过程中的生命原则"③。这一生命原则在荣格看来当是人类集体无意识中的

---

① 爱因斯坦．爱因斯坦文集：第 1 卷［M］．许良英，等译．北京：商务印书馆，2010：430.
② 杜卡斯，霍夫曼．爱因斯坦论人生［M］．北京：世界知识出版社，1984：32-33.
③ 卡西尔．语言与神话［M］．于晓，等译．北京：生活·读书·新知三联书店，1988：53.

自性原型，照华夏先哲的观点看则系"黄中通理"的坤元。

第五，若在华夏先哲（张载等）看来，科学的认识过程所获取的只是"见闻之知"①，而人为自身的道德立法则属于"德性所知"。今天我们易于见出，前者由外而内收敛，后者则由内而外发散，正好与康德深刻揭示的理论理性与实践理性的双向运行相吻合。由此显而易见，在更大的范围内，价值是与认识共轭却完全不同的领域，且二者统一于更高的"本根"或"本体界"。歌德就曾指出："知解力〔即理智——引者注〕高攀不上自然，人只有把自己提到最高理性的高度，才可以接触到一切物理的和伦理的本原现象所自出的神。"② 从心灵活动方面着眼，歌德这里所谓的"神"应该理解为由宇宙大化的基元信息演进而来的人类心灵的"太极"，即心灵第三层面。如前所述，它既是科学认识的归趋之所，又是道德立法的发源之处。

---

① 明清学者方以智等接受西方传教士带来的科学知识，开始称之为"格致之学"（或"质测之学"）。必须注意，此所谓"格致"是对《大学》"八目"的创造性发挥，并不同于此前大多数先哲对"格物""致知"的把握。请参阅拙著《中国哲学原理》第二十二节对"格物致知"命题的梳理。
② 爱克曼，辑.歌德谈话录〔M〕.朱光潜，译.北京：人民文学出版社，1978：183.

第三编 03

| 价值论：树人类之德 |

科学与道德是人类生存的两翼，一者认识自然，一者建构自身。就整个族类而言，二者兼之才能保持良好的生存和繁衍。中国传统哲学在价值论——伦理道德领域耕耘最力，因此本编将主要采用中国文化的相关观念立论。① 张岱年先生曾中肯指出："世界上关于人生哲学的思想，实以中国为最富，其所触及的问题既多，其所达到的境界亦深。"② 人生哲学主要是价值论问题，它关注人生的目的和意义，人格修养的品级或境界，注重揭示和强化人类活动（实践）的动力系统。

---

① 这些观念虽然不免民族性的局限，但是其概念、范畴在形式上可以容纳、超越中国文化所指的特定内容。如"礼"在中国古代体现于礼制和礼教，但是一种社会的等级秩序却是古往今来世界各民族中所共有的。

② 张岱年. 中国哲学大纲［M］. 北京：中国社会科学出版社，1982：166. 本编用"树"德而不用"建"德，是为了避免人们重蹈荀子之流主张的价值观念纯粹系人为造作的误区。

第七章　道德立法的根源：与天地合德

伟大的启蒙思想家康德在其名著《实践理性批判》的"结语"中写道："有两样东西，越是经常而持久地对它们进行反复思考，它们就越是使心灵充满常新而日益增长的惊赞和敬畏，位我头上者浩瀚星空，在我胸中者道德律令。"① 如果说认识论注目于解释"浩瀚星空"，那么价值论当聚焦于揭秘"道德律令"。现在我们有必要也有可能在康德成就的基础上"接着讲"，追求更高的统一性：将二者贯通起来阐发。中华先哲普遍追求"与天地合其德"，恰好为我们提供了相应的思想资源。事实上，康德已经意识到神圣者其实在人的胸中，只是没有进一步阐明其由来，他曾写道："上帝并非在我之外的存在，而只是在我之内的一种思想。上帝是自我立法的道德实践理性。"② 中华先哲体悟到道与德的联通，因而建筑起无须人格神介入、实质上是稳固的价值系统，在科学高度发达的今天，显得弥足珍贵。

第十九节　道与德的关联

一、老子的《老子》与《周易》的《易传》

中国文化中的"道德"一词，将天（道）与人（性）紧密联结在一起，是一种非常精当的把握。"道德"不只是赢得社会赞许的"美德"，如"温、良、恭、俭、让"等，更是"宇宙中无限高明的精神"（爱因斯坦语）在人类身上

---

① 康德．实践理性批判［M］．李秋零，译．北京：中国人民大学出版社，2011：151．其中"位我头上的浩瀚星空，在我胸中的道德律令"一句由于铭刻于康德的墓碑，因此按照铭文的习惯有所改动。

② 康德．遗著［M］//李泽厚．批判哲学的批判．北京：人民出版社，1984：320．

的本然体现，因而它坚如磐石，建立在此基础上的价值系统根深蒂固——其一端联系着同样为科学文化滋生根据的信仰，具有神圣性；另一端联系着人们在社会活动中的行为，具有实践性。正因为如此，中国传统哲学在几千年中事实上具有代替宗教的功能。由于它与科学的发展并行不悖，避免了西方近代以来经常发生的科学与宗教的冲突，因此我们完全有理由坚信，这种价值系统值得为全人类所共享。

众所周知，《老子》又称《道德经》。其中的"道经"与"德经"很难区分：一段话往往上一句讲"道"，下一句就讲"德"。如"天地不仁，以万物为刍狗；圣人不仁，以百姓为刍狗。"（第五章）"天得一以清，地得一以宁……万物得一以生，王侯得一以为天下贞［正、固］。"（第三十九章）它视道、德为宇宙演化的具有本根性质的环节，其第五十一章写道："道生之，德蓄之，物形之，势成之。是以万物莫不尊道而贵德。"深谙老子思想的王弼做了中肯的注释："德者，得也。常得而无丧，利而无害，故以德为名焉。"

其实《易传》也可视为儒家的"道德经"，其同样秉持天、人相通，道、德相连的观点。如对于作为《周易》门户的《乾》《坤》二卦，《象传》分别解释其卦象为"天行健［道］，君子以自强不息［德］"，"地势坤［道］，君子以厚德载物［德］"。置于篇首的《乾·文言》更是明确指出："夫大人者，与天地合其德，与日月合其明，与四时合其序，与鬼神合其吉凶。先天而天弗违，后天而奉天时。"这段话可以说概括了《周易》的主旨：理想的人格（大人）当是与天地合其德、与日月合其明的人格，理想的人事（实践作为）当是"与时偕行"的作为（先而弗违，后而奉时）。

后世学者也大多从这种意义上把握"道德"，如张载在《正蒙·至当》中写道："德者得也，凡有性质而可有者也。"① 陈淳在《北溪字义》中将"德"作为一个基本哲学范畴，界定说："德者，得也，不能离得一个'得'字。"② 依照中华先哲的观点，人类的本然德行其实是天地之道演化的产物，根深而蒂固，因此指导人的行动可顺理成章成为康德所讲的"绝对命令"，具有毋庸置疑的神圣性。道德观念的呈现因之是一个"非由外铄""自由"的领域。

二、先秦的各种归纳与柳宗元的《天爵论》

毋庸讳言，中华先哲也与古希腊哲人（如柏拉图、亚里士多德等）一样，

---

① 张载. 张载集［M］. 章锡琛，点校. 北京：中华书局，1978：33.
② 陈淳. 北溪字义［M］. 熊国祯，高流水，点校. 北京：中华书局，1983：43.

常从社会角度称颂和倡导人的"美德"。

基于农耕经济而形成宗法制度，基于宗法制度而形成礼乐教化。中国传统文化因而非常关注人际关系，关注伦理道德。在儒家出现之前，上层社会已将人的德行区分得非常细密。如《国语·周语下》描述晋悼公年轻时前往周朝廷侍奉单襄公，视听言动无不依礼，"言敬必及天，言忠必及意，言信必及身，言仁必及人，言义必及利，言知必及事，言勇必及制，言教必及辩，言孝必及神，言惠必及和，言让必及敌"①。其中，列举了 11 项美德。这种经验性描述的语词，实在是不胜枚举。此外还有"八德"说和"六德"说等。"八德"指孝（敬顺长辈），弟（兄友弟恭），忠（赤诚尽己），信（敬慕不欺），礼（辞让节制），义（公道端正），廉（坚定高节），耻（惭愧忏悔）。"六德"则指智、信、圣、仁、义、忠，它们分别对应于"六位"：义、忠对应于君臣，圣、仁对应于父子，智、信则对应于夫妇。这种对应社会地位的"德"显然不免人为造作的异化，并非出自"性"而是缘于"教"。

尤为值得关注的是孔子倡导"知、仁、勇"，在《中庸》中称为"三达德"，就是基于人文立场（并非以群体的非誉为标准）的分类："好学近乎知，力行近乎仁，知耻近乎勇。"三者普适于每一个体，与西方自古希腊奠基的"知情意"三分法庶几近之②。

对于后世具有最广泛影响的也许要算孟子关于"四德"的观点。"恻隐之心，仁之端也；羞恶之心，义之端也；辞让之心，礼之端也；是非之心，智之端也。人之有是四端也，犹其有四体也。"③（《公孙丑上》）按朱熹之释："四端"为情，"四德"为性；"因其情之发，而性之本然可得而见"；所谓扩而充之，即是"推广而充满其本然之量"。在《告子》篇，孟子还以"仁义忠信"为与世俗尊崇的"人爵"——公卿大夫相对的"天爵"。强调德行出自先天禀赋，非由外铄，确实是透彻之见，只是这种德行是否当概括为"仁义忠信"还有待斟酌。

值得注意的是，唐代柳宗元将"天爵"（天授的尊贵品质）理解为志与明两端把握。

① 国语全译 [M]．黄永堂，译注．贵阳：贵州人民出版社，1995：103.
② "勇"与意志相关，"仁"者爱人，亲、仁、爱三者同属一个情感序列（如"亲亲而仁民，仁民而爱物"）。
③ 孟子 [M]．万丽华，蓝旭，译注．北京：中华书局，2007：69.

刚健之气，钟于人也为志，得之者，运行而可大，悠久而不息，拳拳于得善，孜孜于嗜学，则志者其一端耳。纯粹之气，注于人也为明，得之者，爽达而先觉，鉴照而无隐，眈眈于独见，渊渊于默识，则明者又其一端耳。明离为天之用，恒久为天之道，举斯二者，人伦之要尽是焉。（《天爵论》）①

志与明，相当于康德哲学的"实践理性"和"理论理性"，体现于人格的德与才两个方面，确是对个体人格的一种新颖而全面的把握。不过聚焦于人格整体的价值之维，较为切当的区分应该是志与仁。从心灵活动趋向看，仁与明一样具有收敛倾向——中华先哲体认到仁者以天地万物为一体，古希腊时苏格拉底就意识到人们只有通过归纳论证才能把握事物的共同本质（明），获得具有普遍性的定义。康德也认为，在理论理性的运用中，归纳比分析更为根本。

三、道德的神圣性与强大力量

在世界的大部分区域，人们生存的价值系统依赖宗教而具有神圣性。如基督教的《圣经》，伊斯兰教的《古兰经》都有先知接受上帝旨意的记述。我们无从考证先知接受神谕的真实性，但"神谕"经先知而颁布则是普遍存在的历史事实。先知（如亚伯拉罕、摩西、穆罕默德等）将神谕传达给族人，就形成神圣不可违犯的道德律令。爱因斯坦在《道德和感情》一文中指出："普遍的道德观念由于同宗教结合起来就获得了最初的精神力量。但在另一种意义上，这种密切结合却是道德观念的致命伤。一神教在不同的民族和不同的人群中间有不同的形式。……宗教时常引起了敌对的冲突，而不是用普遍的道德观念使人类团结起来。"② 进入 21 世纪后，宗教引起的族群之间的冲突甚至有增无减，至今仍是人类生存面临的重大问题之一。

中华优秀传统文化所建立的价值系统可以说是"一枝独秀"。它无须仰赖人格神的介入而具有天然的神圣性，在今天看来是一份宝贵的精神财富：它具有启蒙性质，与科学发展可以并行不悖；它可避免由部落神演变的一神教排斥、迫害异教徒的先天缺陷，是面向未来、建构人类命运共同体的重要思想资源。

---

① 柳宗元. 柳宗元集［M］. 北京：中华书局，1979：79-80.
② 爱因斯坦. 爱因斯坦文集：第3卷［M］. 许良英，等译. 北京：商务印书馆，2010：185. 其中，"不同的形式"宜理解为异化为不同的伦理规约，于是引起广泛的价值观冲突而危及世界和平。因此，下面我们将进行重点的辨析。

中华民族的先哲的普遍主张是：循天之道立人之德。作为"群经之首"的《周易》的核心观念是要求人"与天地合其德"，爱因斯坦生前倡导崇拜"宇宙中无限高明的精神"① 同中华先哲的取向不谋而合。与天地合德意味着合乎乾、坤二道或二元，《周易》中的《系辞传》还以乾健而日新的势用为"盛德"，以坤厚而载物的势用为"厚德"。——这份宝贵思想遗产必须发扬光大。

迄今，宇宙仍在膨胀，社会亟须发展。所以我们必须遵循《周易》积极向上的道德观。具体一些说，应和天道的乾健日新，理想的人格就当"自强不息"；应和地道的广大博厚，理想人格就当"厚德载物"。"自强不息"者为"志士"，"厚德载物"者为"仁人"，所以理想的人格就是孔子最先倡导的"志士仁人"（《论语·卫灵公》）。我们不妨回顾央视每年评选的"感动中国"的模范人物，无不具有或自强不息、或大爱无疆、或二者兼之的崇高人格。这一事实证明，以"志士仁人"为盛德或厚德者已积淀为中华民族的集体无意识②！不仅如此，世界范围的诺贝尔奖获得者，其中在某一领域披荆斩棘，推动历史进步、为人类做出杰出贡献的科学家如居里夫人、爱因斯坦等当视为自强不息的"志士"，而一些和平奖的获得者如亨利·杜南（1901 年）、史怀哲博士（1953 年）等则无疑是大爱无疆的"仁人"（或兼为志士仁人）。

中华民族没有形成成熟形态的宗教而繁衍生息几千年，令一些域外学者惊讶不已，是因为中国传统哲学具有代替宗教的功能，中国传统哲学之所以具有代替宗教的功能，奥秘就在这里。在世界各民族走向"大同"的历史征程中，这种建立在"与天地合德"基础上的价值系统具有至高无上的神圣性，按照前述康德和爱因斯坦的观点，最有可能走向世界，走向未来，为世界各民族所共许和遵循。

当然，我们也不能回避其短处：同宗教比较，它让没有深切的哲理体认的人敬而远之或敬而不畏，因而现时难以完全达到取代宗教的功用——值得提倡（有引领作用）而难于普及（于大众），有赖于全人类文化素质和思想觉悟的普

---

① 1927 年，有位银行家邀请爱因斯坦参加有 20 多位诺贝尔奖获得者参与交流的关于上帝问题的讨论，爱因斯坦回复道："我想象不出一个人格化的上帝，他会直接影响每个人的行动……我的宗教思想只是对宇宙中无限高明的精神所怀有的一种五体投地的崇拜心情。"（见于爱因斯坦．爱因斯坦谈人生［M］．北京：世界知识出版社，1984：58．）

② 遗憾的是以朱熹为代表的饱学之士黯于哲理，片面鼓吹"仁"为"总德"或"本体"，埋没了先秦儒家的创造精神，建构了一个主翕无辟的价值系统。它显然违背了天地之道：一个封闭的系统只会走向死寂——事实上，自宋元以后朱熹学说主宰意识形态，中华民族逐渐走向羸弱甚至灭种的边缘。

遍提高。

在欧美享有盛誉的歌德中肯指出："道德……是天生的内在的美好性格。它多多少少是一般人类生来就有的，但是在少数具有卓越才能的心灵里得到高度显现。这些人用伟大事业或伟大学说显现出他们的神圣性。"①

第二十节　道德与伦理

一、"伦理""道德"混用的缘由

无论是在现代日常生活中还是在学术语境中，"伦理""道德"二词经常连用甚至混用——如关于人生境界的分析，冯友兰先生将"道德境界"视为介于"功利境界"与"天地境界"之间的一个层级；而汉译克尔凯郭尔《生活道路的诸阶段》则将以恪守美德的苏格拉底为典范的人生阶段称为"伦理境界"（有别于好色之徒唐璜为代表的审美境界和甘于殉教的亚伯拉罕为典型的宗教境界）。

问题可能主要源于西方文化观念的影响。在西文中，ethics 一词的确既指社会生活中的伦理规范，又指个体修养的道德品性（morality）。"伦理"与"道德"常视为属种关系。西方文化既注重认识外部自然，尤为推崇理智，又视人为政治动物，主张积极参与公民社会的事务。在古希腊时代，柏拉图有一著名的"马车喻"，认为驾驭人格马车的车夫是理智，意志（喻为拉车的白马）和情欲（喻为拉车的黑马）都应接受它的指挥，以这种观点考察社会，他认为国家的最高统治者（国王）的应有美德是理智，国家的守卫者（军人）的应有美德是勇敢（与意志相关），而广大的农工商阶层的应有美德则是节制（与情欲相关）。治国者、卫国者和农工商各得其所的国度就达到了公正。于是乎从社会角度肯定"理智、勇敢、节制、公正""四德"——它的确既适用于社会秩序，又适用于个体的内在品性。至亚里士多德，更是在前人成果基础上创建了一门具有系统性的伦理学学科，并冠名为"Ηθικη"。他的经典著作《尼各马科伦理学》，既涉及社会群体的风俗、习惯方面，又注重分析个体人的气质和性格等品性方面。

---

① 爱克曼，辑．歌德谈话录［M］．朱光潜，译．北京：人民文学出版社，1978：127.

应该承认，单纯从社会角度考察，视"伦理""道德"为属种关系，不无道理。于是，"伦理学"成为一门包括道德的社会科学。不过从中华优秀传统文化角度看，道德当属于人文科学（或精神科学），它为天地之道的产物，具有天然的神圣性；伦理则不然，它是各个时代、各个地域各有不同的人为（荀子称为"伪"）立法。因此，西方尽管有伦理学的教育普及，但其价值系统的神圣性其实主要依靠中世纪的宗教奠定基石。直到康德全力从人类心灵角度开掘"实践理性"，这种情况才在学理上有所改观。康德在道德哲学或实践理性批判领域仍不得不主张通过"将道德律视作神的命令"而赋予其神圣性，结果还是走向了宗教。当然，康德心目中的宗教不宜与世俗顶礼膜拜的一神教或多神教等同视之。

从心灵角度剖析，混用"伦理"与"道德"其实同西方传统文化普遍混淆了理智与理性密切相关。康德在《未来形而上学导论》中写道："把理念（纯粹理性概念）同范畴（纯粹理智概念）区别开来作为在种类上、来源上和使用上完全不同的知识，这对于建立一种应该包括所有这些先天知识的体系的科学来说是十分重要的。"因为在他看来，没有这种区别，要想建立真正"科学的"形而上学就根本不可能。西方思想史上历来的误区是"都把理智概念和理性概念混为一谈，就好像它们都是一类东西似的"，殊不知，真正的形而上学涉及"与理智完全不同的领域"①。现在我们可以更确切一些说，混用"伦理"与"道德"，其实是混淆"理智"与"理性"的弊病在价值领域的体现。

此外，单纯从社会角度看，自觉遵循先天的道德法则和恪守后天的伦理规则的确都可以统称为个体具有"美德"。王夫之曾中肯地指出："德者，得也。有得于天者，性之得也；有得于人者，学之得也。学之得者，知道而力行之，则亦可得之以为德矣；性之得者，非静存动察以见天地之心者，不足与于斯也。"②"性之得"者为道德觉悟，"学之得"者多为伦理的灌输，虽然在宽泛意义上也可以称为"德"，但显然不及前者那么根深蒂固且自觉自由。

今天我们当虚怀若谷，择善而从，大力吸收中华文化的优秀遗产，从人文角度揭示并强调道德为伦理的基石，在学理上不仅应该而且十分必要。

二、区分"伦理"与"道德"的必要

区分伦理与道德，关系到人类价值系统的奠基和人文精神的健全。显然，

---

① 康德. 未来形而上学导论 [M]. 庞景仁，译. 北京：商务印书馆，1978：105-106.

② 王夫之. 读四书大全说 [M]. 北京：中华书局，1975：429.

一种建立在沙滩上的建筑是不稳固的，一种处于无序状态的机体是难以健全发育的。因此，尽管当代中外的《百科全书》普遍以"伦理"为"道德"的上位概念，我们仍然有必要予以重新审视。

事实上，伦理与道德有着多重本质的区别。首先，如前所述，道德系源于天地之道的人类德行，其呈现与践履意味着个体当即"与天地合其德"，因而具有毋庸置疑的神圣性，而"伦理"通常是指特定群体性的社会规约。在汉语中，"伦"的本义为辈，其字形从"人"从"侖"，"伦""理"合用，通常表示人与人之间应有的条理秩序。我们知道，这种条理秩序往往取决各种特定条件形成，所以不同时代、地域会各有不同的人为立法。孟子在《滕文公上》写道，远古之时，人们"逸居而无教"，近于禽兽，尧帝很担心这种情况，于是"使契为司徒，教以人伦"。这里所说的"人伦"，大略是指"父子有亲，君臣有义，夫妇有别，长幼有序，朋友有信"五种人伦关系。

其次，在人类价值系统中，二者具有表里之别。康德虽然沿袭西方传统仍将"伦理学"视为"道德学"的上位概念，但他主张真正的道德哲学不能"建立在纯然经验的原则之上"，而"必须先天地仅仅在纯粹理性的概念中去寻找"，同样坚持了他主张"把经验性的部分与理性的部分分开"的一贯思想。为了彰显这一区分，他将前者叫作"实用人类学"，而认为只有后者才称得上"道德学"①。显而易见，经验与理性便是表里关系。其实，孔子在人类思想史上的重大贡献之一是清醒地意识到道德才能为价值系统奠基。早在 2000 多年前，他敏锐地指出："人而不仁，如礼何？"（《八佾》）即认为具有普遍性的仁应该是具有特殊性的礼的根基，而且涉及道德（仁）之"诚"和伦理（礼）之"伪"的区分，后世由思孟学派和荀子分别生发开来。

再次，伦理与道德之分涉及价值系统中他律与自律、被制约与自由的内在张力。与表里之分相联系，受外在现实的因果性所决定的是社会伦理规约，例如，一个大臣上朝前昂首挺胸"吩咐"下属备轿，上朝后俯首帖耳"恭听"圣训，是严格遵循现实原则扮演他在社会舞台上担当的角色，顶戴花翎不过是他物化的人格面具。如果他是一位视道德高于功利的忠烈之士，在荒淫无道的暴君面前可能抛弃顶戴花翎，聆听内在良知的呼声而奋力为国为民抗争，此时他已将个体提高到人的族类的高度，成为一个自由的"我"字大写的人，也就是

① 康德. 道德形而上学的奠基［M］. 李秋零，译. 北京：中国人民大学出版社，2013：2.

孟子所称赞的"大丈夫"——道德的自由让他成为顶天立地的英雄。中国历史上曾有多少这种可歌可泣的人物，与其说是封建教育的成果，不如说是其良知不昧的表现。孔子称"仁者乐山"，即是指道德意识主导者在抗衡现实沉沦时的应有形态，在康德美学中称为"崇高"。

第四，落实于人类的心灵活动，道德与伦理具有诚、伪之分。我国先秦时代思孟学派极为重视诚，强调"反身而诚""至诚不息"而"上下与天地同流"；荀子却揭示伪的一面，认为一个社会的人们普遍遵守礼义，达到"文理隆盛"，其实是圣人"化性起伪"而施教的结果。应该说二者都没有错，只是存在着眼道德和着眼伦理的不同而已。道德意识由诚而呈现，为具有神圣性的天德良知；伦理意识则需要清醒的理智，往往能让人们入乡随俗而游刃有余。至诚者忘却机巧之心（忘机）、不计较人们的责难与赞扬（忘非誉），保持生存的本真状态；尚伪者可能时刻算计着功利得失，见风使舵，仿佛佩戴着人格面具在舞台上表演，旨在博取人们的欢心。孔子"疾伪"是人文精神的体现，荀子尚伪是从维护君主独裁制度方面考量。《老子》称"夫礼者，忠信之薄而乱之首也"，可谓是一针见血。由此可见，若以礼义为核心观念的伦理奠基，人类的价值系统将仿佛沙塔般不堪一击，人类生存必需的人文精神将羸弱殆尽。

第五，若从学理上考察，可以将康德的《实践理性批判》与亚里士多德的《尼各马科伦理学》分别视为西方研究道德和研究伦理的经典著作。

三、道德、伦理与人类价值系统

价值判断关联着人对自身劳作的目的和意义的认知。如前所述，人类心灵包括感性、知性和志性三个层面，作为人类精神系统的重要一维，价值系统包括与之相应的功利价值、伦理价值和道德价值，三者为由表及里的三层次。中华先哲对三者均有精到而持平的见解。

在中华优秀传统文化中，涉及功利价值层次的可以拈出两个常用范畴揭示其二元对立：事与利。事与礼构成表里关系，荀子指出，"事无礼则不成"（《修身》）；利与义是关于事的价值评价，亦为表里二层。程颢认为，"天下之事，唯义利而已"（《二程遗书》卷十一）。事相当于现代意义的实践活动：着眼活动过程，凡是人所作所为所遭遇的都叫"事"；着眼活动结果，先哲多称为"功"或"业"。如《左传》以立功为"三不朽"之一，《周易》的作者坚持"德""业"并重，并且将之与易道的乾、坤二元及其易、简的特性联系在一起，提出"可久则贤人之德，可大则贤人之业"，是难能可贵的哲理开掘①。

建构人类的价值系统，必须牢牢抓住个体性、特定群体性和全人类性的量化区分。中国传统哲学中长期存在的"义利之辨"的合理把握就集中体现了这一点。孔子指出"君子喻于义，小人喻于利"（《论语·里仁》），显然是就个体一己之私利而言。如果价值系统以这种私利为基石，普遍以"人不为己，天诛地灭"为处世的法则，那么人类社会就将返回弱肉强食的动物界。孟子劝诫梁惠王不要只关注"利"，便是考虑到若国王、大夫和士庶人均唯利是图，或者说"上下交征利"（《梁惠王》上），整个社会就无处不争夺而乱成一团。所以不能"后义而先利"，更不能见利而忘义。

在克罗齐哲学中，功利特别体现在经济活动上。轻视甚至鄙薄功利显然是有害的偏见。如汉代董仲舒倡导"正其道不谋其利，修其理不急其功"，（《春秋繁露》卷九）就是专注于维护封建的君主专制和人伦秩序而提出的极端主张。其实在孔子之前，先哲较多从社会群体角度考察，强调义与利的统一，认为厚生为利，正德为义，财货丰厚则民之德淳，裁制合宜则民之利足②。这是公允的论断。所谓"裁制合宜"即是合乎某一群体利益的义，也就是合乎当时的社会伦理的活动。如果在学理上倡导"义公天下之利"（《正蒙·大易篇》），则处事谋利上升到道德的高度，历史上一些为人类进步事业而奋斗终身的志士仁人就是如此。

在中国传统哲学中，义与礼可以视为社会伦理层面的两个核心范畴。二者都常有特定群体性的局限，且义由衷出，礼由外定，并列而双向，可以说是乾坤二道演化到人际关系的伦常层面的必然产物。从史实看，一些看不到或不承认人有天德良知的学者如荀子之流仍然承认维持社会秩序特别依赖于二者，他们总是不倦地告诫人们要"循礼""守义"，并且向慕普遍遵循二者而造就的"文理隆盛"。

更深一层开掘，《老子》呼唤"尊道而贵德"（第五十一章），即以道德奠定整个价值系统的基础。结合《周易》的论述，我们不难发现个体价值评判系统的基础部分包含有向外发散和向内收敛两种先天趋向，《周易》的作者分别称为"自强不息"和"厚德载物"，统观中国哲学我们可以分别简化为"志"与

---

① 胡家祥．《易传》中的"易简"新释——兼谈"易简而天下之理得"［J］．周易研究，2007（5）：18-25.

② 参见《左传》记载成公十六年（公元前575年）申叔时的论述。

"仁"，已如前述。如此看来，孔子首倡的"志士仁人"恰好是《周易》倡导的"与天地合其德"的理想人格。也许并非偶然的巧合而是必然的体现，中华先哲普遍认同"志"与"仁"二者具有全人类性，如称"唯君子能通天下之志""仁者以天地万物为一体"。更推进一层考察，《周易·系辞传》刻画了以农耕为主的中华民族的道德品性为"安土敦乎仁，故能爱"，形成朱熹到康有为等以"仁"为总德（坤翕）的价值系统；而在西方，康德却以向外发散（乾辟）的自由意志奠基的价值系统，莫不是《系辞传》的作者尚未列出的共轭观念"精工腾乎志，故能强"的必然产物？若果真如此，融汇中西和古今的人类价值系统的基石就应该是共轭的志与仁两端。

千百年来人类建构的价值系统，当以道德奠基（中华先哲常称为"尚志""安仁"），辅之以与时俱进的伦理规约（中华文化常称为"守义""循礼"），从而有效制导人们处事谋利的活动。关于构成价值系统的内在诸要素（范畴），我们将在第八章展开阐述。本小节仅限于勾勒价值系统的轮廓，不过是第八章的引论。

与价值系统的三层次相对应，存在三种人生境界，即功利境界、伦理境界和道德境界。在中华文化中，普遍以只是追求功利价值的群体为小人，以恪守伦理价值的群体为君子或贤人，以自觉追寻并践履道德价值且"穷神知化""上下与天地同流"的群体为圣人。自古至今，中华民族一直在保持着希圣希贤的优良传统。其中蕴含的哲理在于：人的感性层面接近于动物性，通常只依照个体性的需求进行评价；而知性层面多为特定时代或地域社会文化观念的熏陶，让人依照特定群体的需求进行评价，也不免局限性；更深的道德层则具有全人类性，每个人其实都先天地具有按照整个族类的需要评价事物价值的倾向，关键在于去除遮蔽而达到觉悟——先哲所讲的"诚明""求放心""致良知"等莫不指此。

第二十一节　人性及其善恶问题

道德立法关联着人性及其善恶评价问题。尽管这是一个古今中外聚讼纷纭的领域，但是我们没有理由回避，必须勇往直前踏入这一雷区。不敢期望一劳永逸地解决问题，只期表达一孔之见，仅供读者参考。

一、"人性"的基本涵义

所谓"人性",从字面上理解是人作为族类自然具有的本质特性,英文 human nature 也含此义。汉语的"性"字,从"生"从"心",意味着"自然具有"①。人的族类与动物界为并列的概念,其种差即人类不同于动物的"本质特性"。问题的关键是对这种本质特性的把握。

亚里士多德将人视为"天生的政治动物",即视积极参与政治活动为人类与动物界的种差或人类的本质特性,显然是他处在古希腊时代的城邦社会的经验观察的归纳。其实在世界的很多地区或时代,族类成员是不大关心甚至有意逃避政治的。如庄子就曾借楚接舆之口表达士人的普遍祈愿:"方今之时,仅免刑焉!"受佛家影响的僧人和居士都属于这一群体。即使将"政治"替换为外延更广的"社会性"也难成立,毕竟人类兼有自然与社会的双重属性;并且,在一般意义上狒狒等动物也有社会性,因而不能断言社会性为人类所特有。人类之所以高于动物,有待进一步追溯到人的精神性。从语言学角度看,汉语的"人"字是顶天立地的形象,古希腊的"人"(ανθρωπος)字含"向上看的他"之意。从心理学角度看,正像马斯洛所尖锐指出的:"如果不考虑到人生最远大的抱负,便永远不会理解人生本身。"② 这种内在的理想追求包括寻求自我和独立,渴望达到尽善尽美,自我实现等,它们并非"社会性"所能明白揭示的。因此,确切一些说,人性的基本含义应该在于人的精神性。

首先,人类是在实践中展开和丰富自身的,但是若无精神的渗透,人类活动又怎么可能上升到实践?有些人一言及"精神"便噤若寒蝉是不正常的。其次,人的社会关系是一种看不见的存在,是凝聚在个体思想意识中的,在此意义上可谓精神性包含社会性。最后,人的精神不仅反映人与人的关系,同时包含个体的意念欲求,包含族类的价值目标,既反映现实状况又呈现理想世界,真正是人类生存区别于动物的根本所在。黑格尔称"人的本质是自由""人的本质是精神",剔除其哲学的神秘成分,这种规定当是可取的。我们还知道,马克思也曾用"精神本质""人的精神的类能力"来阐释"人的类本质"③。

---

① 许慎的《说文解字》释"性":"人之阳气性善者也。从心,生声。"失之片面。此采陈淳《北溪字义》的界定。

② 马斯洛.动机与人格·前言[M].许金声,程朝翔,译.北京:华夏出版社,1987:5.

③ 马克思.1844年经济学哲学手稿[M].北京:人民出版社,1985:54.

在人的精神世界中，包含着"兽性"与"神性"的对立。"人性"概念既是在与二者的比照中出现的，人性本身也实在是二者的统一物。一方面，人类的祖先是动物，所以有许多相似动物的本能需要，"这一事实已经决定人永远不能完全摆脱兽性"（恩格斯语）；但人毕竟不同于一般动物，因为他有了意识，有了精神。这样，一些看似动物性的本能亦精神化、社会化了。另一方面，由于人类自我意识的觉醒，于是有了理想追求。所谓神性，在一定意义上可以说便是这种理想追求的普遍抽象。更进一层看，应该承认人类心灵中确有一种指向完满生存的先天倾向，它体现着人的族类本质。费尔巴哈说得好："上帝是人之公开的内心，是人之坦白的自我；宗教是人的隐秘的宝藏的庄严揭幕，是人最内在的思想的自白。"① 人类具有神性是其与动物的最后分野，是精神性的核心内涵。

按照本书的逻辑，人的感性保留了兽性，而人的志性则趋向神性。人之所以为人，从生物进化角度看关键在于自我意识的觉醒，较之其他动物进化出能思维的新皮层。这样便能制定伦理规约以制衡兽性，从而使功利活动依法依规；并且在特定条件下敞亮心灵第三层面即觉悟天地之道——西方现代学界也通常以超越社会价值的领域为精神价值②，从而为价值系统奠基。

二、"人性"的基本结构

马克思曾谈到研究人应该区分开人的类特性和它在特定环境中的不同的表现形式。他说："……首先要研究人的一般本性，然后要研究每个时代历史地发生了变化的人的本性。"③ 如果说"一般本性"存在某种基本结构，那么"发生了变化的人的本性"可以通过考察这种基本结构的形变（拉伸、胀缩乃至畸形）予以阐释。

马斯洛探究人的潜能与价值，将人的需要划分为五个层次，其实与康德主要从人的能力角度将人类心灵区分为感性、知性和理性（Vernunft）三层次是相洽的。美国学者、加州伯克利大学埃里克·詹奇教授就曾指出："马斯洛的等级

---

① 费尔巴哈. 费尔巴哈哲学著作选集：下卷［M］. 荣震华，等译. 北京：商务印书馆，1984：38.

② 控制论创始人维纳、《自组织的宇宙观》的作者埃里克·詹奇都表达了这种观点（见后）。

③ 中共中央马克思恩格斯列宁斯大林著作编译局. 马克思恩格斯全集：第23卷［M］. 北京：人民出版社，1972：669.

主要相当于三个重要层次……（1）自然价值（生理需要，安全需要），（2）社会价值（归属需要，尊重需要），（3）精神价值（自我实现需要）。这个等级大致上与一个系统发育和个体发育的序列一致。"① 也就是将五层次中最底层两个层次看作功利的，其上的两层看作伦理的，而自我实现则是精神（道德）的。这位力图贯通自然与人文的学者还写道："在伦理和道德之间造成的紧张，就是古希腊悲剧的核心因素之一。……索福克勒斯笔下的安提戈涅埋葬了她的哥哥波吕尼克斯因反抗国王而被扔到城堡外喂了野兽的遗骸，安提戈涅的道德吩咐她把爱的神圣法则放在国家法律之上……"②

确如《周易·系辞传》所言，"天下同归而殊途"，圣贤"一致而百虑"。中华民族的先哲对人性的观察早就揭显了相同的层次结构。

在先秦时代，出现了孟子与告子关于人性的论战。告子坚持认为，"生之谓性"，因此"食、色，性也"。现实生活中人们存在不同的价值取向，是由于后天环境造成的："性犹湍水也，决诸东方则东流，决诸西方则西流。人性之无分于善不善也，犹水之无分于东西也。"孟子认为人生而有恻隐之心、羞恶之心、恭敬之心和是非之心"四端"，扩而充之则为仁义礼智"四德"，它们非由外铄，潜在为人的活动定向，"人性之善，犹水之就下也"。虽然后世儒家由于关注社会的伦理道德建设大多坚持孟子的思想，认同人性中蕴含先天的趋向，但是并没有在论证"四德"的先天性方面有里程碑式的推进。其实人们无可否认，"饮食男女"确实是人类之"大［广泛存在］欲"。告子与孟子的论争，只是二者的着眼点不同：告子着眼食色之性，孟子着眼理义之心——近于《中庸》中的天命之性。

至宋代，学界普遍将天命之性称为"天地之性"，揭示它与天地之道的贯通，可惜对其基元未能进一步建言立说。不过张载在思孟学派成说基础上提出了相对中性（无关羞恶或恭敬）的"气质之性"作为补充。其名著《正蒙》的《诚明篇》中写道："形而后有气质之性。善反之，则天地之性存焉。故气质之性，君子有弗性者焉。人之刚柔缓急、有才与不才，气之偏也。天本参和不偏，养其气，反之本而不偏，则尽性而天矣。"③ 在张载看来，人体既然为气之聚，

① 埃里克·詹奇. 自组织的宇宙观［M］. 曾国屏，等译. 北京：中国社会科学出版社，1992：271.
② 埃里克·詹奇. 自组织的宇宙观［M］. 曾国屏，等译. 北京：中国社会科学出版社，1992：300.
③ 张载. 张载集［M］. 章锡琛，点校. 北京：中华书局，1978：23.

那么气禀之刚柔或昏明就决定了人的个性特征；在严格的意义上君子不将它作为性的内涵，只是在宽泛的意义上才有气质之性的称谓。① 张载关于气质之性的刚柔与昏明之分，同柳宗元将天爵区分为志与明存在表里对应的关系：人人皆有志，但其实现过程有刚柔缓急之别；人人皆有明，但存在聪颖愚钝之异。柳宗元和张载发展了孟子的人性论，难能可贵。

完全可以说，中国传统哲学对于人性系统的剖析普适于全人类。如图7-1所示。

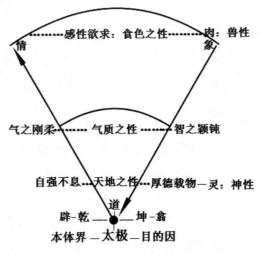

图7-1　中国传统哲学对人性层次系统的剖析

三、"人性"的善恶评价

在中外思想史上，人们研究人性的内涵往往引出对人性本身的价值评价，有的认为它善，有的则认为它恶，观点尖锐对立。

在我国，孟子首倡"性善"说。他通过肯定仁义礼智之本存于心和排除味色声臭等在人性之外（"君子不谓性也"），"人性善"便是题中之义了。与孟子正相反，照荀子看来，人生而好利、疾恶、好声色，这些便是人的本性，顺从它必争夺不已；只有推出师法之化，礼义之道，天下人等才能归于治。所以人性本来是恶的，"善"不过是出于维持社会秩序需要的人为造作，并且这种造作一般说来是"反于性而悖于情"的。

① 《礼记·乐记》中讲"血气心知之性"，可视为张载所谓的"气质之性"的滥觞。

在西方，苏格拉底的"善观念"论与德谟克利特的幸福论，早期斯多噶派的义务论与伊壁鸠鲁的快乐主义之间的观点冲突都同样显示了对人性善、恶评价的对立。特别是现代思想界中马斯洛等的人本主义心理学与弗洛伊德等的精神分析学关于人性的争论，颇为类似我国先秦时的孟、荀之争。在中世纪以后，随着基督教在西方成为占统治地位的意识形态，"人性恶"的观点成为西方最为普遍接受的观点。按照基督教的《圣经》、在"创世纪"的第六日，上帝"就照着自己的形象造人"，安置在伊甸园；但人类的始祖受到蛇的引诱而违背了神谕，这种堕落便是原罪，是恶之始。至 18 世纪，启蒙思想家卢梭通过揭橥人性中的良心而有力批判了基督教的原罪说，深受卢梭思想影响的康德通过"实践理性"的开掘而奠定了道德立法的基石（虽然康德仍保留了人性恶的习见）。

为什么中外思想界都存在对人性的截然相反的评价呢？我国宋明时期的先哲早就看出性善说与性恶说的层次之分，如邵雍认为孟子讲的才是"性"，荀子讲的不过是"情"；朱熹认为孟子所讲的为"天命之性"，荀子所述的乃"气质之性"（应该说主要指"食色之性"）。的确，人们断定人性善或人性恶之偏，其实与论者着眼人的不同心灵层面有关。孟子、卢梭等深入人类心灵的深处，也就是我们所谓的志性领域或天地之性，这里蕴含着人的整个族类相同的东西，用马斯洛的话说是有"一个人类的终极价值，一个所有人都追求的遥远目标"[1]。它如同一颗橡籽之于橡树，包含了人应该、也能够成为的一切，是人类为自身立法，建立内在价值系统的根基。它可以看作一种"似本能"倾向，如乍见孺子将坠入水井，人们很可能不待有意识的思索权衡，唯依照发自心灵深层的指令："应该如何"，便毫不迟疑地伸出救援之手。而主张性恶论的荀子等主要着眼人的个体的感性欲求或食色之性，这是心灵的表层，具有个体性、排他性，弗洛伊德所讲的"本我"正是这一层。

尽管性善说与性恶说各有其立论的根据，但笔者还是倾向"性无善无恶"说。

首先，既然人们在与生俱来的意义上谈"人性"（human nature），那就应该像对待自然界的事物一样客观评价它的性质，显而易见，造物者"并无恶意"[2]。香花与毒草是相对人类生存而言的，并不能取消其中之一的存在理由。

---

① 马斯洛，等. 人的潜能与价值［M］. 北京：华夏出版社，1987：73.
② 维纳在《进步和熵》一文中谈到，爱因斯坦讲过一句精彩的话："上帝巧妙莫测，但他并无恶意。"

善恶评价也是相对人们在社会化生存中的利害而言，对人们有利则以之为善，不利则以之为恶。如果个体像鲁滨孙那样生活在一个孤岛上，他所有为生存而努力的实践都不适用取善恶尺度评价。

其次，从体现中华先哲集体智慧的人性三层次来看，天地之性固然制导人趋向于至善，但无恶与之相对，也就不成其为善。食色之性似乎是作恶的罪魁，但作为生物性的存在，人类有谁能彻底摒弃饮食男女之欲？从积极入世的角度看，应该承认它是保证族类繁衍和推动社会进步的重要杠杆。介于二者之间的气质之性让族类成员之间的先天禀赋区分开来，但生来气有刚柔或智有颖钝，并不能决定一个人后天是否损人利己或乐于助人。因此，可以说没有天生就必定作恶的人。

反之亦然。生物界的生存与繁衍必需一定的资源。如果资源匮乏，就会发生争夺，甚至爆发拼个你死我活的争斗乃至群体性的战争。每一个参与争斗者在对方看来都是恶者。所以近代以来人们设计的理想社会，无不以资源富足、甚至达到各取所需的条件为前提。在资源相对充裕而社会分配不均的情况下也导致阶级斗争，剥削阶级通常都被划入恶人之列。

人文科学没有直接改造自然和社会的功能，只能在人的精神建构中发出有利于族类生存和繁衍的倡导。孟子处在战乱频仍、"率兽食人"的时代，呼唤"养心莫善于寡欲"，也就是节制感性欲求的贪得无厌，倡导"求放心"，实即唤醒心灵深层的"良知"。人们可以说，情欲是魔鬼，良知是神明，但还当看到，二者其实人人都具有，如此看来，似乎以人性为善恶混的观点最为切实。不过先天的本能或似本能倾向未介入利害冲突无从进行价值评判，已如前述；单纯就人性本身而言，还是以王阳明主张的"无善无恶是心之体"的评判为当。个体在处世接物中可以站在个体性、特定群体性和全人类性的立场考量，形成三种价值尺度，从根本上决定着个体当下的价值取向。我们不宜苛责人们站在个体或特定群体的立场评判事物，只是应该倡导在价值评价中自觉坚持全人类性的立场。

第八章　价值系统的构成：由根到叶

探究人类的"价值评判的机制"，涉及我国传统哲学所讲的"心性"系统。价值并非客观事物具有的属性，而是主体基于自身需要对于客观事物特性和功能的评价。这种评价经常充斥着种种对立，其中最主要的是心灵不同层次需要的对立。调解这些对立的一个基本原则，是以大统小，以根本统率枝叶，根本者为道德，枝叶者为伦理、功利。按照事物的演化逻辑，我们这里先从"道德范畴"谈起。

第二十二节　志与仁（道德范畴）

志与仁都系天地之道在人类心性系统中的直接体现，是一种集体无意识，人人具有却少有自觉（先哲故称"道心惟微"）。二者均具有全人类性，让个体不学而能代表整个族类的高度和广度进行评判。先哲常常叨念的"良知"，正是基于这两种心性因素。如前所述，"唯君子为能通天下之志""仁者与天地万物同体"。心性中的其他范畴，一般不具有这种价值取向的普遍有效性。

一、"志"范畴简说

汉语的"志"字，《说文解字》写作"𢖗"，解释说："意也。从心之。之亦声。"段玉裁认为它是会意兼形声字，应该说是恰当的。许慎修《说文解字》，当初并未收入此字，是唐五代时徐铉增补的十九字之一，但徐铉将"志"与"意"互训，没能把握"志"的哲学含义。其实，在《论语》中"志"已是一个重要的心灵哲学概念，至孟子更提升到范畴地位。以张载、王夫之为代表的先哲通常以之指称潜藏于心灵深层的先天能力，它为道的体现（以道为骨），乃"性所自含"（先天而存），不仅"兼具众理"，而且凝聚众力，因此当为人心之主。

在现代看来，"志"兼指理想和自由意志，既蕴含宇宙和人生的基元信息，又是个体乃至人的族类生存和发展的动力源泉，还具有根源性的合信息与能量为一体的精神因素。它制导着人的意识指向美好而高远的未来，是人类生存具有超越性的根据。孔子自述"十五而志于学"（《论语·为政》），就包括理想和意志两个方面。陈淳在《北溪字义》中界定说："志者，心之所之。之犹向也，谓心之正面全向那里去。……若中间有作辍或退转底意，便不得谓之志。"也明确地兼顾了这两个方面。

志兼有发散与收敛双向运动。前者如"壮志凌云"，后者如"专心致志"。孟子"尚志"，主要就乾健发散方面而言；庄子推崇"独志"，则是就坤顺收敛方面而言。在价值论和道德哲学中，应该取孟子的尚志思想，凸显其站在全人类立场进行立法的功用，大致相当于康德道德哲学中的"自由意志"。在孟子思想中，"尚志"意味着"居仁由义"，可见其为"实践理性"。马斯洛倡导"自我实现"而主张必须注目"人生最伟大的抱负"，与中华先哲普遍主张"尚志"一脉相通。二程指出志无大小，总是表现为在道德实践中"争做第一等"，如果不是这样，那就是自暴自弃。

正因为如此，所以从孔子开始，儒家学者普遍视"志"为人类心性系统中的统帅。

现代所谓的"意志"，在中华先哲看来是由"意""志"两个具有表里关系的概念合成。张载最先指出"志公而意私"（《正蒙·中正》），凸显了作为心性因素的志的价值属性；王夫之不仅认同，而且作注发挥说："惟庸人无志尔，苟有志，自合天下之公是。故志正而后可治其意，无志而唯意之所为，虽善不固，恶则无不为矣。"① 志、意之分是现代价值论建设的关键环节之一。

王夫之还将志与道联系起来，"守志只是道做骨子，不消再添入敬来。且敬之为德，乃静时存养，无把持中以此为依据。有志则有可持，故知其所持在道而不在敬"②。"天下固有之理谓之道，吾心所以宰制乎天下者谓之义。……故道者，所以正吾志者也。志于道而以道正其志，则志有所持也。盖志，初终一揆者也，处乎静以待物。道有一成之则而统乎大，故志可与之相守。若以义持

---

① 王夫之．张子正蒙注：四卷下［M］．同治四年曾氏金陵刊本：27.
② 王夫之．读四书大全说：卷八［M］．同治四年曾氏金陵刊本：32.

志，则事易而义徙。"①（《读四书大全说》卷八）这些论述中其实还涉及志与气、义的关系②。

二、"仁"范畴简说

"仁"，《说文解字》写作"⿰⺅𠄎"，解释说"亲也。从人从二"。并且指出，古文"仁"字从千心即"𢖔"。从心。千，声也。五代时徐铉加注："仁者兼爱，故从二。"段玉裁进一步注释说："独则无偶，偶则相亲，故字从人二。"这是说，单独就个体而言，无所谓仁之德，仁是在与他者并立时相亲相爱、凝聚彼此的心理纽带。

从逻辑上看，能与"仁"颉颃的不是"义"而是"志"，因为仁与义具有层次之分，而志与仁才是与生俱来的先天倾向。虽然"仁"字不见于《尚书》中的虞夏商书、《周易》的卦爻辞、《诗经》的《雅》《颂》中，表明它大约出现在西周社会趋于稳定之时。但这并不意味着仁之德此前不存在，只是没有形成明确的观念而已。事实上，天覆地载，万物滋生，万物同源，便存仁的"似本能"倾向。形象一点说，根对枝叶的眷注，存于个体人心即是仁。埋在地下的树根供养树枝产生果实，无私奉献而并不要求任何回报。图报是他律，仁爱为自由。仁德的培养，在于回溯至根本，因为根本较之枝叶更有摄于一体的倾向。母慈、子孝都是仁，但前者仿佛三春晖，后者则只是寸草心，在于前者习惯于由根系出发而无私施予。③

虎毒不食子，狼喂养"狼孩"，都有相亲相爱的萌芽，但是至人类才达到自觉自为。孟子认为个体心灵中先天而有的恻隐之心是仁德显现之端倪。他举例说："今人乍见孺子将入于井，皆有怵惕恻隐之心，非所以内交于孺子之父母也，非所以要誉于乡党朋友也，非恶其声而然也。"（《公孙丑》)④ 出于内交、要誉、恶声而伸援手都是他律，恻隐则是基于良知。孟子又称恻隐之心为"不忍（加恶于）人之心"，它是怎么来的呢？朱熹之释甚为中肯："天地以生物为心，而所生之物因各得夫天地生物之心以为心，所以人皆有不忍人之心也。"（《孟子集注·公孙丑章句上》）在日常生活中，仁常常表现为同情心，或设身处地，或推己及人，其实都是心灵中要求一体化倾向的显现。这是一种坤厚兼

---

① 王夫之. 读四书大全说：卷八［M］. 同治四年曾氏金陵刊本：35-36.
② 胡家祥. 王夫之"志"论疏解［J］. 哲学研究，2017（1）：68-73，128-129.
③ 俗谚道出普遍的事实："娘疼儿，长江水；儿孝娘，扁担长。"
④ 孟子［M］. 万丽华，蓝旭，译注. 北京：中华书局，2007：69.

容的精神，它有效地维系着人际和谐。朱熹在《论语集注》中解释："仁者，心之德，爱之理也。"王夫之也写道："若仁者，则心学之凝夫天理者也。"（《读四书大全说》卷三）一个"凝"字，用得极为传神，揭示了仁具有坤翕的特性。

严格说来，仁的含义应该是博爱或兼爱之性，即对周围的人和事物无所不变、一视同仁地爱。孔子推崇仁爱，是以期建立一个博爱而和谐的社会。《礼记·礼运》中记述孔子曾言："大道之行也，天下为公，选贤与能，讲信修睦。故人不独亲其亲，不独子其子。使老有所终，壮有所用，幼有所长，矜寡孤独废疾者皆有所养。男有分，女有归。货恶其弃于地也，不必藏于己；力恶其不出于身也，不必为己。是故谋闭而不兴，盗窃乱贼而不作，故外户而不闭。是谓大同。"大同也可谓是大和或太平，它是充分体现了兼爱精神的社会乌托邦。若从心理角度考察，可以说仁者与天地万物同体，视天下犹一家、中国犹一人。程颢、王阳明等都曾如是观。但孟子在与墨家的论战中主张爱有等差，提出"亲亲而仁民，仁民而爱物"（《孟子·尽心上》）的观点。与墨子具有理想色彩的"兼爱"比较，"爱有等差"是着眼现实社会境况的确切论断。

三、志与仁的关系

历史上关于志与仁的关系少有论及，一方面让我们缺少既有思想资源的借鉴，另一方面又恰好呼唤我们面向事物本身而建言立说——没有成见遮蔽，观点较易为人们接受。

首先必须在另一相关问题域正本清源。按照"乾坤并建"的天地之道，建构人类之德应该倡导"志仁兼举"，而不宜固执仁为全德或总德的观念。仁既然属于坤顺之性，在逻辑上就不具备担当总德的条件。否则将造就畸形人格，对社会发展造成莫大贻害。在农耕时代突出强调"仁"有其必然性和合理性，但进入崇尚公平竞争的工商时代之后，仍以"仁"为总德则不免迂执。《易大传》虽然坚持贯彻乾坤并建的思想，但由于时代所限，仍不免千虑一失：其中只讲"安土敦乎仁，故能爱"而未列对立命题。今天我们有理由与时俱进加一对句："精工腾乎志，故能强"，才是面向世界、面向未来继承和发扬优秀传统文化的应有态度。

对于个体而言，志与仁二德（按照《周易》的思想，二者分别对应于乾、坤二道的"盛德"与"厚德"）理当相辅相成，不可偏废。

对于一个民族而言，志与仁的主从关系不宜倒置。历史地看，孔子首倡

"志士仁人"，合乎乾健坤顺的天地之道，反映了先秦时代蓬勃向上的民族精神，这种精神至盛唐一直延续；安史之乱后民族精神开始低落乃至萎靡不振，"志士仁人"逐渐为"仁人志士"的称谓所取代，从一个侧面反映坤顺精神压倒了乾健精神。20 世纪初，叶罗素在来华亲身考察后写出《中国问题》一书，比较中西文化的特点，认为西方文明的"显著长处在于科学的方法；中国文明的长处则在于对人生归宿的合理理解"。欧洲人的人生观"推崇竞争、开发、永无平静、永不知足以及破坏。导向破坏的效率最终只能带来毁灭……"由于重视进步和效率，西方变得富强了，而中国人正是由于忽视进步和效率，确实远远落后于西方，显得贫弱。但从总体上来看，直到西方列强前来骚扰之前，中国"还保持着国泰民安"①。此外，张岱年先生从纯学术的角度指出中国传统哲学存在重理而忽"生"的弊端②，其实也与中唐以后志、仁二德主导地位的颠倒相关。

就世界范围而言，志仁兼举正好可与西方近代的道德教育相通相洽。蔡元培先生认为西方近代以来公民道德教育的要旨是"自由、平等、亲爱（通常作'博爱'——引者注）"三大义，"三者诚一切道德之根源，而公民道德教育之所有事者也"。③ 我们当不难看出：尚志则追求"自由"，守仁则坚持"博爱"，二者兼之就自然而然地会有"平等"的观念、态度和作风。

无数史实告诉我们，志与仁不可或少，不宜孤行。志强仁弱，一般刚愎而过锐，欠缺亲和力，即使出自个体的自由意志，也常酿成与他者的冲突，因而寇仇较多。科学泰斗牛顿可能是这样的人④。反之，仁厚志弱，就没有蓬勃朝气，因循保守，处事优柔寡断，心慈手软，甚至可能葬送事业，如先秦时代的宋襄公就沦为后世的笑谈。

总之，人类若崇拜宇宙中无限高明的精神，就当追求与天地合德，遵循天地之道乾辟坤翕的根本法则，坚持在生活中志仁兼举。（如表 8-1 所示）

---

① 罗素. 中国问题 [M]. 秦悦，译. 上海：上海译林出版社，1996：153，4-7.
② 张岱年. 中国哲学大纲 [M]. 北京：中国社会科学出版社，1982：589.
③ 蔡元培. 对于新教育之意见 [M] //蔡元培. 蔡元培论学集. 北京：商务印书馆，2019：340.
④ 关于牛顿的人格特征，这里主要参考霍金《时间简史》所附的评价。

表8-1　志仁兼举与西方近代"德育三大义"（自由平等博爱）的贯通

天道	人德	理想人格	人格偏颇之弊	偏颇表现	参蔡公德育三大义	
乾健	志强	志士仁人［孔子］	志强仁薄—刚愎过锐	缺亲和力	志士—自由	平等
坤顺	仁厚	仁人志士［宋后］	仁厚志弱—懦弱因循	缺进取心	仁人—博爱	

第二十三节　义与礼（伦理范畴）

义与礼属于知性或理智层次，并非先天倾向，通常系特定群体的立法，因此不免受时境的局限。严格说来属于伦理而不应归于道德。

一、"义"范畴简说

义，古写作"義"，《说文解字》释为"己之威仪也。从我从羊"。徐铉注：与善同意，故从羊。古"義"字通仪、谊，前者表示具有令人敬畏之象，后者表示于事所宜的当然之则。孟子以恻隐之心为仁之端，羞恶之心为义之端；周敦颐称爱曰仁，宜曰义。孟子与周敦颐都是对的，只是着眼点有所不同，前者主要就心性修养而言，后者主要就应物处事而论。

现代语言中常用"道义"与"正义"，均为中国传统哲学"义"范畴的延展。义植根于道，具有先天来由，又临事而现，应对后天之事；二者融合，义即主体临事时基于内在道德律令的正当裁制。孔子在《论语·里仁》中讲"君子之于天下也，无适也，无莫也，义之与比"，便是要求处事当坚持道义原则。"义"在墨子学说中居于核心地位，它一端联结着形而上的"天志"，一端制约着形而下的"利"，实际上也意识到义是基于先天律令又应对感性需求而滋生的观念（知性）。董仲舒撰《春秋繁露》，对仁与义做了别开生面的解释，可成一家之言。他认为，《春秋》之所治，不过是人与我二者。治人是以仁安人，治我是以义正我。"故仁之为言，人也；义之为言，我也。""仁之法，在爱人，不在爱我；义之法，在正我，不在正人。"董仲舒的这一看法很有道理，他把威仪与合宜两种含义融为一体，指出义是宜在我者，我能处处依道理之宜而立，无疑将正气凛然。朱熹曾很形象地描述了义的功用："'义'字如一横剑相似。凡事物到前，便两分去。"①（《御纂朱子全书》卷四十八）日常生活中的善恶评价，大多出自义的裁制。

简言之，秉持内心的道德原则，依据理所当然行事，正道直行而无愧于心，即是义（行）。作为观念形态的义（知），是内在德行在知性层面的呈现，同时还是特定社会群体价值观的汇聚。也就是说，义首先是人的内在品德，其次是临事时的价值取向，若不能坚守正道且予以践履便有愧于心，就会感到羞恶。因此，又可以反过来表达，由于个体在处事过程中有羞恶自责的体验，就表明内心自然而然有对义（道德原则）的需求。由此可见，义之用，首先在于正己，然后面临外部情境就能果断裁制，取认为合宜者而为之。如果说为仁由己，那么行义也是如此。——《中庸》讲"修道之谓教"，义是其中的基本内容。

在心学中，义又常与气、勇平行联系在一起，赋予后二者以正价值。孟子提出"养气"说，其中就要求"配义与道"，缺少道义的介入，气就没有骨力，表现为疲软萎靡（馁）的状态；义赋予勇以理性，无义之勇近于莽，这样的"勇士"更宜称为"莽夫"。而由气、志的表里之分可知志亦为义的基础——至王夫之，更明确意识到，道一而义多，志以道为骨，初终一揆，因而与道相守。在中国传统哲学中，志与义、气构成裁制事物价值的道德意志，仿佛是一柄裁制对象的三叉戟。其中，志为统帅，制导着生理性的气与观念性的义实现分进合击（志士、义士、勇士三者都以坚毅的力量显现）。价值活动中主体的顶天立地大丈夫地位于是而立。

二、"礼"范畴简说

《说文解字》释"礼"曰："履也。所以事神致福也。从示从豊，豊亦声。"先民在婚、丧、冠、兵等活动中举行仪式，用豊器设祭，求神赐福，即是礼。殷周之际的文献多有记载。从祭神仪式到典章制度、人伦秩序，礼逐渐成为一种伦理规范或人事之仪则。就社会而言，形成礼教与礼制，属于马克思所讲的上层建筑；就个体而言，形成礼"德"和礼仪。

春秋时代是礼盛行（包括兴盛之后往往会出现的虚化——名不副实）的时代，《左传·隐公十一年》评论道："礼，经国家、定社稷、序民人、利后嗣者也。"《左传·昭公二十五年》追记郑国大夫子产曾言："夫礼，天之经也，地之义也，民之行也。"将礼制提升到天经地义的地位，实在是愚忠的臣子之论。

---

① 渊鉴斋御纂朱子全书：卷四十八［M］．清康熙五十三年内府刊本：2.

儒家学说中一些观念最早在司礼中产生。

在儒家中，几乎没有谁比荀子更为推崇"礼"的了。在他看来，礼为人道之极，是修身的根本："凡用血气、志意、知虑，由礼则治通，不由礼则勃乱提慢。"（《荀子·修身》）更是齐家、治国、平天下之大宗："人无礼则不生，事无礼则不成，国家无礼则不宁。"（《荀子·修身》）由于礼是"法之大分，群类之纲纪"，所以它是"道德之极"，"学至乎礼而止矣"（《荀子·劝学》）。《荀子》认为，"礼"的核心取向是"别"，也就是使所有的社会成员各安其位："贵贱有等，长幼有差，贫富轻重皆有称者也。"（《荀子·礼论》）礼在于明分是人们的普遍观念，《礼记·曲礼》中也写道："夫礼者，所以定亲疏，决嫌疑，别同异，明是非也。"（《礼记·曲礼上》）。按照礼制与礼教，整个社会俨然像一张繁密的网，如此则社会秩序井然，以期长治久安。从现代（特别是热力学的）观点看，这种长治久安必然导致社会成为一潭死水。而就史实而言，中国自宋代以后礼教与礼制越来越繁密，阉割了社会的生机与活力，是导致中华民族一度精神赢弱的基本原因之一。

从天人相通的角度阐释，礼的基础是"理"，周敦颐《通书》断言："礼，理也。"人伦秩序是更普遍的宇宙万物的秩序的一部分。从人类心性角度考察，礼的基础是"仁"，主凝聚、和合。孔子曾指出："人而不仁，如礼何？"（《论语·八佾》）丧失仁德的礼，老子视为"忠信之薄而乱之首"（《老子》第三十八章）。西方也有学者尖锐指出，虚伪的礼仪是基于腐化人类本性的"恶劣艺术"。

特别为着巩固封建统治秩序的"三纲"，确实具有"吃人"的性质：由于君为臣纲，君要臣死，臣就不得不死；由于父为子纲，父要子亡，子就不得不亡；由于夫为妻纲，夫可以三妻四妾，妻却只能从一而终。这种礼教和礼制显然是以外在的强力而不是以内在天性为本位建立起来的，其实是极权统治的产物，与人道精神背道而驰，在特定的历史时期可能有助于维系社会的稳定，肯定没有长期存在下去的理由。社会的发展需要趋于平等而不是判分尊卑，需要趋向自由而不是密织罗网，亟须个性解放以发掘人们的创造潜能，而非强化压抑以求当政者的一时苟安。

三、义与礼的来由与差异

关于伦理价值的来由和功用，必须重视荀子的学说，它在思孟学派之后产生，的确具有某种补弊的作用。思孟学派专注道德立法，弘扬人性中趋向神圣的潜能，与现实功利活动存在鸿沟，而作为伦理基本范畴的礼义恰好是道德与功利交互作用的产物。考察伦理，必须重视现实生活人们热衷功利的近于动物性一面。

荀子着眼人们现实的境况而否定孟子的"性善"说，不失为一家之言。他抓住人有"好利"的天性、天生都有嫉妒憎恨之情、耳好声目好色之欲，稍有放纵必然导致争夺、残害同类和淫乱，因而认定人性恶，颇有说服力。应该说，荀子对孟子的批评并非孟子错了，而只是他沉浸在道德理想主义之中，没有"直面惨淡的人生，正视淋漓的鲜血"（鲁迅语）而已。荀子与孟子分别着眼人类生存包含的功利和道德两端，故有人性善恶评价的尖锐对立。这种对立正好在居于中介地位的伦理层得以体现。应该承认，社会伦理一方面当植根于道德，另一方面不能不适度俯就于功利。

荀子坚持认为被孟子视为"四德"中的礼义是人造的，"故圣人化性而起伪，伪起而生礼义，礼义生而制法度；然则礼义法度者，是圣人之所生也。故圣人之所以同于众，其不异于众者，性也，所以异而过众者，伪也"（《荀子·性恶》）。在该时代是难能可贵的启蒙观点，可惜后世因为荀子并非淳儒而未予继承发扬。既然系人为造作，就不免存在"伪饰"。老子、孔子和庄子等都注意到现实生活中礼义（特别是礼）的虚伪一面，按孟子之学难以解释，按荀子之学则迎刃而解。只是荀子将性、情、欲视为一体之三面①，几乎完全无视"天命之性"或"天地之性"的存在，在价值研究中确实不及思孟学派深刻。

对于荀子"圣人之所以同于众，其不异于众者，性也；所以异而过众者，伪也"的断语，我们应该补充说，制定礼义法度的圣人同于众者是性，但所以异而过众者则是其天命之性的觉悟，基于诚且兼顾功利，故有礼义法度的制作。如前所述，礼基于理与仁而又必须应对各种各样的事，义基于道和志以应对各个方面的利，礼义法度基于道德则"统之有宗"，兼顾功利则"通情达理"。

相对具有全人类性的志与仁，这类伦理规约不免出现某种异化。中西方的先哲都注意到这一点。视礼义规约为神圣无疑是蒙昧的错觉，但全盘否认它们也是不可取的偏激。迄今为止，尚未出现完全由圣贤组成的社会，所以因时因地制定适当的礼义规约对于维护群体的安定和谐必不可少。社会的教育其实主要在这一层次上发挥重要作用。

---

① 荀子在《正名》中界定说："生之所以然者谓之性。""不事而自然谓之性"。但由于他坚持经验主义的立场，未曾注意心性的表里层次，因而又写道："性者，天之就也；情者，性之质也；欲者，情之应也。"

荀子常常礼、义并提，其实二者存在本质的区别。首先，比较而言，义从中（心）出，礼由外定。义一般为内在德性的生发，较多理想因素的渗透，常为人实践行为的自律因素，正己以处事，要求不为外境的顺逆所动摇，即所谓义不容辞。礼由于来自现实伦常关系的要求，所以多被实践场景中他律因素所左右，因时因地需要适当变迁（如入乡随俗），个体仿佛舞台上的角色，常常不免丧失自己，用庄子的话说是"失性于俗"。形象一些描述，义是客从主，礼是主从客。其次，守义要求正己、自律，所以行义之人要求"我（I）"字大写，通常持有平等观念，不愿屈从于任何他者，因为道义可以有上帝般的崇高；循礼则注重现实处境的要求，而现实的人处在不同的社会等级之中，所以循礼之人极为看重尊卑，卑贱者的言行举止必须揣摩尊贵者的要求。简言之，行义者往往要求自尊自信，循礼者大多要求为人谦卑。最后，守义偏重内容（质），要求铁肩挑道义，若面对恶势力当怒发冲冠，奋力抗争；循礼则偏重形式（文），循规蹈矩，表现出恭敬、辞让之"节文"。二者恰好构成伦理层面一辟一翕，是合乎自然规律而共轭滋生的价值观念。

义与礼共同构成伦理价值，属于意识层次，直接担负善恶评判的尺度，具有制衡利欲恣肆的积极作用，有利于社会的和谐安定。没有规矩不成方圆，个体自由必须以尊重和保障他人的权益为前提。站在群体角度评判，来自社会的制约是完全必要的。

第二十四节　利与事（功利范畴）

一、"利"范畴简说

甲骨文中已见"利"字。它是会意字，从刀，从禾，表示以刀刈禾之意。其本义当是指农业生产工具（刀及犁等）的锋利。由于这种锋利的工具尤其在收获庄稼时使用，因而易于引申出经济学意义上的财货之利，进而再引申便是普遍意义上的利益（益的本义是饶）、吉利、利害等义项的出现。鉴于《易经》中多有"利"字表示吉利的意思，因而可以推定，这一从具体到抽象的字义演化过程至少在殷商末年已经完成。概括地说，凡是有益人的生活、能满足人的生存需要的物事都叫"利"。由此可见，利是一种正价值，与之相对的概念是"害"。

自然界中几乎所有有知觉的生物都趋利而避害。作为能自由自觉活动的存在者，人类更是通过自己有意识的物质生产活动，来满足自己的生活需要。由此产生经济学，聚焦功利价值的获取（在克罗齐的哲学中，功利价值对应的正是经济学）。自然科学与工程科学的进步也大多致力于促进经济的发展。如此看来，人们对利的正当追求实为天经地义。

然而为何孔子生前"罕言利"（《论语·子罕》），众多学者或多或少对功利价值有所贬抑呢？应该说，这种价值取向既是天地之道的必然要求，又是人性中高尚一面的显现。

首先，如本书第六节所述，植物的生长一方面依赖于乾辟性质的诱导激素，另一方面也有待于坤翕性质的规约激素。人类心灵中利与欲紧密相连，逐利犹如诱导激素的驱动，过度则导致欲壑难填。显而易见，需要某种伦理规约予以限制，以保证其只能在合理的范围内扩展，否则就天下大乱。

其次，既然有知觉的生物都趋利避害，人类能自由自觉地活动，就当有意识地施加必要的限制。人是生活在社会群体中的，一味地利己必然导致损人。而损人必然会带来害己的报复性后果，于是明智的人不会只倡导利己主义，即使张扬功利主义的密尔也倡导利己与利他的调和。这是人类意识到自己是社会的一员的理智选择。2000多年前，孔子指出"君子喻于义，小人喻于利"（《论语·里仁》），不仅是为人格的不同品级做了前所未有的区分，还是为真正意义的人与动物之间画出一条界线。今天人们应该有这样的自觉：那些唯利是图且不择手段的"人"其实只是停留于动物的本能阶段（"不择手段"不过添了一层智力加持而已），应该为自己所处的品级感到羞愧。

在学理上，孔子最先将"义"与"利"并提是在伦理道德价值与功利价值之间画出界线。后来荀子更直接地从逐利方面着眼指出社会伦理的由来。他指出："今人之性，生而有好利焉，顺是，故争夺生而辞让亡焉；生而有疾恶焉，顺是，故残贼生而忠信亡焉；生而有耳目之欲，有好声色焉，顺是，故淫乱生而礼义文理亡焉。然则从人之性，顺人之情，必出于争夺，合于犯分乱理而归于暴。故必将有师法之化，礼义之道，然后出于辞让，合于文理，而归于治。"（《荀子·性恶》）从这段话可以看出，荀子所讲的"人之性"其实就是指其动物性一面。"圣人"针对这种动物性而制定"师法之化，礼义之道"系人为的造作。所以社会伦理实为"化性而起伪"。这种从经验事实出发的推论与孟子对于五种人伦关系的论述应当互补。

关于义利之辨，在中国历史上延续几千年。从逻辑上看其实可以将各种对立观点归纳为三种：第一种是重义而轻利；第二种反之，重利而轻义；第三种兼之，主张义利合一。其中看似蕴含正—反—合的逻辑，只是与历史的发展并不同步：先秦便有义利合一的观念，现代仍有重义轻利或重利轻义之偏。

一般而论，利与义都为人的生存所需。利以养身，义以养心，处在社会生活中的个体，缺一不可。对于社会集团来说，义以正德，利以厚生，二者兼之才能健全发展。不同时代观念的变迁其实存在某种"自组织"。例如，在我国当代的改革开放之初，应该肯定争利观念以唤醒吃惯了"大锅饭"的人们；而经历几十年的蓬勃发展后也许应该更强调义，以制衡一些人对财货的贪婪而至于不择手段的卑劣行径。

最后，观念的纷争中还与概念并不同一有关。"利"就范围而言有三重含义：一己之私，群体之共，天下之公；简言之，即利己、利群、利天下。孔子称小人喻于利是就前者而言，墨子讲义即利是就后者而言，梁惠王讨要利国之方是就特定群体而言。如果仅以利为一己之欲的满足，墨子肯定会贬斥；如果以利为天下之公益，孔、孟必定也赞赏。

义与利是社会发展中永远存在的矛盾方面，一个历史时段出现重点向另一端偏移是事物发展的辩证法，哲人觉察到社会偏离了正轨，于是因时因地表达对另一端的呼唤。

二、"事"范畴简说

"事"，《说文解字》释为"职也，从史"，本义当是指记微的官职。在甲骨文、金文中，"事"与"吏、使"是一个字。古时"事"可假借为"士"，如《诗经·褰裳》中曰："子不我思，岂无他事？"毛传注："事，士也。"（据段玉裁《说文解字注》）"仕宦"又可作"事宦"。事务当是后起的引申义，《康熙字典》称："大曰政，小曰事。"总之，"事"离不开人，有从事某种事情或从事该事的人的意思，凡是人所作所为所遭遇的都叫"事"。其外延甚广，包括现代意义的工作事务和实践活动。

古往今来，注重践行者一般都重视事。《墨子》一书的各篇大都与事功相联系。清初颜元力主事功，强调实用，认为正德、利用、厚生是社会和人生的三件大事。依此胸臆解读《孟子》，他将其中所讲的"必有事焉"（《孟子·公孙丑上》）推崇为"圣贤宗旨"："心有事则心存，身有事则身修，至于家之齐、国之治、天下之平，皆有事也。无事则道统、治统俱坏。"（《言行录》）在他看来，事具有现实性，有事则寻求在现实中有为，无论是内在的修身还是外在的治平，都当围绕着应对现实的实际情况。也就是说，无论内圣还是外王，都需要讲求事功。这种观念尽管不免偏颇，但对于矫正坐而论道的空谈是有益的。

事与理密切相关。事杂而有宗，其中存理；统之有宗，则杂而不乱。事依理而行，理于事而显。处事需要统筹兼顾，认识其内在关系，设计出操作过程，包括分清主次、轻重、缓急等，方为周全。这就要求智力的参与，如前所述，穷理是智之能事。由此可见，获得事功当关注两个方面的理，一为事物本身之理，二为主体的思维之理。墨子学派正是如此，他们一方面相对重视事物之理，如《墨子·非攻》中通过器具与鲁班进行工程技术上的切磋推演；另一方面又重视思维之理，如《墨经》中的逻辑研究。

在处理人际关系时，事与理的关系更多表现于事与礼。《论语·雍也》记述孔子有言："君子博学于文，约之以礼，亦可以弗畔矣夫。"明末刘宗周解释为这是"孔门教人定本"。在他看来，君子之学旨在求道，但开始不能不借途于耳目之广，这是博学于文；继而则归宿于身心之近而造其礼者精，礼为文之约或文之体。"博、约无先后，即所博而约之也。博约合一，即事即理，即理即心，道在是矣。"（《论语学案》卷三）文之表现形式很多，所以需要博学；礼为其中的规矩，循礼而能要约。"博学"关涉事，"要约"关涉理。这与荀子指出："事无礼则不成"和周敦颐以"理"释"礼"的观念相通。特别在宗法社会里，遵循和维护一定的人伦秩序，才能在人际关系中游刃有余。

由此可见，恰好与向外发散的"志—义—利"系列相对应，价值系统中向内收敛的系列为"事—礼—仁"。于此我们发现，即使深入于价值系统的内部，同样存在乾辟、坤翕的双向运动，并且滋生出三重共轭的对立观念（如图8-1）。

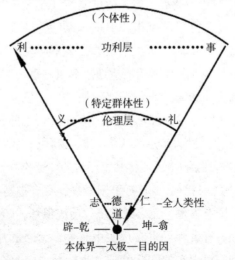

图8-1　人类价值系统的根本及其开枝散叶

三、处事谋利当守则

人类为着生存和繁衍，决定了其最基本的需要是饮食男女，即食色。生理需要是最基本的需要，是更高层次的需要和价值赖以滋生的前提条件。食色也可谓是"事""利"的核心，追求这种需求的适度满足应该说无可厚非。任何对食色之需的诅咒其实都是荒谬、脱离实际的。

但是人的生存若围于食色之类生理需求的满足，就丧失了人的应有特性，降格为动物界的一员。由这样的个体组成的社会，便是物欲横流的社会。孟子对梁惠王的告诫，注意到若以"后义而先利"为原则，将会出现举国"上下交征利"的情形。荀子从逻辑上推论"好利"则争夺生、"有疾恶"则残贼生、"好声色"则淫乱生，并从事实上论证"人情［情即实况］甚不美"："妻子具而孝衰于亲，嗜欲得而信衰于友，爵禄盈而忠衰于君。"（《性恶》）分析也有理有据，在个体的天命之性被遮蔽的情况下，确实会是如此。

因此，社会对其危害性不能听之任之，用荀子的话说，"故必将有师法之化，礼义之道，然后出辞让，合于文理而归于治"。更具体一些说，是"明礼义以化之，起法正以治之，重刑罚以禁之"（《性恶》），"化""治""禁"是从伦理教育到法律制裁的逐步升级。毋庸置疑，在特定社会条件下，建立人为法和普及以礼义为主轴的伦理教育，是完全必要的，尽管从个体来看构成一种弗洛伊德所谓的"压抑"。然而在理想的社会里，人类在价值领域真正成为一个自由的主体，就必须深入道德层次。如果以全人类的需求为处事谋利的价值取向，就会感到神圣者就在胸中，为所当为，通天下之志而求遂天下之欲，其乐岂可胜计？

概而言之，人类的价值系统当以具有全人类性的道德价值为根本，开枝散叶，因时因地滋生各种具有特定群体性的观念形态的伦理规约，从而有效制导人们的处事谋利活动。其理想状态是达到即用即体、体用一如，或者说"从心所欲不逾矩"的生存境。这里贯穿着孟子2000多年前揭示的一个价值论的基本原则："先立乎其大者，则其小者不能夺也。"（《告子》）人同此心，心同此理。康德在研究理论理性之后转而研究实践理性，或者说在研究认识论之后转而研究价值论时也体认出"实践理性"的活动遵循与理论理性相反的行程，是"从原理开始而进到概念"最后进达感觉层面。真可谓是"天下同归而殊途"，圣贤"一致而百虑"！

如何"先立其大者"，或者说达到心灵道德层面的敞亮呢？中国传统哲学提出"诚明",确实是超越感性的功利境界和知性的伦理境界而进达志性的道德境界的有效途径,我们将在下一章展开论述。

从整个价值系统着眼,基于不同视角而形成的价值观念冲突可以达成有机统一。《老子》称"夫礼者,忠信之薄而乱之首也",《庄子》称"窃钩者诛,窃国者诸侯。诸侯之门,仁义存焉"。他们批判的是伦理为道德的异化——观念混乱,且名不副实。荀子称礼义是"化性起伪"的产物,既揭示了社会伦理的来由又肯定了其价值。告子着眼个体的感性存在,称"食色,性也"。在宽泛的意义上说也是对的,思孟学派认为道德存在于心灵深层,系天之尊爵,通过反身而诚而知性知天,最为深刻。但修道立教系确立社会伦理制度,确有樊然淆乱的状况,也必须予以正视。

在现代西方,弗洛伊德正视并突出强调个体本能的生理欲求的强大功能,并无罪过;指出文明对本我的压抑,实指社会伦理对生理欲求的压抑,其实也无可厚非。马斯洛倡导"自我实现",实质是倡导个体精神系统中具有全人类性的层面——集体无意识中超我的实现,真正的自我实现者其实在中华先哲看来是追求与天地合德,简言之即"尊道贵德"的践行者且卓有贡献者。弗洛伊德对人性的评价近于荀子,马斯洛的价值观近于思孟学派。两种对立观念交替更迭——这也许是人类价值系统内部对立倾向的"自组织"。

第九章　价值系统的运行：以大统小

上一章我们主要剖析人类价值系统的层次结构，本章我们将着重考察这一价值系统的动态运行。孟子称"先立乎其大者，则其小者弗能夺也"（《孟子·告子上》）。实际上尤其应当视为人类价值系统的运行原则，简言之，即"以大统小"。具体一些说，当倡导站在全人类的立场上评判随遇事物的价值，抉择并统领各种相关的伦理规约，制导日常生活中的处事谋利活动。如何"先立乎其大者"，或者说达到心灵道德层面的敞亮呢？中国传统哲学提出"诚明"，确为一条有效通途，值得发扬光大。

第二十五节　知与行

价值系统作为人的精神系统的重要一翼，有必要放在整个精神系统（包括心体与性体）中进行考察。王阳明倡"知行合一"之论，招致许多非议。从认识论角度看似乎荒谬，但在价值领域是中的之论，其"四句教"（"无善无恶是心之体，有善有恶是意之动。知善知恶是良知，为善去恶是格物"[①]）兼顾心之体用和人的知行，可以说是从价值角度把握人的整个精神系统的千古名言。本节我们尝试依现代视野，直面生活实际对它进行解读。

一、心之体用的价值评价

四句教的前两句着眼心之体用。其所讲的"心"是指人的整个灵动的精神系统。在这种意义上，正如孔子所说："操则存，舍则亡，出入无时，莫知其乡。惟心之谓与！"（《孟子·告子》）"性"则是指这一系统的先天部分。这符

---

① 《王阳明集》卷三十四·年谱三．北京：中华书局，2016：1101.

合荀子的界定:"生之所以然者谓之性。"(《荀子·正名》)按照这样的把握,"心之体"可做两种解释:一是指整个精神系统的先天部分,二是特别指精神系统的本根部分(心灵第三层面或"道心")。无论是哪种解释,"心之体"都不应做善恶区分,否则在逻辑上立显荒谬:难道个体生来就分出善人或恶人?如果善恶天生注定,教育与引导,或表彰与惩罚又有什么作用?

如前所述,善恶属于价值评价,并非事物的客观属性。这种评价是基于主体人的需要,有利于满足人的需要为善,反之为恶。也就是说,无论是着眼食色之性、气质之性,还是着眼属于心灵本根的天地之性,其实都不宜做善恶考量。孟子注目于天地之性,故称"人性善";荀子注目于食色之性,故称"人性恶";其实二者均有偏差。"无善无恶是心之体"才是公允的论断。

善恶是怎样来的呢?从主体看是自身需要与所占资源的落差造成的。如果主体物欲贪婪,决定了他很可能变成一个恶人;如果资源匮乏不能满足主体基本的生存需要,人人都有可能成为恶人。《管子·牧民》中肯指出:"仓廪实而知礼节,衣食足而知荣辱。"接近于历史唯物主义的观点。但是人天生并非只对物质贪得无厌,若将其不知足的天性运用于为全人类谋幸福,那么他就可能是至善之人。所以可以说"有善有恶是意之动"。汉语的"意"字从音从心,本义为"从心察言以知意";按现代视界阐述是区别于个人无意识和集体无意识的"意识"范畴。佛家所谓的"意识"就是如此。"四句教"从价值角度把握"意",当包括后天的环境和教育形成的人生观和价值观,也就是包括前述感性层次的事、利和知性层次的礼、义等观念构成的"人心"的"意之动"。事实上,既有恶意,又有善意。部分先哲往往因为其不纯而较多作为"私意"或具有危险性的"人心"把握。关于"人心",除了事、利、礼、义之外,本节我们还当扩大到感性层的情与象(关联食色之性)、知性层的气与智(关联气质之性)。图9-1融合了前述的心体(图8-1)与性体(图7-1)。

通常人们认为"礼、义"为善而以"事、利"为恶,实为大谬。礼教杀人已经多有揭露,违背人道的裁制原则(义)在国际关系和宗教冲突中也屡见不鲜,在江湖集团中更是以"义气"为先。所以不应该在感性欲求与知性观念之间截然划界。在真正超越性的道德活动中,其实包含对感性与知性即产生"意"的领域的双重超越①。

---

① 实现这双重超越而呈现的当是天德良知,它在意识层面呈现,应该也属于意,所以意有善恶双重属性。这与前述张载、王夫之的志、意之分有所不同。

此外，善恶的价值选择还经常与主体临事的瞬间的立场选择密切相关。如见人落水，是否施救的抉择就是"意"。他站在个体安危或劳逸角度或许无动于衷；站在群体立场或许因为对方系仇家阵营而幸灾乐祸；但是他若在瞬间选择全人类的立场，就会不假思索地伸出援救之手。据报道，确有个别杀人犯在另一种场合成为舍身救人的英雄的活生生事例。

二、人之知行的价值选择

"四句教"的后两句恰好关涉人之知行的价值选择。阳明先生以"知善知恶"定义"良知"，可见良知超越前述"意"或"人心"的范围，或者说是对感性欲念和知性观念的双重超越，达到心灵第三层面或"道心"的敞亮，构成判断善恶的尺度。

何谓"良知"？它是人类的一种先天禀赋，按照孟子的观点："人之所不学而能者，其良能也。所不虑而知者，其良知也。"（《孟子·尽心上》）这种天赋由何而来？思虑属于意识，良知显然具有超越意识的来源。在致力于打破无机界与有机界之间的壁垒，将生物进化论扩展为宇宙进化观的复杂性科学方兴未艾的今天，我们更应该赞同中华先哲的普遍观点，来源于天地之道或者如爱因斯坦所说的"宇宙中无限高明的精神"。因此，我们不妨采用张载综合《周易》与《中庸》思想而提出的名称："天德良知"。在张载的哲学思想中，"天德良知"与"德性所知"、"诚明所知"等是可以互换的范畴。天德即天地之性，良知当可视为天地之性接触特定时境的豁然呈现①（如图9-1所示）②。

---

① 应该承认，王阳明在对"良知"的论述中有些令人费解的地方。如他在《答陆原静书》中写道："性无不善，故知无不良。良知即是未发之中，即是廓然大公、寂然不动之本体，人人之所同具也。"（《王阳明集》上卷，第58页）如此解释，在现代看来是难以成立的。"四句教"本来旨在达到"中人上下无不接着"，但此处的议论似乎取王畿一路，可能是面对上根之人言说的缘故。我们这里阐发"四句教"所具有的现代活力和普遍意义，致力于面向事物本身揭显"四句教"的有机系统性，无意于辨析王阳明在不同场合的表述差异及其原委。

② 详见胡家祥.中国哲学一些范畴、命题的逻辑定位［J］.河南师范大学，1997（2）：1-8。图中的心灵第三层面为微妙的"道心"，其呈现即为天德良知。而感性、知性因素构成的部分则是与之相对的狭义的可能危殆的"人心"。

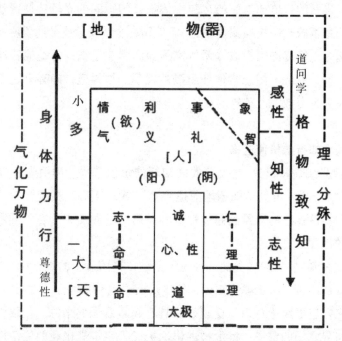

图 9-1　中国哲学的范畴系统及其揭示的道德立法原则：以大统小

在孟子的学说中，人具有良知良能支撑着他的"性善"说。在基督教盛行的西方，启蒙思想家卢梭通过揭橥人性中的良心而有力批判了基督教的原罪说，他赞颂道："良心，良心，你是神圣的本能，不朽的天堂的呼声！……你是善与恶的万无一失的评判者，你使人能与神相似；你造成人的天性的优越和人的行为的美德；若是没有你，我在我心中就感觉不到任何使我高于禽兽的东西了。"① 不难看出，在人文学科中揭示和推崇"良知"或"良心"，其实是坚持无神论的启蒙倾向。

良知如何能"知善知恶"？不能简单设想是造物者在人类精神系统中预置了一整套善恶观念，让个体临事"检索"而呈现，当是个体人在刹那间恢复或提升到人的族类的立场，秉持全人类性的利害尺度进行评判的结果②。举例来说，当一个民族遇到外敌入侵并大肆屠戮自己同胞的时刻，作为民族一员的老弱病残几乎都会恢复大写的"我"，心中升腾起顶天立地的英雄形象，哪怕是与恶势

---

① 北京大学哲学系外国哲学史考研室. 西方哲学原著选读：下卷 [M]. 北京：商务印书馆，1982：84.

② 如此把握与康德肯定自由意志的立法是纯形式的观点是一致的。

力同归于尽也在所不惜。

在并非上述极端环境中如何呈现良知？孟子称"不虑而知"是一种亲切体认。从学理上进一步分辨，其路径可概括为超越感性欲念、知性观念两个层次而敞亮人的类特性乃至与之联结的天地之道，其实相当于《中庸》所讲的"诚"。

在道德活动中，知与行形影不离。良知如绝对命令，支配主体即刻行动，"为善去恶"。在王阳明看来，这便是"格物"。

其实，注目于伦理道德活动，中国哲学也存在两大传统，一派偏重"尊德性"，一派偏重"道问学"（"格物致知"一端），在先秦的孔门中已显端倪，前者为曾子、子思，后者如子夏、子张等；至宋明出现陆九渊与朱熹的公开论争；现代牟宗三与冯友兰的观念分歧也可视为其延续。由于价值属于实践领域，所以偏重"道问学"一派被陆九渊嘲讽为"支离"，牟宗三则批评是"别子为宗"。从上述图解中，我们可以清楚看出，价值领域最根本的应该是"尊德性"（"身体力行"一端），良知发源于德行，它常常支配着人的行为。从心理趋向方面考察，与促进近代以来实验科学突飞猛进的经验论传统正好相反。

三、良知与道德实践合一

"四句教"秉持"知行合一"的原则，将《大学》"八目"中前两目的顺序颠倒过来，没有任何违和的痕迹，因为价值论不同于认识论，知与行总是形影不离。"格"字作"扞御"或"除去"理解。既适用于致知的去蔽而澄明，又适用于格物的为善与去恶。

必须清楚地区分科学认知与价值评价。在张载看来，前者是"见闻之知"，后者则为"德性所知"。的确，科学要求客观地认识事物自身的结构与规律，必须通过眼睛和耳朵观察对象在空间和时间中表现的现象，并通过分析和综合把握其特殊的本质，其中包含反复的校正，才能使主观的认识与客体的本来面目相一致，在这里，正如荀子所说，"知有所合谓之智"（《荀子·正名》），主体应当服从客观实际，形象一点说甚至应甘当后者的"奴仆"；道德活动则反之，在这里要求呈现人应该有的样子，站在维护群体乃至全人类利益的立场上评价对象，作为现实的"主宰"而行动。简言之，科学探求的是外部对象的"本然"，道德呈现的是主体自身的"应然"，前者只能从个别现象入手，后者则要求从心之本体出发。德性之知与见闻之知在人类生存中二者相辅相成，构成心灵的双向运动，可视为宇宙大化的乾辟、坤翕两种对立趋向的体现。关于科学认识，我们已在第二编予以探讨，对于德性所知如何实现，我们将在下一节通过探究"诚明"予以阐释。如前所述，德性所知与诚明之知是可以互换的范畴。同时，也是与本节的"良知"（全称为"天德良知"）可以互换的范畴。

王阳明纯粹从道德角度化用《大学》中普遍认为是"入门"的两目，并且与其所持的"知行合一"观统一起来，蕴含有天然的逻辑。我们知道，康德将道德领域视为实践领域，认为支配人在这一领域活动的是"实践理性"，其实也包含有知行一体的思想。我们这里不妨再换一个角度予以论证：在康德的道德形而上学中，"实践理性"与"自由意志"是可以互换的范畴，而最为注重心性体认的中国先哲所普遍重视的"志"其实就是指自由意志。中国哲学的"志"范畴其实兼有知与行的内涵：道德活动高扬理想主义（应然之知），需要意志保证落实于行。理想与意志是一体之两面的关系，在中国哲学中分别称为"高远之志"和"强毅之志"。二者当视为一体，恰好关联着知、行两个方面。如果彼此脱节，就不能称为"有志"。

关于"知善知恶"的"知"和"为善去恶"的"行"，我们将在本章后两节进一步展开讨论。

"格物致知"是《大学》"八目"中关联的两目，按《大学》的意旨应该属于入门性质的初教。但千百年来聚讼纷纭，主要在于人们有的从认识论方面理解，有的从价值论方面把握，争论其实不在一个层次甚至不在一个领域①。王阳明年轻时信从朱熹的格物之说，曾与一位姓钱的朋友相约格亭前的竹子，以期豁然领悟天地之性，结果一无所获。后来王阳明幡然醒悟，"人人自有定盘针，万化根源总在心。却笑从前颠倒见，枝枝叶叶外头寻"（《咏良知》之三）。抛弃"即物以穷理"的获取见闻之知的路径，而将"格物"理解为从自家身心中去邪归正："格者，正也，正其不正以归于正之谓也。正其不正者，去恶之谓也；归于正者，为善之谓也。"（《大学问》）如此解释，其实已归之于"八目"中的"正心"环节，难以视为《大学》文本的正解，但对于建构道德形而上学是合理的创造性发挥。

站在价值论的立场，从"格物"跳跃到"正心"，其间包含去物之累的环节。此前司马光撰《致知在格物论》（《司马温公文集》卷十三）有一段中肯的论述："人之情，莫不好善而恶恶，慕是而羞非。然善且是者盖寡，恶且非者实多，何哉？皆物诱之也，物迫之也。桀、纣亦知禹、汤之为圣也，而所为与之

---

① 胡家祥．"格物致知"命题新解［J］．中南民族大学学报，2013（3）：81-85。

反者，不能胜其欲心故也。盗跖亦知颜、闵之为贤也，而所为与之反者，不能胜其利心故也。不轨之民，非不知穿窬探囊之可羞也，而冒行之，驱于饥寒故也。失节之臣，亦非不知反君事仇之可愧也，而忍处之，逼于刑祸故也。……所以然者，物蔽之也。故水，诚清矣，泥沙汩之则俯而不见其影；烛，诚明矣，举掌翳之则咫尺不辨人眉目。况富贵之汩其智、贫贱之翳其心哉！惟好学君子为不然。……依仁以为宅，遵义以为路，诚意以行之，正心以处之，修身以帅之，则天下国家何为而不治哉！《大学》曰：'致知在格物'，'格'犹扞也，御也，能扞御外物然后能知至道矣。"① 王阳明先生在《四句教》将"为善去恶"放在"知善知恶"之后，正是将"格物"放在"致（良）知"之后的根据。

对于何以能"为善去恶"，我们还有必要补充一个除去观念之蔽的环节。作为宋明心学的开山者，陆九渊在《杂著》中专有一则谈"养心莫善于寡欲"的文字，正是他开出的对治物之诱、迫的处方；不过他还倡导必须"涤妄"，则旨在对治观念之蔽。他注意到虚妄最害人，此心此理本来是天之所予我者，且坦然明白，对一些看似全无知的后生一说便能让他通透，因为他们没有人为的观念障隔；相反，一些勤学之士却迷惑不解，听不明白，就是由于他们已被一些支离之说缠绕，为那些浮论虚说所蒙蔽②。相对而言，"寡欲"是去外累，"涤妄"是去内累，经过这番功夫以后，"内无所累，外无所累，自然自在。才有一些子意，便沉重了。彻骨彻髓，见得超然，于一身自然轻清，自然灵"（《陆九渊集》卷三十五）。在越来越注重舆论宣传或"公关"的现代，要保持本心不改、良知不昧，除去观念之蔽的必要性愈加显豁。遵循同样的心路历程，王阳明倡导"日减法"："吾辈用功，只求日减，不求日增。减得一分人欲③，便是复得一分天理。何等轻快脱洒，何等简易！"（《传习录》上）良知本是"人人之所同具者也。但不能不昏蔽于物欲，故须学以去其昏蔽。然于良知之本体，初不能有加损于毫末也"（《传习录》中）。

以上两重超越或去累，决定着"为善去恶"的道德实践所达到的境界。有些人沉迷于食色之性，常为物欲所困，一辈子在功利境界中挣扎。贤人能见利

---

① 司马光．司马温公文集（四）[M]．上海：商务印书馆，1936：299.
② 王阳明也有类似经验，见下一节的引证。
③ "人欲"不仅包括食色之欲，还包括权力欲等，所以真正地减"人欲"须实现对感性与知性的双重超越。

思义，非礼勿动，达到循礼守义的伦理境界，当然，不可忽视一些乡愿也混杂其中①；圣人则实现对物欲与妄念的双重超越，出神入化，上下与天地同流，从心所欲不逾矩，因而成为人格修养的典范。

总之，只有除去或超越物之诱迫之累、观念屏蔽之累，个体心中的天德良知才能得以呈现和一以贯之地践行，这样的主体才是一个真正自由的主体，道德才真正是一个自由的领域。

第二十六节　诚与明

中华文化的儒道释三家都一致肯定和珍视"明"，《礼记》讲"清明在躬，气志如神"，《老子》讲"知常曰明"，佛家从印度传来，印度的"吠陀"即明。汉语的"明"是会意字，在认识论领域，从主体看表示对事物的洞察，就客体而言指其本来面目的朗现。思孟学派在价值论领域用功最力，尤为大力倡导"诚明"。

一、思孟学派赋予"诚"的深刻含义

汉语的"诚"《说文》释为"信也。从言，成声"，是一个形声字，初义当是指称言之有信。《增韵·清韵》释为"无伪也，真也，实也"，是一个形容词。而后发展出表示心理活动的动词，如"诚其意"。至思孟学派提升为极为重要的哲学范畴。

在中国古代，无论儒家、道家还是释家，其实都重视诚。道家中的庄子学派多处言及"诚"，如强调"不精不诚，不能动人"（《庄子·渔父》），告诫统治者"修胸中之诚"（《庄子·徐无鬼》）。唐代释道世撰《法苑珠林》120卷，其中专列有"至诚"篇。儒家中最为推崇诚的莫过于思孟学派。《中庸》一书集中讨论"圣人之道"，其核心观念并非"中庸"而是"诚"：开篇"天命之谓性，率性之谓道，修道之谓教"三句，就是论诚的伏笔，后文"自诚明，谓之

---

① 老子在《德经》开篇指出"失仁而后义，失义而后礼"，礼为"忠信之薄""乱之首"；庄子批判"窃钩者诛，窃国者诸侯"的社会现实；孔子也指出："人而不仁，如礼何？"均见出社会伦理的局限性。就近取例，抗日战争时期，解放区、国统区和敌占区各有不同的伦理规约，某些乡愿以能从容游走于三个不同区域之间而自得，志士仁人则视之为"德之贼"。

性；自明诚，谓之教"正好与之照应。《中庸》批判道德活动中"反身不诚"的情况，就过程而言倡导"至诚不息"，就结果而言则描述"至诚如神"。"诚"字在《孟子》中凡 22 见，虽然多为形容词，相当于"确实"，但有几处阐述得非常深刻。《孟子·离娄上》表达了与《中庸》相似的观点："诚者天之道也，思诚者人之道也。"《孟子·尽心上》更进一步指出："万物皆备于我矣。反身而诚，乐莫大焉。""反身而诚"一语明确肯定这是一种复归于内心深处的精神活动，值得我们深入品味。

王夫之指出："说到一个'诚'字，是极顶字，更无一字可以代释，更无一语可以反形。尽天下之善而皆有之谓也，通吾身、心、意、知而无不一于善之谓也。"（《读四书大全说》卷九）的确，诚是联结天道与人道的桥梁，在心性活动中的地位举足轻重。首先，无论是体天之道，还是行人之道，均需一乎诚。有的学者认为，《中庸》论"诚"是对《大学》八目之一的"诚意"的发挥，其实未必然。前者较之后者远为深刻，其蕴含远为深广。其次，要达到诚的境界，需要反身内省，复朴归真。所谓"反身"不仅是一般意义上的反求诸己，还含有在精神上拨乱反正的意味。先哲注意到，人在现实生活中，由于受到各种感性欲念和知性观念的牵扯或束缚，诸如礼仪、事象等都可能存在矫饰、虚伪的情形，所以必须复朴归真，诚则既朴且真。最后，诚意味着寂然感通，尽心知天。《易传》所谈到的无思、无为和寂然不动、感而遂通的功夫，同样适用于诚。孟子倡导"尽心"，其实也强调的是诚：由尽心而能知性并进而知天，即诚者；由存心、养性而事天，即是诚之者或思诚者。至诚则可尽性，尽性则与天地参。

如此把握，当将"诚信"理解为具有表里关系的合成词，就像"志气""性情"等先哲常用词一样。一般说来，诚者由自，信者见他，诚在内而信在外。举例来说，一个唯利是图的商人未必具备内心之诚，但在某些场合仍能恪守信用，如为了放长线钓大鱼。可见信属伦理范畴，而诚则进入道德领域。

在中国传统哲学中，诚的境界既无内外之别，又无阴阳之分，是一种宇宙与人生浑然一体的体验。在"深蕴心理学"和脑科学取得较多成果的今天，我们有理由更推进一层说，诚可视为一种呈现人类集体无意识的心理活动；采用比喻的说法，它可视为一条心理境界线，达到此境界线则敞亮天理之本然。从意识到个人无意识，再到集体无意识，层层深入就叫"至诚不息"（实际上包含前述的去欲、涤妄等步骤达成的超越，屏蔽个人无意识和某些背离全人类价值的意识的干扰）。达到集体无意识，便敞亮天理之本然，整个价值系统在观念上

得以奠定坚实的基础，呈现孟子所描述的"上下与天地同流"或张载所倡导的
"大其心"和陆九渊所说的"宇宙内事，是己分内事"的境界，即可谓是"至
诚如神"。其中，还清晰可见人类价值系统中功利、伦理和道德三层次的分野。
（如图9-2）①

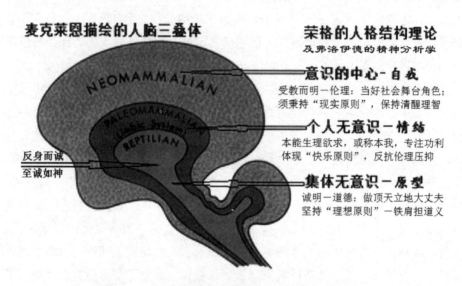

图9-2 反身而诚是主体呈现天德良知的有效途径，
合乎现代脑科学与深蕴心理学的成果

注：缘脑部分属于意识，部分属于个人无意识。

二、《中庸》的"诚明"与佛家的"一心开二门"

朱熹在《四书集注》中指出，《中庸》篇主旨"乃孔门传授心法"。并且
说，"所谓'诚'者，实此篇之枢纽也"。确为鞭辟入里之见。辨析"自诚明"
与"自明诚"的关系是理解诚的枢纽作用的关键。冯友兰先生在《新原道》的
论"易庸"节中认为，"天命之谓性，率性之谓道"，是自诚而明，"修道之谓

---

① 此图的左边部分见于麦克莱恩的《三位一体的脑》。其由内而外的进化为爬行动物脑
（REPTILIAN）、古哺乳动物脑（PALEOMAMMALIAN）和新哺乳动物脑（NEOMAM-
MALIAN）。
参照麦克莱恩描绘的人脑结构图，脑干部分直接联结脊椎。从小鸡的无壳孵化过程看，
两列脊椎在种蛋的胚盘中即已具有，且关联着心脏的起搏与血液的流动。脊椎一端联
结大脑，一端联结生殖器，在叔本华看来二者犹如太阳的光和热（《作为意志和表象的
世界》第39节）。按本书的观点，大脑功在把握信息，生殖器功在释放能量。研究人
类精神系统当重视研究脊椎的活动。

教"则是自明而诚。如此解释似乎将"率性之谓道"的中介地位给遮蔽了①：
性合天德，可修之道只能是人道。而以"由明得诚"为最高境界更是有待斟酌：
由诚而明当更为深入，见性毕竟比立教更为根本。以禅宗的掌故为例，饱读经
书的神秀可谓是自明诚，即由教而明，择善固执——他以心为明镜台，坚持勤
拂拭，其诚意可鉴；而六祖慧能则可谓是自诚明，虽不识经书，但寂然感通，
不思而得，见性而明——是为大清明，远远超越了神秀所达到的境界。由教而
明的局限性在于它一般只抵达知性层次，受教者的思想往往为平日之教所束缚。
正如《庄子·秋水》所指出的，"曲士不可以语于道者，束于教也"。

有意思的是，佛家的《大乘起信论》与《中庸》宣讲的心法不谋而合。
《大乘起信论》将每一个体心灵都看作一个完整的精神系统，存在趋向真如和趋
向生灭两种对立趋向。被称为"一心开二门"："显示正义者，依一心法有二种
门。云何为二？一者心真如门，二者心生灭门。是二种门皆各总摄一切法。此
义云何？以是二门不相离故。"

所谓"真如"有真实如常之意，即并非假有，而且不变异的绝对的实体；
所谓"生灭"是指色法具备因缘则生，失去因缘则灭，是具有相对性的万有。
以门比喻既形象又贴切，但真如门与生灭门其实并非两个门，而应该理解为一
个转轴门，向内转（收敛或坤翕）是开心真如门，向外转（发散或乾辟）是开
心生灭门，因而二门不相离。在佛家看来，向内转进入本体界为"净"，向外转
进入现象界为"染"。这是出世者的视界。即使持积极入世的态度，仍然应该承
认这种心法，向内收敛而感通天之道，虽然纯粹但转向实践、应对现实情境时
不免发生某种异化，导致修道立教的局限性。这正是由道德转向伦理所不可避
免的法则，犹如细胞在复制中出现极小概率的误差，而正是这些极小的误差调
整了生物对环境的适应。因此，只要求明心见性仅适用于寺院中的僧侣，着眼
社会大众，修道立教不可或缺。（如图9-3）

如前所述，结合20世纪"深蕴心理学"和脑科学的新发现，我们更能理解
"诚"是达成实践理性或自由意志呈现的阀门或枢纽。精神分析学在心理动力学
意义上区分了意识、个人无意识和集体无意识，在人格系统意义上区分了自我、
本我和超我三层次，与麦克莱恩发现人脑自内而外包含爬行动物脑、旧哺乳动
物脑和新哺乳动物脑三层的进化理论是相通的。其中，最外在的新皮层具有修

---

① 《世说新语》记载了阮籍、刘伶一些率性而发的行为，自然不违道，但在社会化生存中
却被看作是任诞，因而社会习俗需要"修道"。

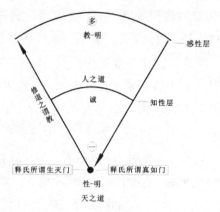

图 9-3   《中庸》"自诚明"与释家"一心开二门"的会通阐释

道立教的功能，故能因时因地建立各种伦理规约，深蕴心理学称为"意识"，其中心是"自我"；旧哺乳动物脑即边缘系统是人类保留着动物界的食色本能的场所，本能地运用功利尺度，深蕴心理学中的荣格派认为系个人无意识，即人格系统的"本我"；爬行动物脑处在联结脊椎的脑干部分（有理由认为它最接近自然之道），荣格称这一层次为"集体无意识"或"超我"①。思孟学派所论述的诚明当理解为去知性观念之蔽（相当于《庄子》描述"坐忘"中的"忘仁义"）、再去欲念之蔽（相当于"坐忘"中的"忘礼乐"）而实现的存在的澄明。

三、重振人文精神宣言："我诚故我在"

近 500 年前，笛卡尔在《论方法》中提出"我思故我在"的著名命题，确立了人的认识主体地位，从根本上促进了科学精神的高扬。经历了 17 世纪以来科学技术的迅猛发展，面对今天人类生存的挑战，我们有必要提出"我诚故我在"的口号，重振人文学科，确立起人的价值主体地位，从根本上促进人文精神获得与科学精神相匹配的重振。

人类的生存与繁衍，一方面要处理好与自然界的关系，以便有效而合理地利用物质资源；另一方面要处理好人的族类内部的关系问题，旨在保持一种既有公平竞争又能团结互助的族群秩序。从文化建构角度考察，前者催生自然科学，在康德看来是"人为自然立法"；后者催生人文科学或称价值科学、精神科学，在康德看来是"人为自身立法"。显而易见，这两种立法对于人类生存和发

---

① 荣格明确指出弗洛伊德所谓"超我""意指集体无意识"（荣格．原型与集体无意识 ［M］．北京：国际文化出版公司，2011：5．）。

展都必不可少，落实个体是认识与评价的双向运动。比较而言，认识属于能力，主要功用是分辨真假，评价则基于需要，主要功用是分辨善恶。

二者其实为天地之道在人类身上的体现：坤翕表现于认识，所以在获取新知过程中，综合比分析更为根本；乾健体现于评价，其实是以人的族类、特定群体以及个体的需要为尺度向外发散、断定善恶。二者的形影不离和相辅相成蕴涵某种"自组织"，在黑格尔的历史哲学中称为"理性的狡计"，潜在制导着历史的进程。

欧洲的历史较为典型地体现了历史发展的辩证法。古希腊时代的百家争鸣便开启了自然科学的研究热潮，其中亚里士多德是多个自然科学学科的开山者，毕达戈拉斯学派的塔克士多德甚至推断出地球在环绕太阳转动。如果按这种势头直线发展，有可能不久就能造出毁灭人类的武器。好在随之而来的是希伯来文化的输入，让人们在精神领域得到千年洗礼，基督教以上帝的名义立法，建立起一套较为稳固的价值系统——西方有识之士（如怀特海等）也认识到"黑暗的中世纪"实有其独特的历史贡献。

从文艺复兴到启蒙运动至今，虽然在名义（口号）上恢复了对人文精神的推崇，实际上主要成就是自然科学及相关技术的突飞猛进，真可以说是日新月异。由远而近，从太阳中心说的提出，地理大发现，生物进化论到人类基因工程……20世纪中叶出现、至今方兴未艾的"复杂性科学"站在新的时代起点上更是致力于打通有机界与无机界的壁垒，将生物进化论扩展到宇宙进化观。人类认识自然（包括人类肉体自身）的步伐气势恢宏，但是残酷的军备竞赛已足以毁灭地球村许多遍、竭泽而渔的开发导致地球超载日越来越提前，以及大到国际的霸凌主义肆虐，小到日常生活中诈骗的遍地开花……无不呼唤着人文科学的复兴，以取代宗教确立人类价值系统的功能。爱因斯坦曾指出，"科学没有宗教就像瘸子，宗教没有科学就像瞎子"。① 科学与宗教的这种相辅相成完全适用于本编所讲的自然科学与人文科学之间的关系。据此考量当代人类文化系统，可以说是一种有些畸形的"瘸子"文化。

由此可见，在自然科学持续发展的同时，振兴人文科学乃是当务之急。人文科学关注的是人类生存的价值和意义，加入想象因素则为精神家园。如何普遍地提升人类的精神境界，窃意必须突出一个"诚"字，因为诚是天、人接壤

---

① 爱因斯坦. 爱因斯坦文集：第3卷［M］. 许良英，等，译. 北京：商务印书馆，2010：217.

的界域，"诚者"跨入心灵第三层面，实即孟子所讲的"尽其心"而知性、知天，于是主体在不经意间循天道而树人德。

基于诚，人们自然而然能老吾老以及人之老，幼吾幼以及人之幼；已所不欲，勿施于人；已欲立而立人。谁丧失诚，他就可能成为唯利是图且不择手段的魔鬼，更为普遍的是成为社会舞台的一个随机赋予的角色，空有面具而没有灵魂。

孟子强调"先立其大者"实际是要求按理想原则为人处世；倡导"反身而诚"则是要求实现对"本我"的快乐原则与"自我"的现实原则的双重超越。先哲常讲"不诚无物"，可能是一种体验性的感受。理性一点说，不诚确是人存在的一种虚妄状态；反过来说，则是："我诚，故我在。"

如果说笛卡尔的"我思"确立了认识主体，那么中国哲学倡导的"我诚"则挺立起价值主体。从个体人格的建构到社会文化的发展，都需要融合各有千秋的西方文化和东方文化，因为二者刚好在才与德或认识与价值领域各领风骚。

并非巧合，无论是"我思"还是"我诚"，其实潜在遵循相似的精神历程，借用老子的话语是"日损"法，即实现对意识、个人无意识的两重超越，以达到心灵的深处。笛卡尔的"我思故我在"以怀疑主义为先导，至胡塞尔的现象学分析为"存在的还原"和"历史的还原"，分别表现为悬搁感官接受的外部存在的信息（感性）和历史流传下来的文化信息（知性），而中华先哲潜存的"我诚故我在"的思想可以用庄子的多种话语表达："离形""去知"（《大宗师》）或"忘机""忘非誉"（《天地》）——其旨归"同于大通"或"复朴"，从心路历程角度看通于《中庸》所述的"至诚如神"。

总之，真正达到"我思"且"我诚"，就是敞亮心灵第三层面、达到存在的澄明。如果人的族类的所有成员都能合二者为一体，就是《周易》作者所倡导的"与天地合其德，与日月合其明"的人，就是马斯洛所倡导的"自我实现"的人，这种人坚持站在全人类立场上思考问题和评判价值，当代面临的威胁人类生存和繁衍的一些基本问题都有可能迎刃而解，必将有利于促进建构人类命运共同体乃至世界大同的高远目标的顺利达成。

第二十七节　德与福

德与福是一对矛盾范畴，二者能否达到等值调和，是人类面临的千古难题，如果二者具有等值互换的自然法则，那么世间就会普遍修德了，因为幸福是人类的普遍追求。爱因斯坦在《我的世界观》一文中特别谈及叔本华的一句名言深深地影响了他的人生观："人虽然能够做他所想做的，但不能要他所想要的。"①这句话就涉及本节讨论的主题。

一、德、福不相当是冷酷的现实

在德、福相对的场合，"德"指人的品行方面的修养和觉悟，我们这里特别着眼心灵第三层面的志与仁两端；"福"指人的社会方面的遭际和待遇，我们这里尤为注重当事者的切身感受而非外部的社会评价。《周易》指出"可久则贤人之德，可大则贤人之业"，与本节讨论的问题虽领域不同，但就潜在性与现实性的关系看又有关——真正的自我实现者一般视事业的成功为最大的幸福。

应该承认，华夏先哲普遍持有德福相当的乐观主义的态度，如《周易·文言传》的作者就断言："积善之家，必有余庆；积不善之家，必有余殃。"这种观点在民间普遍流传一种通俗说法："善有善报，恶有恶报。不是不报，而是时候未到。"若果真如此，可以劝勉人们行善积德，而让肆意作恶者有所忌惮，能发挥积极效用。然而人们不能无视身边发生的另一类事实，经常不能不叹惜"好人寿夭，王八千年"。韩愈曾撰写《天之说》表达这种德福相悖的悲慨。他站在自然哲学的立场认为其中可能蕴含这样的哲理：大自然像一棵大树，人类像寄生于其上的虫子。越是谋求通过改造自然而为人类谋福祉的人，对自然母体的损害就越大，因此就越遭到天地的惩罚②。这或为一时戏言，但不失于一种言之成理的解释。按照这种解释，越为人类谋福祉的有德者越是没福。

比较而言，孟子观点较为公允。他站在道德哲学立场上区分性与命，其实是这个问题的另一种说法。他提出修身以俟命的观点，既不回避现实，又积极寻求超越，使道德真正建立在意志自律的基础上。③ 孟子以天爵为德，以人爵

---

① 爱因斯坦. 爱因斯坦文集：第3卷 [M]. 许良英，等，译. 北京：商务印书馆，2010：55-56.

② 韩愈："物坏，虫由之生；元气阴阳之坏，人由之生。虫之生而物益坏：食啮之，攻穴之，虫之祸物也滋甚。其有能去之者，有功于物者也；繁而息之者，物之仇也。人之坏元气阴阳也亦滋甚：垦原田，伐山林，凿泉以井饮，窾墓以送死，而又穴为偃溲，筑为墙垣、城郭、台榭、观游，疏为川渎、沟洫、陂池，燧木以燔，革金以熔，陶甄琢磨，悴然使天地万物不得其情，冲冲，攻残败挠而未尝息。其为祸元气阴阳也，不甚于虫之所为乎？吾意其能残斯人使日薄岁削，祸元气阴阳者滋少，是则有功于天地者也；繁而息之者，天地之仇也！"（《天之说》，见于《四库全书·柳河东集卷十六·天说》）

③ 严格说来，祈求得福而修德是不纯粹的，是意志的他律，缺少心灵之诚。

为福，认为前者是"求则得之，舍则失之"，操之者在我，因而当努力从事；对于后者则当"求之有道"，但须知得之有命，求之未必能得之，所以当修身以俟（《孟子·尽心上》）。由此可见，在孟子的学说中，道德领域是一个真正自由的领域。

依照现代的视界，德与福的相当与相悖是一个概率问题。从历史的长河看，二者相当的比例也许过半，但也绝不能否认二者相悖的事实广泛存在：一场战争、一次瘟疫、一次海啸或地震，给予相关区域的人们以毁灭性打击，不会分辨有德者和缺德者而确定存亡。在一种社会秩序混乱的时代，缺德的投机钻营者更易于得势，盛德的踏实奋斗者更多受屈。诗人因之嗟叹："郁郁涧底松，离离山上苗。"（左思《咏史》）毋庸置疑，随俗浮沉较之坚持道义更易于适应生存环境，而坚持道义原则者常受到压制。

从根源上追溯，虽然与天地合德者在信息方面（合理）占有优势，但环境的某种偶然性的能量过于强大，有德者的生存就不能不受到扭曲甚至夭折，成为悲剧人物——虽然他们代表着历史必然性要求，但是这种必然性在当时缺少成为现实的充要条件，因此他们不免受挫甚至夭折。人们创作和欣赏悲剧，是以期让他们在艺术的世界或理想的王国中获得永生。

二、关键在于如何看待幸福（福）

"幸福"是什么？迄今仍未出现公允的定义。这是因为对于不同个体，他所追求的幸福迥然不同，所以人们更多用一个主观性更强的"幸福感"考量其指数。被誉为"世纪智者"的哲学家罗素论幸福，实际上也主要围绕如快乐、兴趣之类感受讨论。幸福感是与满足感、快乐感、恬适感等联系在一起的。例如，伯夷、叔齐放弃王位继承而避乱于何首山，为自己的选择而恬适，所以孔子认为他们是"求仁得仁，又何怨？"（《论语·述而》）。释迦牟尼放弃继承王位而选择苦行生活，寻求人类灵魂的救赎和苦难的摆脱，同样是自己的价值选择，不宜视为无"福"消受。不然便是"以小人之心度君子之腹""燕雀安知鸿鹄之志"了。

汉语有一个常用词很有启发性，在祝福语中常用"幸福如意"——这是一个联合式合成词。甚至可以视为同义复指。"如意"就是如愿，更进一层说就是"遂志"。个体生存客观上有各种需要、意愿、志向，既包含客观条件的考量，又反映个体的精神趋向，"如""遂"则表示这种指向未来的意愿、志向的达成，幸福感于兹产生。

由此可见，一个人的意愿、志向越低，就越易得到满足，但从价值角度衡量则较小。正像渴了意欲喝水，在湖边或在沙漠这种意愿满足的难度不同，价值因之不同一样。并且，从人的族类生存和繁衍角度评判，意愿、志向涉及的范围越广大，其价值就越高。理想人格能通天下之志，为全人类谋福祉，这一层级的"遂志"当是最高的幸福。

经验主义哲学家罗素富有睿智与情趣，对于人生幸福问题多有关注和言说。不过只是列举了大量如何激发兴趣和获得快乐的人生经验和随机体会，鲜见系统、深入的逻辑剖析。我们这里还是参考马斯洛的需要层次论，对幸福问题尽可能做一脉络稍清晰些的辨识。

人的最基本的需要是生理需要，这是人类邻近动物界的部分。身患疾病、久治不愈的人普遍认为健康就是幸福；身体健康但忍受饥寒的人认为能达到温饱就是幸福；达到温饱的人向往和谐的夫妻生活，并且能享受儿女绕膝的天伦之乐……罗素表述其经验观察说，"动物只要不生病，有足够的食物，便快乐了。我们觉得人类也该如此"①，他对现实并非如此而感到遗憾。笔者对此不敢苟同，窃意应该为人不停留于此而感到自豪。因为人之所以为人，还当有更高的追求，应该憧憬"诗与远方"。对人类来说，生存需要存在多个层级，需要层级的递升决定着不同人格幸福指数的品级。

解决了温饱问题的人们渴望有安定生活，自然而然，无可厚非。可是社会统治者或暴虐而制造动乱，或无能而让黑恶势力恣肆横行，让普通民众失去安全保障，对于安全的渴望成为幸福与否的关键指标。我国有些少数民族虽然生产方式落后，生活水平较低，但因能维持温饱和生活安全而拥有很高的幸福感，可能是因为他们易于知足而常乐。

生理需要与安全需要是人类生存的基本需要。在满足基本需要的基础上才能保证人们积极参与社会生活，产生爱和归属的意愿和自尊的意愿，注意融入社会群体并获得人们的尊重。《管子》中讲"知礼节"和"知荣辱"，恰好分别以"仓廪实"与"衣食足"为前提，实在是对社会生活的洞见。如果说礼节为"礼"范畴，那么荣辱则更含"义"范畴。心理层次的递升与幸福感的增强可以并行不悖。罗素说得好："幸福的秘诀是：让你的兴趣尽量的扩大，让你对人对物的反应，尽量的倾向于友善。"②

---

① 罗素. 罗素论幸福［M］. 傅雷，译. 北京：团结出版社，2005：1.
② 罗素. 罗素论幸福［M］. 傅雷，译. 北京：团结出版社，2005：172.

如果说人类生理需要的满足主要取决于认识和利用自然资源的程度，爱与归属及其之上的自尊需要都能促进个体向特定社会生成，那么人类自身还有一种超越性的需求是自我实现的志向，它甚至可以说是人之所以为人的本质。真正的自我实现者超越一己之需，甚至超越特定群体之限，致力于为全人类谋福祉。在马斯洛看来，这种志向作为潜能其实人人具有，只是大多数人可能怀有"约拿情结"而未能呈现而已。王阳明纯粹从道德修养着眼也指出："人胸中各有个圣人。只自信不及，都自埋倒了。"（《传习录》下）无论是从个体需要的层级还是从其有益于人的族类的广泛性看，自我实现应该是幸福的最高追求，当具有最大的幸福指数。一般而论，个体对人生有不同选择，其高远的人生理想的实现对其本人来说当是最大的幸福。

三、自我实现者当视为兼得德福

按照马斯洛等人本主义心理学家的观点，人类心灵存在"某种上帝般完美的可能性"，它"使这个人成为有完美人性的，成为这个人能够成为的一切"①。这就从根本上决定了其生存需要必然地从较低层次向最高层次递升。按照本书的视界，这种完善的可能性就是志与仁，或者说自强不息与博厚载物两种共轭的基本德性（分别为盛德与厚德）的结合。

但是较之橡籽迫切地要长成橡树复杂一些，人类成员中只有极少一部分能达到自我实现。这是什么原因呢？当从主观与客观条件两方面探究。主体方面必须考虑个体气质之性的差异，气之刚柔与智之颖钝参差不齐。两个毅力与能力相差悬殊的个体，也许在幼儿园时都憧憬同样高远的目标（如成为科学家），结果却大不一样。客观方面必须考虑社会环境与个人际遇。

排除非正常的社会环境且着眼气质之性平常的大多数人，个体的价值选择对于本人的人格成型异常重要。

如果为机遇和能力所限，只能以满足生存的基本需要为目标，一辈子就只能徘徊在功利境界。如果唯利是图、贪得无厌甚至不择手段，最基本的伦理、道德观念均抛之脑后，这种人充其量不过是精于钻营的"小人"——这种人与动物的区别只是加持了机巧之心而已。

如果有幸受到良好的教育，获得适合自己所长的岗位，兢兢业业，恪守职业"道德"；遵纪守法，尊老爱幼；爱财而不贪财，循礼而不阿谀。在中国传统

① 马斯洛，等. 人的潜能和价值［M］. 林方，译. 北京：华夏出版社，1987：73.

文化中常视为君子，他生活在伦理境界中，拥有一份精神的踏实和宁静："平生不做亏心事，半夜不怕鬼敲门。"

如果坚持倾听良心的呼声，决心将毕生贡献给促进人类进步的事业，既自强不息又热爱大众：志在为全人类谋福祉为厚德，落实在自己所从事的领域勇于开拓创新为盛德，视虚名、利禄为身外之物；以"世界公民"的身份自居，不以特定群体的是非为是非；追求与天地合德，坚持以奉献为乐，尽管他过得清贫，但总是拥有快乐，因为事业的进展是其快乐源泉。

马克思就是这样的真正自我实现的人。他将一生奉献给人类的解放事业，有时甚至靠借贷生活，为了阐述他系统性的新思想，笔耕不辍。他曾自述自己的宏愿："科学绝不是一种自私自利的享乐。有幸能够致力于科学研究的人，首先应该拿自己的学识为人类服务。"① 他留下的思想，已经成为人类文化殿堂的宝贵财富。

在 17 世纪，有以笛卡尔、牛顿、莱布尼茨为代表的 400 多位科学家献身科学研究而终身未婚，人类历史将永远铭记他们的卓越贡献。怎么能说他们没"福"？爱因斯坦曾有机会担任以色列国总统，但他推辞不受。在他看来这并不是什么牺牲，因为他常称自己是"世界公民"，献身于促进全人类进步的事业，一直关注着全人类的生存和发展问题。除了考虑到自己在政治上过于天真之外，更主要的考虑是"方程对我而言更重要些，因为政治是为当前，而方程却是永恒的东西"②。

中国学界颇多为孔子惋惜，为他生前没有封王而不平，追念他为"素王"。其实孔子本人未必赞同这种观点。在他看来，"饭疏食，饮水，曲肱而枕之，乐亦在其中矣"（《论语·述而》），其时天下之无道久矣，孔子承担起唤醒世人的责任，奔波于诸侯国之间，差点饿死在陈蔡两国的路途中。但他依然乐观，自我描述道："发愤忘食，乐以忘忧，不知老之将至。"（《论语·述而》）孔子也是一位具有国际视野的思想家，远远超越了他所在的鲁国。他"登东山而小鲁，登泰山而小天下"（《孟子·尽心上》）。他的价值观念影响了中华民族数千年，他的伦理道德语录对于中华民族具有"圣经"的性质，建树了一套无须人格神介入而具有神圣性的价值系统，值得全人类所敬仰："天不生仲尼，万古

---

① 保尔·拉法格，等. 回忆马克思恩格斯 [M]. 马集，译. 北京：人民出版社，1973：2.

② 霍金，蒙洛迪诺. 时间简史 [M]. 吴文超，译. 长沙：湖南科学技术出版社，2009：130.

如长夜。"(《朱子语类》卷九十三)

应该说，自我实现的人都是身心健全的人，人所固有的他（她）无不具有。虽然在哪个领域他都有可能做得好，但个体生命毕竟是有限的，必须有所为而有所不为，有所舍才有所得，必须集中时间、精力从事某一领域的开拓创新。因此，世俗的利禄、虚名是应当舍弃、淡泊的部分，事业的成功才是自己最大的幸福——"乐莫大焉"！真正的自我（全人类性的）实现是最高的幸福。一个志在高山之巅的人决不会因为贪恋路边的花草而耽误登攀行程。拥有如此胸襟的人"只觉得自己是宇宙的公民，自由享受着世界所提供的色相和欢乐"①。罗素的这一描述恰好同孔子"饭疏食，饮水，曲肱而枕之，乐亦在其中矣"的体验相吻合。

李白称"天生我才必有用"是一种乐观主义的胸怀，真正的自我实现者当常持"天生我才必得用"的观念，不是消极地等待时机，而是积极地利用乃至创造条件寻求自我实现。如果人的族类成员普遍各尽所能，理想的社会就为期不远了！

结　语

本编我们有必要添一结语，回答在科学主义盛行条件下人们对价值系统建设的质疑。

一、反驳价值观念无用论

虽然我们在理论上阐述了价值论是人类生存的重要一维，不可或缺。但是一些读者未必关注理论本身的系统性和真理性，而更为关注其中观点的实效性。遵循学以致用的原则值得肯定，但是也不应忽视人文理论与生活现实存在一定距离——正像自然领域理论科学与工程科学相比距离生活现实较远一样。尤其在人文科学的价值论部分，社会充斥着各种尖锐对立的评价，"公说公有理，婆说婆有理"，互不相让，结果往往是谁有强力谁就取得话语权，唯一拥有话语权者才有理。——尽管这是普遍的历史事实，但是如果人们听之任之，那么同样显而易见：一个家庭奉行强权决定公理的法则，这个家庭就将破败；一个民族

---

① 罗素. 罗素论幸福［M］. 傅雷，译. 北京：团结出版社，2005：277-278.

奉行这种法则，这个民族就将衰落；整个世界奉行这种法则，人类社会就将倒退到动物世界。——藐视价值观培养的人大概也不愿出现这样的结果。

虽然大部分读者对价值论的功用并不藐视，但是结合生活现实，仍然认为它对个体无用甚至有害。价值论旨在确立道德观念，道德是一个自由的领域，道德自律是主体自己决定自己，为人处世仰不愧于天，俯无怍于人，活得真实而快乐。但如果生活在一饿狼式的谋取私利的群体中，似乎只有吃亏受损的份。这里又涉及德福不相当的问题，也是一个历史长期难解的问题，已见前述。这类问题的普遍存在恰好是人类成员普遍缺少人文修养导致的。如果普遍蔑视甚至仇视这种败类并完善相关机制，那么这种人就会成为过街的老鼠，人人喊打，无处藏身；像无缝可叮的苍蝇，到处碰壁，只能活活饿死。培养正确的人生观、价值观正是铲除这种唯利是图且不择手段的人的败类存活的土壤。这种老鼠、苍蝇越少，我们的社会生活岂不越好？

现实生活中，还常常听到一些人脱口而出地说："良知值多少钱？！"特别是在为某一群体（包括诈骗群体）谋利时，手段再卑劣也往往得到受益群体的默许甚至赞许。如 20 世纪中叶，德国纳粹曾为维护本民族的纯粹性残忍地迫害犹太人，文明的欧洲居然无力阻止，实在是人类的悲哀。人的族类内部存在不同民族、不同国家的利害冲突，因此对同一涉及这种利害冲突的事件有截然不同的善恶评价。可见在价值领域必须提升到全人类的立场才能正确评判①。怎样提升呢？其实每一个体心中都具有族类性，只要摒弃个体或特定群体之私的遮蔽即可呈现——它就是"良知"！可以说，人类若要有美好的未来，其中一大关键是每一个体都保持自己内心的良知（持善）——在人类制造的核武器足以毁灭人类自身许多次的当代，不难理解"良知实为无价之宝"②！

从人的生存需要角度看，功利、伦理、道德构成表里三层次，满足需要就可称为"善"，但个体性的功利具有排他性质，没有伦理道德的规范和制导常常表现为损人利己的恶。群体性的伦理规约对于制衡个体的任情纵欲具有重要意义，但是其制定不免存在强权成分，若不能与时俱进常常转变为束缚个体自由、剥夺基本人权的枷锁。唯有尊道贵德才具有全人类性的善，这就是《中庸》所讲的"率性之谓道"，道德才是真正自由的领域。

---

① 康德讲的实践理性实为具有全人类性的自由意志，它颁布的绝对律令即为"良知"。

② 2022 年，中美俄英法五个核大国共同发表《关于防止核战争和避免军备竞赛的联合声明》，强调核战争打不赢也打不得。五国为联合国安理会常任理事国，又是《不扩散核武器条约》法定的核武器拥有国，理当承担起防止核战争的责任。

二、反驳价值系统荒谬论

有的人会说，本编基本采用中国优秀传统文化遗产阐述全人类的价值系统，显然有以偏概全之谬；且阐述的多是古代观念，岂能适用于今？

笔者并非狭隘的民族主义者，治学和研究坚持择善而从的原则。中西方文化各有优劣，我国的梁漱溟、西方罗素等早有比较，笔者只是在完成《中国哲学原理》以后更深切地理解中华优秀传统文化在价值论方面的卓著贡献。本书第二编基本采用西方哲学的相关成果，第三编采用中国哲学的相关成果并非出于平衡心态的折中考虑，而是面向实际的从优选择。稍有遗憾的是没有较多吸收康德、亚里士多德的观点阐述，是为了保持观念、语词的一贯性，方便读者阅读和接受。

实际上，既然是基础理论或基本原理，就应该普适于人的整个族类。中华民族没有滋生出成熟的宗教，却存在着稳固的价值系统，这在当今世界是难得的精神财富，理当发扬光大，为世界各民族所共享。窃意中华文化的价值系统至先秦时代的思孟学派而完善。《中庸》开篇提出"天命之谓性，率性之谓道，修道之谓教"，可以说是无神论的价值论的纲领。同时，主张对待外物的诱惑"君子慎其独"，在逻辑上由内而外揭显了价值系统的三层次：道德—伦理—功利。至孟子更是十字打开，随机阐发而逻辑通贯。由表及里地分辨，对待情欲功利层主张"养心莫善于寡欲"，告诫梁惠王"独乐乐不如众乐乐"；在社会伦理层次，孟子较少言及礼而常讲义，评判武王诛纣王并非"弑君"犯上，"不过杀一匹夫而已"；他最为推崇的是道德层次，与《中庸》一样倡导"反身而诚"，因为由此可呈现良知，道德品性是非由外铄的"天爵"，比"人爵"更为珍贵。

西方现代学界的相关观念与中华传统的这种逻辑划分也见不谋而合：控制论的创始人维纳、大力宣扬"自组织的宇宙观"的埃里克·詹奇等众多学者认为人类生存的价值系统具有物质的、社会的和精神的三层；马斯洛致力于探究人的潜能与价值，他提出的生理与安全需要涉及功利层，归属和自尊需要涉及伦理层，而自我实现需要则进达道德层——献身人类的崇高事业并取得成就。虽然精神分析学与人本主义心理学大相异趣，但前者区分本我、自我和超我在逻辑上与之殊途同归。并且，麦克莱恩的脑解剖研究成果也为价值系统的三层提供了佐证。限于篇幅，我们姑且省略柏拉图、亚里士多德和康德、黑格尔等的相关观点，尽管观念存在差异，但不能忽视其殊途同归的情形。

表9-4 中西方关于人类价值系统在逻辑层次上的会通

本书所述人类的价值系统	运用原则以大统小 ［孟子揭示］	中国先哲的普遍观点		西方现代学界的相关揭显		
		孟子的观点荟萃	《中庸》的理论阐发	普遍流行区分	马斯洛的需要层次论	精神分析与脑科学
情欲功利	独与众乐	养心当寡欲	君子慎其独	物质的	生理安全需要	本我—缘脑
社会伦理	暴君可弑	正视智有凿	修道之谓教	社会的	归属自尊需要	自我—皮层
精神道德	天爵当尊	倡反身而诚	天命之谓性	精神的	自我实现需要	超我—脑干

三、坚持与天地合德的前景

本编虽然主要继承和阐发中国优秀传统文化遗产，但其实力图会通古今、融合东西方的思想成果，并且追求逻辑与历史的统一。虽然不免"坐而论道"之嫌，但并不贬斥功利活动，且坚持倡导积极入世、奋发有为的精神。知我罪我是读者的自由；面向事物自身立论，虽然或为一孔之见，也当是笔者的应有权利。

笔者将《周易》太极生两仪的宇宙观和"与天地合其德"的人生观结合起来阐释人类的价值系统，其实已见诸拙著《中国哲学原理》，本编更是明确提出道德是伦理的根基、道德存在于人类的集体无意识等新观点，可能会被视为在价值论领域的一次"冒险"，对人们的普遍习见造成一定冲击（系列论稿难以在刊物公开发表让我体会深切），但它恰好同爱因斯坦等站在现代科学前沿的思想家倡导崇拜"宇宙中无限高明的精神"相一致。本编抓住基元信息的"理一分殊"对价值论进行多层次、多维度的阐述，希冀揭示其潜在的逻辑系统。用心良苦但未必能让人信服。现在我们选取一则实例，来说明人类坚持与天地合德的光明前景。

1953 年，诺贝尔和平奖授予了德国医生史怀哲博士，他被人们称为"非洲圣人"，可以说是追求与天地合德的光辉榜样。

史怀哲于 1875 年出身于德国阿尔萨斯的一个牧师家庭。26 岁获得哲学和神学博士学位，并且在音乐演奏和宗教哲学研究方面崭露头角。无论是选择做一个学者、艺术家，还是担任神职人员，他都会是佼佼者。但在 29 岁时，他看到一篇文章，讲述法属赤道非洲（今日加蓬）恶劣的生存状况，迫切需要医疗服务，于是深为震撼（良知呈现，犹如绝对命令），他决定边做神学教授，边去医学院学习。至 38 岁才通过各项考试，获得医学博士学位。1913 年，史怀哲与新婚妻子一道，踏上陌生的非洲之旅。他在原始丛林中筹建诊所，为四面八方来求医的人免费治疗。50 年间先后 13 次进出非洲，在欧洲巡回演讲或举办音乐会筹措经费。其间，爆发了两次世界大战，战火曾延烧到丛林，史怀哲甚至被卷进俘虏营。获得自由后，他又开始重建医院，既当医生、护士，又要做泥工、木工的活。他的医院越来越大，至 1947 年，已拥有 45 间病房，除了他以外，还有 3 名医生，7 名护士。在二战期间，他的工作赢得交战双方的尊敬。1945 年年初，英德两国还在进行激战，但英国广播公司在无线电波中播放了庆祝德国籍的史怀哲大夫 70 岁生日的节目。1965 年，年逾九旬的他感叹说："上帝啊！当跑的路我跑过了，尽力了，我一生扎实地活过了。"同年 9 月 4 日，这位博爱而自强的老人辞世，安葬在医院附近先他而去的夫人墓旁。直到今天，仍经常有一些黑人前来献上鲜花拜奠。

应该说，史怀哲早年也是一个凡人，但难能可贵的是觉悟后择善固执。他大爱无疆，视天下为一家，正是因为站在全人类的立场上判断是非，做出人生选择，所以其价值观念根深而蒂固。这种道德精神不仅表现于仁民爱物的"厚德"，而且表现于生命不止而奋斗不息的"盛德"。神圣的观念伴随了他的一生，其一举一动都在履行神圣的使命，离世前的感言可见其心胸之"诚"。他真正是自我实现的人，其"自我"并非一己之小我，而是通天下之志的大我，所以受到全人类的尊敬和爱戴。如果所有的族类成员都坚持向他看齐，希贤希圣乃至希天，那么人世间该是多么美好！

我们易于理解，一个文明的社会，应该以德的自律为基础，同时还须以法的他律为辅助。反之，若人们普遍缺德而只能依靠法律维持，就显然不是文明的社会。由此可见，本编所探究的精神文明其实是整个社会文明的基础，它是人类建设美好未来、趋向理想社会不可或缺的一翼。

诚然，弘扬道德理想主义同现实生活的距离较远，似乎是悬浮于思想高空的"理想国"。但伟大的启蒙思想家康德对于人们鄙视柏拉图的"理想国"的严厉批评值得借鉴。

他写道："柏拉图的理想国……已经变成了一句成语……没有什么比粗俗地援引据说是与之相冲突的经验更为有害、更使一个哲学家感到有失身份的了，但这种经验是根本不会有的，假如在恰当的时候按照这些理念来作出上述部署，而不是由那些粗糙的概念取代这些理念、而正由于其取自经验就阻碍了一切善的意图的实现的话。立法和统治越是与这种理念协调一致地建立起来，惩罚当然就会越是罕见，而这时完全合乎理性的是，（像柏拉图所主张的那样）在一种完善的执政管理下惩罚一类的事将会是根本不必要的了。现在，即使这种情况永远也不会实现，然而这一理念毕竟是完全正确的，它把这一极限提出来作为蓝本，以便按照这一蓝本促使人类的法律宪章日益接近于可能的最大完善性。"①

在这段话中，康德不仅理直气壮地肯定了理想指引着社会进步的功能，而且蕴含了伦理（经验—概念）当奠基于道德（理性—理念）的学术思想。——而这正是本编立论的主旨。

---

① 康德. 纯粹理性批判［M］. 杨祖陶，邓晓芒，译. 北京：人民出版社，2004：271-272.

第四编 04

| 审美论：慕理想之境 |

　　康德深入探究"人是什么"这一基本问题，在撰写了《纯粹理性批判》和《实践理性批判》之后，他深深意识到在从感性出发的认识论与基于理性（志性）呈现的价值论或者说在"自然概念领地"和"自由概念领地"之间存在着"一道不可估量的鸿沟"，"好像这是两个各不相同的世界一样"，① 如何解释人类心灵与文化的现实统一性，因此决意撰写《判断力批判》，着重考察审美和目的论问题。的确，与康德同时代的语言学家、教育家威廉·冯·洪保就主张接受古希腊文化精神，培养多方面发展的人，他认为最鲜明展现人在宇宙中的地位的是各种文化创造，其中尤其以艺术最富有人性。美与艺术的创造（包括欣赏）往往能唤醒人的本质的全面复归。

---

① 康德. 判断力批判［M］. 邓晓芒，译. 北京：人民出版社，2002：10.

第十章　美与艺术的创造

　　身兼艺术家与理论家的歌德曾指出："我对美学家们不免要笑，笑他们自讨苦吃，想通过一些抽象名词，把我们叫作美的那种不可言说的东西化成一种概念。美其实是一种本原现象（Urphänomen），它本身固然从来不出现，但它反映在创造精神的无数不同的表现中，都是可以目睹的，它和自然一样丰富多彩。"① 超越抽象概念而期描述这种本原现象，实在是一个巨大的难题，德文中"美学"（Ästhetik）一词本为"感性学"，但迄今为止的美学理论都重在逻辑分析，当代学界有些新锐跃跃欲试企求建立凸现感性把握的美学，在这方面尼采的《悲剧的诞生》算是一座丰碑，我们的探讨不妨从述评尼采美学开始，易于展示感性把握的可能及其限度。

第二十八节　尼采的两种精神说

　　尼采哲学是一种诗化哲学。《悲剧的诞生》是他的处女作，既显现了作者的才华横溢，是一部"充满青春勇气和青春忧伤的青春作品"，又不免时有剑走偏锋的议论。一方面，他选择"用生命的透镜看艺术"，确有鞭辟入里之见，值得品味；另一方面，他又坚持"用艺术家的透镜看科学"②，试图用直观与体验取代理智，于是不可避免出现表达的含混不清。因此，我们当取一种既克服又保留的态度予以解读。

---

① 爱克曼，辑．歌德谈话录［M］．朱光潜，译．北京：人民文学出版社，1978：132.
② 尼采．一种自我批评的尝试［M］//悲剧的诞生．孙周兴，译．北京：商务印书馆，2012：5-6.

一、尼采所描述的酒神精神与日神精神

尼采在大学时代以研究古典和语言学才华出众，并热爱叔本华的哲学。24岁就获得巴塞尔大学的古典语文学教授职位，与生活在瑞士的音乐家瓦格纳结下友谊。适逢普法战争，他当了几个月的志愿卫生员，因身患重疾而退出战场。1870年年初，在瑞士阿尔卑斯山养病期间写成《悲剧的诞生》。该书原题为《悲剧从音乐精神中的诞生》，设定的读者主要是音乐家瓦格纳等，因此其立论和阐述剑走偏锋是自然而然所致，并非刻意而为。他35岁因健康恶化而中断教职，45岁更是陷入癫狂，此后经历10年沉疴而离世。——这种特殊身历应该是理解尼采哲学包括其美学思想的参考依据。

以古希腊的两位神祇——阿波罗和狄奥尼索斯的形象和精神解释悲剧的诞生，当是尼采的首创。就他自己而言，尤为得意的是他"第一个认真看待那一名字为狄奥尼索斯的神奇现象的人"（《偶像的黄昏》）。

按照古希腊的神话，日神阿波罗是宙斯和女神勒托的儿子，奥林匹斯教的最重要神祇之一。在荷马时代，阿波罗教是同狄奥尼索斯的农业教相对立的。贵族阶级一般崇拜德尔斐（Delphi）神示所——供奉阿波罗的主要神庙。阿波罗最古老的形象是个端庄匀称、长发无须的少年，他的标志是七弦琴、弓箭或竖琴、神盾，他是神圣、纯洁、优雅的象征。

狄奥尼索斯则是形态多变的外乡神，至少公元前2000年已传入希腊。据传他是宙斯和塞墨勒的儿子，在荷马史诗中，狄奥尼索斯并不在主要神祇之列。后来在普通平民中间却颇受尊崇——被奉为葡萄种植业和酿酒业的保护神，逐渐成为最受欢迎的神祇之一。纪念他的节日常有欢乐的特点，妇女头戴常春藤冠，身披兽皮，手执酒神杖，一路吵吵闹闹，疯疯癫癫，有时变成狂欢秘祭，人们突破习俗的禁忌，放纵作乐——狄奥尼索斯的通用别名"吕西安斯"，意为放纵、无拘束的。所以他又可视为狂放的生死（死而复生）之神。

尼采主要从本能冲动和形象状态内外两个方面描述日神精神和酒神精神。

他从生命的透镜看艺术，认为日神精神与酒神精神作为两种人的至深本能犹如"性的二元性"一样密切结合，决定着审美活动的进程和艺术作品的"生育"。"日神，作为一切造型力量之神，同时也是预言之神。按照其语源——他是'发光者'，是光明之神，也支配着内心幻想世界的美丽外观。"① 虽然"在

---

① 尼采. 悲剧的诞生［M］. 周国平，译. 北京：生活·读书·新知三联书店，1986：4.

酒神的希腊人同酒神的野蛮人之间隔着一条鸿沟"，但不容否认的是世界各地包括希腊的酒神节都体现了"一种癫狂的性放纵"，人的"天性中最凶猛的野兽径直脱开缰绳，乃至肉欲与暴行令人憎恶地相混合"，古希腊人虽然有所"抵抗"却未能幸免，"类似的冲动终于从希腊人的至深根源中爆发出来"①。

青年尼采尤为擅长描述两种精神的形象、状态。日神阿波罗和酒神狄奥尼索斯本身就是两种不同的神话形象，无须言说就能让人品味两种迥然不同又密切相关的艺术精神。尼采进而就近取譬，以"梦"为日常生活中的日神状态，而"醉"则是日常生活中的酒神状态。前者一般具有"美的外观"，"按照古罗马哲学家卢克莱修的见解，壮丽的神的形象首先在梦中向人类的心灵呈现，伟大的雕刻家是在梦中看见超人灵物优美的四肢结构"②；后者驱使人们打破一切禁忌，狂欢纵欲，是"整个情绪系统激动亢奋"，是"情绪的总激发和总释放"③。在这种情境中，个体解除了一切痛苦的根源，获得了与世界本体融合的最高欢乐。所以，酒神状态是一种痛苦与狂喜相交织的癫狂状态。

与梦的美的外观相联系，日神文化的典型是艺术中的雕塑。它在古希腊就达到了最高峰。可以说回溯艺术史，"首先映入我们眼帘的是奥林匹斯众神的壮丽形象"，而其中最有代表性的是阿波罗，从其结构形态的完美性而言，"可以把日神看作奥林匹斯之父"④。与醉的癫狂相联系，酒神文化的典型是艺术中的音乐，"一个人若把贝多芬的《欢乐颂》化作一幅图画，并且让想象力继续凝想数百万人颤栗着倒在灰尘里的情景，他就差不多体会到酒神状态了"。"此刻，奴隶也是自由人。"⑤

由此可见，日神精神代表着规范趋向，而酒神精神代表着解放趋向。一般而论，在审美和艺术活动中，本能的规范趋向要求合规律性，而本能的解放趋向则要求合目的性。尼采选取古希腊神话中日神与酒神两个神祇阐述"审美哲学"，从生命体验角度阐述其二元性的统一，实际上与康德、席勒和黑格尔等一再强调审美和艺术活动达成合规律性与合目的性相统一的思想殊途而同归。

---

① 尼采．悲剧的诞生［M］．周国平，译．北京：生活·读书·新知三联书店，1986：7-8.

② 尼采．悲剧的诞生［M］．周国平，译．北京：生活·读书·新知三联书店，1986：3.

③ 尼采．悲剧的诞生［M］．周国平，译．北京：生活·读书·新知三联书店，1986：320-321.

④ 尼采．悲剧的诞生［M］．周国平，译．北京：生活·读书·新知三联书店，1986：10.

⑤ 尼采．悲剧的诞生［M］．周国平，译．北京：生活·读书·新知三联书店，1986：6.

二、尼采对两种精神阐述的模糊含混

尼采著述，虽然不免"爱用逆理悖论方式发表意见"（罗素语），但是绝非无病呻吟，他的确有其深刻的生命体验和迥异于常人的视界。《悲剧的诞生》采用生命的透镜看艺术，不失为一种较为切当又别开生面的视角选择，打开一片审美与艺术哲学的新视野，但当他进而用艺术家的透镜看"科学"（主要注目于价值科学）时，弊病就凸现了：力图抛开理智和超越语言（狭义，指有确切所指的理论语言）的诗化言说并非普适于各个学科。罗素曾指出尼采的学说"没在专门哲学家中间、却在有文学和艺术修养的人们中间起了很大影响"①，可能就是因为这种缘故。

应该说，在撰写《悲剧的诞生》时，尼采著述的这种特点已经形成了。在可视为《悲剧的诞生》"晚到的序言"的《一种自我批评的尝试》一文中尼采坦率地承认：该书"比喻过度而形象混乱"，"毫无追求逻辑清晰性的意志、过于自信而疏于证明"，写作态度"高傲而狂热"，"有'狂飙突进'色彩"②。这些弱点可能都与尼采的特定气质（个性）有关，气质源于生理而表现于风貌，听任特定气质主导的阐述方便描述生命体验和外在形态，恰好脱离了一种学说所必备的"逻各斯"（思维逻辑和抽象语词乃表达之本）。

首先我们看到，尼采对于两种精神虽有大量繁复的形象描述，却没有一处较为系统、确切的概括界定。他以情绪的迸发、释放描述酒神精神，但是"意志"因素呢？他提出两种精神说无疑受到叔本华哲学的影响，有关酒神的阐述接近于叔本华所讲的生命意志；且他后来提出的"强力意志"等也与狄奥尼索斯相关，但他在冥想中"解谜"却未能穿透意志与情绪之间的壁垒。关于日神精神的描述更是仿佛有所顾忌。肯定其"光辉""壮丽"（可分解为庄严、美丽）等特征，如音乐中的"多立克式"、雕塑中"优美的四肢结构"等，却闭口不谈形式、法则、秩序等较为抽象因而普遍的因素——虽然言及"静观"，但静观难道不需要领悟这些因素，而只是局限于诸神的个体化模样？

其次，尼采对酒神与日神的关系的阐述虽然形象地类比于生育过程中"性的二元性"，但在阐述中却是以酒神精神为本源，日神精神须依赖万物的"个体化原理"（笔者管见，参照中国传统哲学，可理解为宇宙演化过程中的"理一分

---

① 罗素. 西方哲学史：下卷 [M]. 马元德，译. 北京：商务印书馆，1976：319.
② 尼采. 悲剧的诞生 [M]. 孙周兴，译. 北京：商务印书馆，2012：5-6.

殊"；参照黑格尔美学，可关联于理念的"感性显现"）才参与进来，赋予对象"美的外观"①。按照叔本华哲学，世界的本源是意志，世界向个体人感官的呈现则是表象。尼采似乎只意识到，酒神是本源的冲动，日神则表现于人对表象的幻觉。难道生育中性的二元性中的一元仅体现在婴儿降生的瞬间？看来尼采忽略了叔本华的另一处重要论述：意志与理式均具有本源性质，后者是前者客体化的不同层级，在每一层级上都给前者"套上一种格式"②。

比较而言，尼采是一个更为纯粹的"人类学哲学"（卡西尔语）家，他对酒神冲动与日神冲动的来源缺少进一步寻踪。这一点实在不及叔本华哲学。后者的玄思进入"宇宙学哲学"，将自然界的力都视为意志，同时吸收了柏拉图的"理式"说解释万物的生成；尼采的哲思则限于自己的生命体验与感官感受。也就是说，在叔本华哲学中，存在平行的二分（意志与理式）和表里的二分（表象与意志），尼采则只采纳了表里之分，与其在"前言"中所述的观点不免抵牾。随着他的关注点转向价值领域——伦理学，逐渐完全仰赖狄奥尼索斯的"泰坦式"冲动，力图将世人所信奉的上帝、真理等"偶像"一举粉碎，阿波罗似乎已无立足之地，因而表现于个体身上"梦"的状态也被归结为"醉"就在情理之中了。

鉴于尼采论述两种精神的上述欠缺甚至混乱，我们只有予以必要的修正才能延续这一美学观念的生命。

三、酒神精神与日神精神的延伸阐释

尼采对酒神精神与日神精神的描述虽然不免模糊含混，但他选取酒神与日神两种形象解释审美和艺术活动却是难得的创举。形象大于思维，具有较之抽

---

① 在"前言——致理查德·瓦格纳"中，尼采这样描述日神与酒神的关系："在某种意义上，［伟大的］叔本华关于藏身在摩耶面纱下面的人所说的，也可适用于日神。《作为意志和表象的世界》第一卷里写道：'喧腾的大海横无际涯，翻卷着咆哮的巨浪，舟子坐在船上，托身于一叶扁舟；同样地，孤独的人平静地置身于苦难的世界之中，依赖个体化原理。'……日神本身理应被看作个体化原理的壮丽的神圣形象，他的表情和目光向我们表明了'外观'的全部喜悦、智慧及其美丽。/在同一处，叔本华向我们描述了一种巨大的惊骇，当人突然困惑地面临现象的某种认识模型，届时充足理由律在其中任何一种形态里看来都碰到了例外，这种惊骇就抓住了他。……如果我们再补充上个体化原理崩溃之时从人的最内在基础即天性中升起的充满幸福的狂喜，我们就瞥见了酒神的本质，把它比拟为醉乃是最贴切的。"——依赖个体化原理才有日神形象，这一原理崩溃，就可见酒神的本来面目。

② 叔本华. 作为意志和表象的世界［M］. 石冲白，译. 北京：商务印书馆，1982：191.

象概念更为丰富的意蕴，呼唤人们在接受过程中参与创造。因此，我们有理由也有必要对这一学说进行延伸阐释。这并非无情的阉割，亦非为混沌凿孔（如庄子描述的），而是发掘其普遍意义和恒久活力。

尼采在孤独中冥思，在孤冥中体验，在虚静中捕捉审美活动的基元信息。也许经历了《老子》作者同样的历程："万物并作，吾以观其复。夫物芸芸，各归其根。归根曰静，静曰复命。复命曰常，知常曰明。"（《老子》十六章）"明"者，明其基元信息也。具体一点说，这基元信息是发散和收敛两种心灵趋向。依现代科学阐释，发散者为能量，收敛者为信息（结构秩序）。按尼采的体验，能量的迸发与扩张就是情绪的激发和释放，可以狄奥尼索斯标识；结构的规范为奥林匹斯山的诸神形象，可取其中最为典型的阿波罗标识。

若放下生命的透镜，用清晰的理智予以把握，心灵的两种基本趋向在亚里士多德那里分别表述为意向性的和认识性的，至康德追溯其先天的根据，分别命名为"实践理性"和"理论理性"——前者与"自由意志"是可以互换的范畴，后者则是指认识活动中将材料"纳入思维的最高的统一性"的"原理"。进入 20 世纪，随着"深蕴心理学"的兴起，探究的触角深入人类的集体无意识领域，尼采所讲的"至深本能"的二元性其实相当于荣格所揭橥的阴影原型和自性原型。前者是创造力和破坏力的源泉，狄奥尼索斯就是这样的形象；后者将纷繁杂乱的心理内容和谐统一在一起，阿波罗形象庶几近之。

从人类学哲学扩展到宇宙学哲学的考察，两种精神说可视为本书第六节所论述的"终极的对称"在审美领域的具体体现。在审美主体的心灵活动中，乾辟为意志的昂扬与情绪的迸发，坤翕为结构的规约与外观的和谐。并且，尼采以为美的外观是基于酒神冲动经个体化原理之后日神显现而形成的幻觉，正像《周易》的先哲所述："乾知大始，坤作成物。"尼采对于悲剧源于狄奥尼索斯精神，变深层的痛苦为创造的欢乐的描述，恰似《周易·文言·乾》对"亢龙有悔"的解读："亢之为言也，知进而不知退，知存而不知亡，知得而不知丧，其唯圣人（或作"愚人"）乎！"①

现在我们可以正视现代学界关于酒神精神与日神精神是理性还是非理性的争论，应该说持论双方各有所据。如判定为非理性的理由是尼采指的"本能"，

① 饶有趣味的是，有的注释者（如王肃）认为这里的"圣人"当作"愚人"。其实，尼采所描述的酒神形象在世俗看来当是圣人（具有超前的领悟）与愚人（昧于时势的把握）的合体人格。

判定为理性的理由是日神与酒神比照，当属于理性一端，日常生活中的"梦"和艺术门类中的雕塑都有理性因素的主导。笔者认为，关键是在哪种意义上运用"理性"一词：如果做广义的理解，特别是包括康德哲学所界定的"理性"范畴，酒神精神与日神精神作为"至深本能"都是理性的，如上所述，二者在心理动力学意义上或就其心理趋向上说分别接近于康德所讲的"实践理性"和"理论理性"；若是将理性等同于理智，通常将生命体验和情绪激荡都看成是非理性的，因此酒神精神无疑应该归入非理性领域，比照而言日神精神则是合乎理性的①。当然，在更为严格的意义上，梦与幻觉等感性知觉也当归于非理性范围，这样，就当将尼采美学视为非理性的代表。

由此进一步延伸，我们当直面一个更为棘手的文化难题：酒神与日神同宗教与科学两大文化领域的关联。既然酒神与日神作为两种对立趋向实为宇宙大化两种基本对立趋向在审美领域的体现，那么有理由相信，类似的对立趋向在文化世界中也有体现。

从尼采的著述来看，他既抨击宗教又否定"科学"。不过他所讲的"科学"主要指价值科学，针对的代表人物是苏格拉底而不是亚里士多德，因为尼采关注的是在伦理学方面建言立说；他抨击基督教与佛教，在于以狄奥尼索斯精神和强力意志思想比照它们表现"虚无主义"（主要指软弱、堕落），因此对于这类宗教颁布的信条，必须进行"价值重估"。依据生态学的高斯原理，尼采学说其实并非要废除宗教和价值科学，恰恰是要在这两个领域同生态位相近的既有文化争夺生存空间。

但若从他对酒神与日神的描述引申，酒神的迷狂与日神的静观则分别接近于宗教与科学，而且作为二者代表的音乐与雕塑分别关联着本体界和现象界，更是显然分别同宗教和科学密切相关。音乐与宗教一样，主要源自心灵第三层面，具有全人类性。我国的《乐记》描述"大乐与天地同和"，《吕氏春秋》更指出音乐"生于度量，本于太一"。在西方，柏拉图注意到，音乐有力量浸入心灵的最深处；歌德公允地指出："音乐显出最高度的精灵，高到非知解力所可追攀。"② 因此，与宗教有不解之缘；而雕塑特别需要知解力（理智）的参与，米开朗琪罗生前很多雕塑只是半成品；造型艺术家可能同时是严谨的科学家，如达·芬奇。

---

① 如前所述，尼采也将日神状态与认识活动联系在一起。
② 爱克曼，辑. 歌德谈话录［M］. 朱光潜，译. 北京：人民文学出版社，1978：236.

值得玩味的是，中华美学观念由音乐发端，注重心灵的自由表现；欧洲美学观念潜在地由雕塑发端，注重"体积和安排"，而安排包括"秩序、匀称与明确"（亚里士多德语）。中华民族缺少成熟的宗教，照样能生活得充实快乐，其信仰的需要可能是因为通过具有"乐教传统"的艺术和以探究道德优先的哲学得到补足；欧洲文化必然在自然科学领域拔得头筹，却又须依赖外来的宗教才能建立稳固的价值系统。科学与宗教确实是影响世界发展进程的两大文化力量，两种力量的冲突与和解、赢弱和亢进的偏移，也许包含着宇宙基本法则潜在制衡的"自组织"。企图扼杀其一，不过是痴心妄想；坦然地包容它们，视野则海阔天空。

迄今人类信仰的绝对存在，几乎无不是能量与信息的统一体，宗教中的"上帝"形象全知全能，哲学中的"太一""道""理念"等也莫不是能与式的统一。但在人类生存中，宗教文化之所以不同于科学文化旨在揭显和把握信息，而尤其在激活能量、确立价值方面见长，也许是因为科学文化主要来源于"见闻之知"，是由外而内的"反映"（认识），而宗教与道德文化则系"德性所知"，是由内而外的"呈现"（目标—价值）。人们若能普遍理解这一点，那么无论是东方民族还是西方民族，都应该尊重对方文化之所长，客观看待自身文化之所短，在人类走向一体化的过程中，相互学习、取长补短，携手开创美好的未来！

总之，无论尼采的诗化描述是否确切，他的两种精神说由于揭示了审美和艺术活动深层根本性的二元对立而蕴含强大的生命力。

第二十九节　现代审美心理学的阐释

在严格意义上，尼采确实一语中的："没有什么是美的，只有人是美的：在这一简单的真理上建立了全部美学，它是美学的第一真理。"[1] 也就是说，在审美活动中人们不自觉地运用人类的尺度衡量自然对象，并在相伴随的想象活动中将对象"人化"了，这一观点深刻而敏锐。尼采美学借助生命体验和独自冥

---

[1] 尼采. 悲剧的诞生［M］. 周国平，译. 北京：生活·读书·新知三联书店，1986：322. 歌德认为，美是一种本原现象与美离不开人的观点并不冲突。美是在审美过程中受理想制导形成的，而人的理想在康德、黑格尔等看来植根于理念。

想大力揭示审美或艺术活动中两种发自本体界的本能的冲动，现代审美心理学界则注重现象观察和经验总结的科学方法解释审美和艺术现象。二者刚好形成互补。

一、19 世纪出现的移情说：强调由我及物

移情是原始思维的一种突出现象。原始思维中的"万物有灵"，其实也意味着"万物有情"，人类将外在自然物的神化其实也是一种特殊形式的人化。

在西方，荷马史诗中已能见到移情现象，如作者称西西弗斯所推的那块总是滚回原位的石头是"无耻的"，便是将无生命的对象人格化了。亚里士多德在《修辞学》中注意到移情现象，并称为"隐喻"。近代以来，更是多有美学家论及。维柯把移情看作艺术思维的一个基本要素，他提出："诗的最崇高的工作就是赋予感觉和情欲于本无感觉的事物。儿童的特点就在把无生命的事物拿到手里，戏和它们交谈，仿佛它们就是些有生命的人。"①

我国古代美学范畴"兴"近于移情观念。《说文解字》释"兴"为"起也"。有的学者认为，"兴"极可能是原始人"合群举物旋游时所发出的声音，带着神采飞逸的气氛，共同举起一件物体而旋转"②。这样看来，它最先指原始人的抒发感情的行为。汉代郑众注《周礼》中曰："兴者，托事于物。""兴"又称"兴会"，南朝沈约在《宋书·谢灵运传论》中最先提出"兴会标举"命题，唐代李善认为，"兴会，情兴所会也。"（《文选注》）审美主体一情独往，万象俱开，兴也就是起情。情之所至，一切事物被人化、人格化。王逸认为屈原的《离骚》："依诗取兴，引类譬喻。故善鸟香草，以配忠贞；恶禽臭物，以比谗佞；……虬龙鸾凤，以托君子，飘风云霓，以为小人。"（《离骚经序》）辛弃疾词云："我见青山多妩媚，料青山见我应如是。"（《贺新郎》）显见是移情于物。

至近代，作为一种审美理论，据李斯托威尔的看法，移情说在 19 世纪初赫尔德反对康德美学中形式主义倾向的论战中已"最初萌芽"，赫尔德明确指出，美是在审美对象中生命和人格的表现，例如，花的美在于它表现了旺盛的生命力和幸福。后来，弗·费肖尔将移情现象称为"审美的象征作用"，它是"人把

---

① 维柯. 新科学 [M]. 朱光潜，译. 北京：人民文学出版社，1986：98.
② 陈世骧. 陈世骧文存 [M]. 台北：志文出版社，1975：237.

自己外射到或感入到自然界事物里去"，从而造成"对象的人化"①。罗伯特·费肖尔在《视觉的形式感》（1873 年）一文中发展了他父亲的理论，正式提出"移情作用"（Einfuhlung，德文意谓"把感情渗进里面去"）的概念。德国心理学家、美学家里普斯对移情说做了较为全面、系统的阐明，被公认是移情说的主要代表。

里普斯以古希腊建筑中多立克（Doric）石柱为例分析审美现象。这种石柱下粗上细，柱上有凹凸形的竖直槽纹，它承受了建筑物的压力，本身又有重量，若按科学的观点，石柱的力的方向是向下沉压和向周围膨胀，犹如举重运动员身体受力的情况一样。可是审美主体的心理体验却与之恰恰相反，我们对于石柱的感觉是它"耸立上腾"（纵向）和"凝成整体"（横向）。这种观照时产生的错觉显然不是来自石柱本身，而是来自它的"空间意象"。里普斯描述这种错觉说："在我的眼前，石柱仿佛自己在凝成整体和耸立上腾，就像我自己在镇定自持和昂然挺立，或是抗拒自己身体重量压力而继续维持这种镇定挺立姿态时所做的一样。"② 正是以这类现象为基础，里普斯对审美活动做了一般性的阐释："这种向我们周围的现实灌注生命的一切活动之所以发生而且能以独特的方式发生，都因为我们把亲身经历的东西，我们的力量感觉，我们的努力，起意志，主动或被动的感觉，移置于外在于我们的事物里去……"③ 这就是移情作用。在里普斯看来，审美活动就是人移情于物。

国外有的论者将移情现象分为两种，以人为对象的叫"单纯的移情"，以物为对象的叫"象征的移情"，这种区分虽然简单明了，但意义不大。笔者认为，移情有两种状态，涉及两个层次：一是炽热、强烈的情感外射，主要发生在心灵表层，可以称为"以我观物"；一是恬静、深沉的神志往复，超越欲念与知虑，进入性理层次，可以差强称为"以物观物"。邵雍从哲学认识论角度写道："以物观物，性也；以我观物，情也。性公而明，情偏而暗。""任我则情，情则蔽，蔽则昏矣；因物则性，性则神，神则明矣。"（《观物外篇》）严格说来，审美和艺术活动不存在什么以物观物，人类总是通过自己的眼睛观察世界，通过自己的心灵阐释世界，所以审美和艺术活动所呈现的是一个"心灵化"了的

---

① 参阅朱光潜．西方美学史：下卷［M］．北京：人民文学出版社，1979：601.

② 中国社会科学院文学研究所编．古典文艺理论译丛：第 8 期［M］．北京：人民文学出版社，1964：41.

③ 中国社会科学院文学研究所编．古典文艺理论译丛：第 8 期［M］．北京：人民文学出版社，1964：40.

世界。不过邵雍将心物交流分为情与性两个层次是很深刻、恰当的见解，情与性的统一才可能成为完整人格。审美活动中的移情完全应该理解为"移性情"，而绝不限于"移感情"，不体现性的情乃一己之私情，即使移入对象也与审美无缘①。我国历史上有些艺术家或批评家已注意到在艺术创作中有移"情"或移"性"的不同侧重，如白居易在《祗役骆口驿，喜萧侍御书至，兼睹新诗，吟讽通宵，因寄八韵》中写道："雅哉君子文，咏性不咏情。使我灵府中，鄙吝不得生。始知听韶濩，可使心和平。"

从 19 世纪末到 20 世纪初，移情说在西欧美学界获得广泛的认同。英国文艺批评家浮龙·李甚至把里普斯比作达尔文，认为移情说之于审美学就如同进化论之于生物学那么意义重大。美学史家李斯托威尔也对移情说推崇备至，他宣称："我们在移情论里，特别是在里普斯和伏尔盖特所提出的移情论里，已经找到了在美的广阔领域中活跃的这一精微奥妙的精神现象的最深刻的解说。"②

不过从总体上看，移情说偏重主体情感的外射或移置，虽然并未排除客体具有构成美的潜能的地位，但对客体的这种潜能如何拨动主体情感之弦相对来说研究不够。也许正因为如此，格式塔心理学的同构说在审美学领域就有了出现的必然和存在的理由。因此，我们今天若是将移情说与同构说结合起来，相互补充，或许能更完整地描述美的形成过程。

二、20 世纪出现的同构说：强调由物及我

中西方都注意到人与自然存在一种"同气相求"现象，意识到自然现象对于人的精神具有感发作用。

我国先秦出现的"比德"习惯，例如，以玉比君子，其中就包含有同构观念。有的论者认为，孔子所讲的"知者乐水，仁者乐山"，以自然物来说明不同人格的品质特征，"这实际上是在美学史上第一次揭示了人与自然在广泛的样态上有某种内在的同形同构从而可以互相感应交流的关系"③。比较而言，魏晋南北朝时期人们更是纯粹从审美角度描述人对物的感应，如刘勰写道："春秋代

---

① 苏珊·朗格认为，艺术是人类情感符号的创造，但缺少普遍性的情感如以私刑为乐的黑手党徒绕着绞刑架狂吼乱叫，刚把情人从危难中解救出来的痴情者浑身发抖，这类情感表现不需要艺术形式。

② 李斯托威尔. 近代美学史评述 [M]. 蒋孔阳，译. 上海：上海译文出版社，1980：3.

③ 李泽厚，刘纲纪. 中国美学史：第 1 卷 [M]. 北京：中国社会科学出版社，1984：145.

序，阴阳惨舒，物色之动，心亦摇焉。……是以献岁发春，悦豫之情畅；滔滔孟夏，郁陶之心凝；天高气清，阴沉之志远；霰雪无垠，矜肃之虑深。岁有其物，物有其容；情以物迁，辞以情发。"（《文心雕龙·物色》）① 自然界一年四季的更替，人的心境往往与物的气象相感应。这种感应关系在我们的先人看来是由"气"贯通的。气是什么？甚为难言，它仿佛是现代视界的质与能的统一体（仿佛具有波粒二象性），流注于无生命的物质与有生命的事物之间，甚至整个宇宙都可看作一气之所化。气动物色，物感人情，情发文辞，于是在"物一心一艺"之间形成一种力的波动的传输。

西方学者对于自然对象的形式结构与主体自身的心理结构的对应关系更是早有思辨。柏拉图、普罗提诺等以"理式"作为贯串心物关系的最原始也最根本的结构，并以之解释审美现象，其推测虽然难以证实和证伪，却不乏深刻性。现代格式塔心理学注重知觉的完整性，其基本观点在康德的著作中已见滥觞。康德认识到，"在鉴赏判断里却无疑包蕴着一种客体的（同时也是主体的）表象的扩大了的关系，根据这种关系我们把这类判断放宽到作为对每个人是必然的：所以必须有任何一个概念必然地做它的根基；……这样一种概念却是那单纯的纯粹的关于超感性界的理性概念"②。康德认为，只有确认它才能解释审美中的共通感和审美判断的普遍有效性。西方先哲的这类深刻推测至现代转变为经验性的实证，"力的结构"等提法应运而生。

同构说作为解释审美现象较为完整的理论是由格式塔心理学美学提出的。"格式塔"是德语 Gestalt 的音译．英文往往译作 form（形式）或 shape（形状），由于它强调整体地把握空间关系，实则"完形"之意③。格式塔心理学派由德国三位年轻学者——韦忒墨、考夫卡、苛勒在 20 世纪初期创立，其标志是在1912 年韦忒墨题名为《关于运动知觉的实验研究》的论文发表。格式塔心理学派在审美学领域的代表人物是美国学者阿恩海姆，他在《艺术与视知觉》等著作中对同构说做了大量的举例阐释。

同构说的倡导者力图通过科学实证的方式提出自己的理论观点，表明力的作用是事物的普遍联系形式。这一理论主要包括以下几个方面。

首先，它以这样的基本认识为前提："造成表现性的基础是一种力的结构，

---

① ［南朝梁］刘勰．文心雕龙义证［M］．詹锳，义证．上海：上海古籍出版社，1989：1728.

② 康德．判断力批判：上卷［M］．宗白华，译．北京：商务印书馆，1964：186-187.

③ 参阅滕守尧．审美心理描述［M］．北京：中国社会科学出版社，1985：98-99.

这种结构之所以会引起我们的兴趣，不仅在于它对那个拥有这种结构的客观事物本身具有意义，而且在于它对于一般的物理世界和精神世界均有意义。像上升和下降、统治和服从、软弱和坚强、和谐与混乱、前进和退让等基调，实际上乃是一切存在物的基本存在形式。……那推动我们自己的情感活动起来的力，与那些作用于整个宇宙的普遍性的力，实际上是同一种力。只有这样去看问题，我们才能意识到自身在整个宇宙中所处的地位，以及这个整体的内在统一。"①这段话带有宇宙观性质，它所表达的内容是同构说的基础。

其次，心物之间具体同构关系的建立之所以可能，是由于"经验到的空间秩序在结构上总是和作为基础的大脑过程分布的机能秩序是同一的"②。根据这个原理，在刺激与知觉之间不存在内容方面一对一的对应性，而知觉经验的形式与刺激物的形式则相对应。当外部事物的形状在视域中出现时，人的大脑不是被动地予以复写，而是因外部事物的"力的式样"而受到轻重不同的刺激，形成相应的电化学的力的式样。大脑皮层与外部事物是不同的媒介体（异质），但两种力的基本结构是相同的（同构），因此，这种知觉过程又称为"异质同构"。这样的论述似乎有些玄虚，但是若联系音乐喷泉和脑电图之类显见的"力的式样"，则并非不可捉摸。

最后，知觉过程的结果是人脑将事物知觉为统一的整体，它大于感觉元素之和。这里包含有创造活动，一方面体现于使对象"完形"化——在许多刺激的条件下，尽可能把对象的形状看成一个完整的图形，如人们为北斗星座、大熊星座的命名；另一方面体现于感受到对象具有某种活力和生命情调等性质——阿恩海姆认为，一块岩石，一株垂柳，一汪清泉等都和人体（特别在舞蹈中）具有同样的表现性。在经验派美学家那里，表现性一般被看作事物的形状（第一性质）、声色（第二性质）之外的第三性的质，即人们在知觉事物时由情感与幻象相结合而滋生的意味，也就是审美特性。有理由认为，表现性与完形化常常是相伴而生的，当人们将庐山中五个山头称作"五老峰"、将黄山上的一个山崖称作"松鼠跳天都"时，知觉便以"力的式样"为媒介直觉到对象的表现性，它便是审美的知觉了。

以同构说解释审美现象，已显示诸多优点。一是深化了"美在形式"说。

---

① 阿恩海姆. 艺术与视知觉［M］. 北京：中国社会科学出版社，1984：625.

② 苛勒语，转引自舒尔茨. 现代心理学史［M］. 沈德灿，等，译. 北京：人民教育出版社，1981：308.

它将两种"形式"观念（外形与结构）统一了起来，既注意事物的外形式（对象形状），又涉及事物的内形式（组织结构）。所谓"异质同构"，一方面可与"美在事物外观"的日常观念结合，另一方面又与"美在理式"的哲人之思相连，且在一定程度上脱去了后者的神秘性。二是深化了"美在主客观的统一"说。它揭示了在审美活动中主体与客体之间一个最初的契合点——对对象外观的知觉，让特定的景与特定的情联结起来，或者说，正是审美对象特定的力的式样，拨动了审美主体相应的情感之弦，构成美的形象的特定样态。朱光潜先生强调"物"须转化为"物的形象"的看法，由此而获得现代心理学的阐释。比较而言，"力量"一词是模糊的，偏于代数学的抽象，"力的式样（图式）"则相对明晰一些，偏于几何学的直观，因此，后者比较适宜于阐释审美现象。三是强调了审美活动中认识性的一面。它使"审美观照"有了更具体的规定，较之叔本华以审美为对于"理式"的"静观"的表述显得更为明确而易于把握，并且能弥补一些论者片面强调审美是情感外射的流行观点的不足。

不过，如果局限于这种观点，可能易于滑入形式主义的窠臼，对审美现象只能做一般的心理学（甚至近于生理学）层面的阐释，缺少具体鲜活的社会历史内容。它偏重主体对客体的感应，体现不出审美活动中充分的主体性。此外，还如心理学界所批评的，知觉结构本身是需要探究的，在这里却成了既定的东西，实际上是把所要解决的问题先期变成了公设。

三、美形成于第二世界：物我为一形象的生成

人是一个"小宇宙"，个体就是一个世界。人的无穷活力来源于同相对外在于他的物理世界和文化世界的物质、能量和信息交换，所以，考察人自身，应该兼顾三个世界。英国哲学家波普尔提出："世界至少包括三个在本体论上泾渭分明的次世界；或者如我所说，存在着三个世界。第一世界是物理世界或物理状态的世界；第二世界是精神世界或精神状态的世界；第三世界是概念东西的世界，即客观意义上的观念的世界。"① 波普尔虽然是在对科学活动的哲学研究中提出"三个世界"的理论，但这一理论对于认识所有关于人的现象都有重要意义，包括对认识审美现象也有指导意义。

所谓"物理世界"主要指自然界，所谓"观念的世界"主要指文化世界，而所谓"精神世界"则可以理解为主体的心灵世界。三个世界中，第二世界处

---

① 波普尔. 客观知识 [M]. 舒炜光，等，译. 上海：上海译文出版社，1987：164-165.

于中介地位。从人的整个族类来看，第二世界既是第一世界的"遗传"（先天）与内化（后天），又是第三世界的根基与雏形；而从人的个体来看，实践主体通过第二世界一方面认知、改良第一世界，另一方面又继承、创造着第三世界。显而易见，遮蔽了第二世界，第一世界与第三世界便成了两个互不相干的自在世界。

就审美活动来说，第一世界的自然物只具有构成美的潜能，如色彩悦目、结构比例适当等。并且，自然物的感性形式究竟是美的还是不美的，标准存在于第二世界中。"同构"说大致揭示了审美活动中第一世界与第二世界的契合点。当我们看到"一川烟草，满城风絮，梅子黄时雨"（贺铸《青玉案》），外部景物的繁乱之状激起的愁绪便纷至沓来；而当展现在面前的景物是"漠漠水田飞白鹭，阴阴夏木转黄鹂"（王维《积雨辋川庄作》）时，空蒙而清新之景观也唤起虚静而恬淡的心境。不过，如果仅仅停留于审美对象知觉表象的形成及其伴生的情绪体验，则人类美感与动物快感非常相似。美之所以是人类独有的文化价值，就在于人们在审美中超越这一层次，向审美对象注入了自己的心灵旨趣，这也就是所谓"移情"。

移情并不是、也不可能是主体将情感移置于外在的客体，而只可能是将它灌注于映现在第二世界中物的表象。当主体高兴时，眼中仿佛群山起舞，耳畔仿佛江河放歌；悲哀时，则似乎看见青山垂首，听到江河呜咽。作为客体，山川依然如故，只是其形状、声音进入人的感官后在特定心理场中发生了质的变异罢了。实际上，移情的"情"是泛指，包括表层的情与深层的性，涉及知、情、意诸因素，可以说，这里所谓的"情"特别指熏染了主体当下情绪色彩的相关文化观念。也就是说，移情是将主要源自第三世界的具体内容（观念融化于情感中因而具体）移入第二世界中业已形成的具体表象，所以不同文化修养的人往往在同一对象中见出不同的美。

当"同构"说将"活力""生命"等性质归入审美对象时，已涉及移情；而"移情"说中早就含有注意到同构的端倪，这从里普斯分析观赏古希腊多立克石柱的审美感受时可以见出。今天我们完全应该吸收二者的合理成分，用以对审美现象做统一的解释。"同构"说偏于注意审美对象的形式结构，"移情"说偏于注意审美主体的观念情思；"同构"说偏于强调审美活动中的生物性体验（情绪），"移情"说则偏于强调审美活动中的社会性体验（情性）；"同构"说注重于心灵的认识性一端，显示了"静观"在审美中的作用，"移情"说则注重于心灵的意向性一端，突出了"外射"在审美中的地位。完整的审美经验其实总是在这些对立维面中展开，美的形象也就是在这些对立趋向和谐统一中形成。

如果借鉴中国传统美学范畴，则大致可以说，同构近于"感物"，移情近于"兴会"。借用刘勰的话说，同构是"情以物兴"，移情是"物以情观"（《文心雕龙·诠赋》），二者合起来即是"目既往还，心亦吐纳"（《文心雕龙·物色》）。由于异质同构的基础是人的生理—心理结构，第一世界的客观物象嫁接于其上，移情中的文化观念是主体长期学习或思索的积累，第三世界的内容在审美时已存在于个体心灵中，因此，审美感兴只能在第一世界和第三世界的相关因素会聚于第二世界时发生。（如图 10-1 所示）

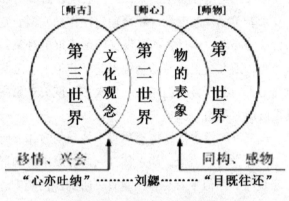

图 10-1　美形成于第二世界

基于上述，我们可以说：美是依据第一世界的客观事物的具体状貌和第三世界的文化观念的相关内容，按照第二世界的基本结构样态孕育的体现人类生存完满性的形象。

事实上，众多艺术家的经验切身有力地支持"美形成于第二世界"的观点。如中国画论中普遍倡导"师物""师心""师古"，就正好涉及三个世界；明代董其昌《画禅室随笔》有段名言就将三者（"路""胸""书"）统一纳入美的创造过程："读万卷书，行万里路，胸中脱去尘浊，自然丘壑内营，立成鄞鄂，随手写出，皆为山水传神矣。"

第三十节 艺术家的"双重身份"与艺术的场

前两节谈到审美活动中两种基本趋向。就审美主体而言，酒神精神与移情于物具有主动性，而日神精神与感物同构则具有被动性。正因为如此，艺术家们一般具有双重身份：既是主宰又是奴仆。从心灵趋向看，"主宰"近于价值主体，"奴仆"近于认识主体。由此可见，审美主体实现了二者的统一。

一、歌德"双重身份"说的内涵

歌德既是一个伟大的艺术家，擅长观察生活或艺术现象，又是一位杰出的理论家，擅长对现象进行理智的概括。① "双重身份"说当是他自身的切身经验的结晶。他在与爱克曼一道欣赏荷兰风景画家吕邦斯（或译"鲁本斯"）的一幅风景画时讲述道："艺术家对于自然有着双重关系：他既是自然的主宰，又是自然的奴隶。他是自然的奴隶，因为他必须用人世间的材料来进行工作，才能使人理解；同时他又是自然的主宰，因为他使这种人世间的材料服从他的较高的意旨，并且为这种较高的意旨服务。"②

所谓"奴隶"，是指艺术家必须用人世间的材料来工作，绘画艺术家"要恭顺地摹仿自然"尤其在"个别细节上""要忠实于自然"，例如，画一个动作，就不能任意改变骨骼构造和筋络的部位。如果任意改变，就会破坏那种动物的特性，其结果就无异于毁坏自然。所谓"主宰"，在歌德看来，它特别体现于"艺术创造的较高境界里"艺术家可以求助虚构而挥洒自如。例如，吕邦斯这幅风景画中用了从相反两个方向来的光，就是如此。将这对立的双重身份统一起来才是艺术家的整体，"艺术要通过一种完整体向世界说话。但这种完整体不是他在自然中所能找到的，而是他自己的心智的果实，或者说，是一种丰产的神圣的精神灌注生气的结果"③。歌德循循善诱的分析让人倾心折服。其实，我国艺术家也有类似的经验总结，如唐代山水画家张璪曾有类似思想的精炼表达："外师造化，中得心源。"

---

① 在西方学界，普遍以歌德为可与感性与理性和谐统一的古希腊人比肩的"完人"。
② 爱克曼，辑. 歌德谈话录［M］. 朱光潜，译. 北京：人民文学出版社，1978：137.
③ 爱克曼，辑. 歌德谈话录［M］. 朱光潜，译. 北京：人民文学出版社，1978：137.

应该承认，艺术家的双重身份可能因从事不同门类的艺术活动而主从地位有所变化，如从事造型艺术（或统称"再现型艺术"）者可能更为偏重奴隶身份，从事表现型艺术（音乐、诗歌等）者更为重视主宰身份，但作为一个"完整体"则必须肯定二者不可偏废。由此我们易于理解，郭沫若为何恰好持同达·芬奇相反的观念。达·芬奇认为绘画是一门科学，它应该是"自然的合法的女儿"，因为它是从自然产生的，确切一点说，甚至当称为"自然的孙子"；长于抒情的诗人郭沫若则大声疾呼：诗人应该是自然的"老子"！

作为一个以"楚狂人"李白为标杆的积极浪漫主义诗人，郭沫若可视为狄奥尼索斯精神的体现者，他创作时以自然的主宰自居，其实接近于宗教活动中以神自居。如果说再现型艺术近于科学，那么就可以说，表现型艺术近于宗教。从科学与宗教两大文化对峙的"场"中，来考察艺术文化的性质和特点、形态分化与嬗变规律，就不失为一种合理的视角。

从人类心灵角度切入，艺术是一种以感性形态呈现的文化形式，允许甚至要求鲜明的"个别性"或独特性；科学则是清澈理智的产物，是人类从不同角度探究现象界抽象法则的结晶品。由于理智及其创造的语言表达的局限性，只能把握世界的各个局部、各个侧面，因此严格说来科学是属于"特殊性"的知识王国。只有宗教，基于人类志性心灵能力，要求超越理智的局限性而把握宇宙人生的整体，其宣讲的观念指归于"无限"（绝对）的"普遍性"，往往既难于"证实"也难于"证伪"，严格说来，它携载和传授的不是知识而是信仰。人类若具有清澈的理智而保持科学的精神，就会赞同培根的观点："人是自然的仆役和解释者。"在巨大的自然力面前，如果不遵循其必然性却逆流而动，只会碰得头破血流；但是从宗教和道德的角度看待世界（或称为"自身立法"），人的主体性就必得高扬。唐五代时的智通禅师临终唱出一偈就深得主张"自作主宰"的陆九渊的共鸣："举手攀南斗，回身倚北辰。出头天外看，谁似我般人？"（《五灯会元》卷四）

如果说科学文化要求忠实必然，那么宗教与价值文化则要求体现自由。审美与艺术文化架设起连通必然领域与自由领域之间的鸿沟。两位德国伟人——哲学家康德与艺术家歌德虽然生前没有交集，但其思想又一次"不期而遇"①。

---

① 与欣赏鲁本斯的画作同一天，歌德对爱克曼谈及自己与康德没有私人交往但存在思想的交集："康德没有注意到我，尽管我本着自己的性格，走上了一条类似他所走的道路。"

如此看来，艺术、科学和宗教，刚好对应人类心灵的三层次之分。

二、"双重身份"与人类把握世界的基本方式

人类作为一种有意识、有主观能动性的存在，总是企求把握世界。人类创造的文化大厦，可以说就是通过文化符号把握世界的产物。

人类对于自己生存于其中的世界有哪些基本把握方式呢？

从经验角度考察，例如，对于一片树林或一棵古松，主要有四种把握方式：一是功利的，注目于这片树林的实用价值、交换价值等，社会的经济活动就是如此；二是认识的，如在一片沙洲培育出一片树林，在山崖的石缝中居然矗立起一棵古松，其中包含着自然的法则需要揭示，从而让我们能够在其他场合予以利用，社会的科学活动就是如此；三是信仰的，例如，沈阳昭陵公园的"神木"，几乎每天都有信众前往虔诚地奉上红绸之类祭品，一般认为，宗教文化从原始的拜物教发展而来；四是审美的，它既不计较对象的实用价值，又不追究其中蕴含的客观法则，还不祈求对象的庇护和赐福，只关注对象所体现的生命活力和神采（中国传统美学称为"气韵"）。显而易见，功利的与认识的方式都将对象视为客观的"物"，而信仰的方式则视对象为"神"；只有审美的方式则视宇宙万物为"人"，审美活动的基本特点是将自然物"人化""理想化"；艺术之所以为艺术，在于其注目于人的悲欢离合的生存境遇和喜怒哀乐的生存状态。人既是一种物理存在，又向往"神的境界"，所以这种把握方式及其创造的文化居于科学与宗教之间。

从理论角度分析，我们拟借鉴三位德国大思想家，即马克思、黑格尔和康德的观点。虽然我们不能确断三者的相关观点是否存在直接的渊源关系，但他们各自从实际出发得出的结论客观上的确存在着内在的贯通性。

19世纪50年代末，马克思在《政治经济学批判》导言中写道："整体，当它在头脑中作为思想整体而出现时，是思维着的头脑的产物，这个头脑用它所专有的方式掌握世界，而这种方式是不同于对于世界的艺术精神的、宗教精神的、实践精神的掌握的。"[①] 由于马克思仅此一笔带过，没有进一步具体阐释，引起苏联和我国学者广泛的探讨和长期的争论，观点异彩纷呈，莫衷一是。

考虑到著作的"导言"或"序言"一般写在成书之后，往往披露作者的相

---

① 马克思. 政治经济学批判·导言［M］//马克思恩格斯选集：第2卷. 北京：人民出版社，2012：701.

关心路历程和切身体会，所以马克思这里所讲的"专有的方式"当是指科学研究或理智思维，而列举"艺术精神的""宗教精神的"和"实践精神的"是从外延方面与科学研究区分开来。艺术、宗教与科学并列易于理解，并且是一种深刻的洞见。困难在于"实践精神的"确切所指难于确定：一般而言它是整体的把握方式，但也可以说是原始的把握方式；在与艺术、科学和宗教并列时则应该是这几种活动之外的日常功利活动。

马克思受到黑格尔的深刻影响是众所周知的事实。黑格尔曾将人类把握世界区分为"诗的"和"散文的"两种方式，由于"散文的"包括"日常意识""知解力思维""玄学思维"三种，所以实质上列举的也是四种方式。他与维柯等学者一样，认为原始时代的初民更多诗性思维，但是其时的"诗"包含有艺术成分不能等同于现代所讲的"艺术"。他写道："等到散文已把精神界全部内容都纳入它的掌握方式之中，并在其中一切之上都打下散文掌握方式的烙印的时候，诗就要接受彻底重新熔铸的任务……诗就不仅要摆脱日常意识对于琐屑的偶然现象的顽强执着，要把对事物之间联系的单凭知解力的观察提高到理性，要把玄学思维仿佛在精神本身上重新具体化为诗的想象，而且为着达到这些目的，还要把散文意识的寻常表现方式转化为诗的表现形式……"①

值得注意的是，黑格尔列举的三种散文把握方式正好吻合康德剖析人类心灵能力的三层次：日常意识主要是感性的，知解力思维即知性，而玄学思维正是康德强调的产生哲学与宗教的心灵能力即超越理智的"理性"（Vernunft）。

三位大思想家均取直面事物、立场，尽管切入角度不同，却得出表述迥异而含义贯通的结论，这种殊途同归当视为对事物自身基本信息的洞察。

三、"艺术的场"决定着艺术的特性、形态及其嬗变

人类在漫长历史征程中逐渐建立起专属于本族类的文化系统。

在远古时代，人类的意识、精神处于原始、混沌的状态，情感、认知、信仰在功利活动和"日常意识"中混为一体。表现于知觉和行为中，人们对外部世界的掌握是"多式综合的"（列维—布留尔），也可称为"实践精神的"方式。

在人类与动物界相分离的过程中，劳动与游戏是二者所共有的基本活动，人类文化世界的创造当是在这两种基本活动中开始。劳动，作为一种谋生手段，

---

① 黑格尔. 美学：第3卷：下册［M］. 朱光潜，译. 北京：商务印书馆，1981：25.

对于原始人来说是一种不得不为的负担；游戏，作为一种乐生手段，对原始人来说可谓是一种消遣（感性），同时包含着练习（知性），体现着追求（志性）。这两种基本活动由于其互补性始初甚至融为一体，据法国学者毕歇尔的考察，在原始民族那里，劳动其实是一种颇为模糊的现象，我们越是追溯到它的发展的起点，它在形式上和内容上都越是接近于游戏。

火的发现与工具的制造促进人类自我意识的觉醒。伴随着这种觉醒，游戏的形式趋于社会化、符号化，意蕴趋于丰富化、深刻化，原始艺术便逐渐从中孵化而出。从逻辑上推论，最早的艺术形式当是原始歌舞，因为它们出自动物的遗传，且无须外在的物质媒介；而从今天残存的原始部落的歌舞来看，游戏与艺术实在是连根同体，浑然难分。从儿童游戏发展到儿童艺术的过程也可见出这一点。

人类在自己的成长过程中审美视野逐渐扩大，愈来愈渴求通过更多的途径传达内心的自由感受，于是逐渐借用并同化了劳动创造的其他符号形式，因之出现绘画、雕刻等"新兴"艺术。就是在今天，我们仍能见到人类还在继续着"自由的艺术"对"雇佣的艺术"的文明"掠夺"，如新兴的电影、电视艺术之于摄影技术等。

在艺术从游戏中分离出来的同时，劳动则一直在呼唤知性的发展和技术的进步。原始人希冀劳动变得轻松并能获取预期结果，必然要求把握世界的因果联系。然而他们在更大程度上把自己当作自然的一部分，主、客体没有被明确区分，一切处于"神秘的互渗"之中，这样便有原始巫术的发生。原始巫术可以看作科学技术的前身。詹姆斯·弗雷泽将巫术分为"理论巫术"和"应用巫术"，称前者是一种"伪科学"，后者是一种"伪技艺"①。众所周知，"炼丹术"可谓是"化学"之母。巫术蜕变为科学是一个必然的进程，理论巫术和应用巫术的破产即是理论科学、应用科学的催生。几千年来的科学发展史，可以说就是人类的知性发展史。

在巫术活动中已显露人的志性心灵能力的参与（力图控制、驾驭自然）。不过，人类的志性最突出体现在知性所追赶不上的地方，这就是在巫术之后出现的宗教活动中。一般认为，宗教产生于史前社会的后期，是对"超自然力量"的信仰。现代宗教学奠基人麦克斯·缪勒认为，宗教信仰出自人类心灵中"信

① 弗雷泽.金枝：巫术与宗教之研究［M］.徐育新，等，译.北京：中国民间文艺出版社，1987：32.

仰的天赋"，并且心灵中这种理解无限的第三种能力并不比感性和知性神秘。宗教追求把握绝对之物，趋向宇宙、人生的最高统一性。由拜物教到多神教再到一神教，展示人类追寻"太一"的轨迹，为哲学本体论的产生铺平了道路。宗教与哲学的血缘关系得到人们的广泛承认。的确，从佛教到佛学只有一步之遥。

浏览世界三大宗教（基督教、伊斯兰教、佛教）的经典教义，它们基本上都是由两个部分构成：一部分阐述世界的本原，是其信仰成分或理论部分（《旧约》与《古兰经》有相似的"创世说"，佛教的《大乘起信论》等以"缘起说"回答宇宙本原问题），近于哲学本体论，带有"信仰"性质，其断言既不能被确证又难于被证伪；一部分是道德立法、戒律颁布，是其伦理成分和仪式成分，接近于道德哲学和伦理学。其目的一般是劝"善"，力图"按应该有的样子"来建立世界秩序。

出自知性的科学注重客观反映事物，力图"按本来的样子"认识世界的各个侧面，以概念、判断、推理等逻辑形式对事物进行分析和综合，抽绎出事物的本质特性和必然联系，指向"真"。它以数学为皇后，以天文学、地理学、物理学、化学、生物学等为基础学科，在发展中一方面分支越来越细，另一方面边缘学科日益增多。

基于感性（特指其形式凝化有知性、志性成分，因之可以上升为文化形态的部分）的艺术徘徊在科学与宗教之间，逍遥在历史与哲学之间。一种感性形式之所以能成为艺术，是因为其必定携载有某些意蕴，这意蕴有知性成分也有志性成分。并且，艺术家要么偏于从知性的规范（志性的自性原型维面发挥潜在作用）方面，要么偏于从志性的发散（自由意志的活动更为突出）方面去创造感性形式。这就是歌德所讲的"奴隶"与"主宰"双重身份。下一节对艺术品的结构解析亦可印证这种双重介入。

在这种意义上，我们又可以说，艺术架设起从科学认识到宗教追求之间的桥梁。艺术既含有"真"与"假"的认识尺度，又含有"善"与"恶"的价值尺度，但从根本上说，它指向"美"，是人类审美意识的直接表现。

理解了"艺术的场"，有助于人们对艺术的基本特性不仅知其然，而且知其所以然：它必然是形象与情感的统一，再现与表现的统一，现实与理想的统一，虽然不同的历史阶段人们不免有所偏重，但任何只持一端的观点无不陷入偏执。如果说科学旨在反映物理世界的个别侧面，按本来的样子积累相关知识，宗教则旨在呈现世界的本体、企求把握无限，引导人们趋向应该有的样子，那么艺术主要借助形象思维，既蕴含科学研究所依据的抽象思维，又蕴含宗教活动所依据的灵感思维，展现处在有限与无限的张力之中的具体鲜活的人生，作为对现实人生既反映又超越的文化形式而拥有自身的一席之地。

　　理解了"艺术的场"，我们就能顺理成章地把握艺术世界的形态结构及其嬗变。在艺术门类层次，音乐接近于宗教一侧，旨在表现心灵深层的律动；绘画则接近于科学一侧，旨在固化外部形象的摹仿。介于二者之间的文学，兼有音乐与绘画的功能，因此其内部必然地分化出抒情类、叙事类和作为二者合题的戏剧类……让人眼花缭乱的艺术世界，如同物理世界一样，纷乱中包含着秩序（信息）。本节所述，如图 10-2 所示（图 10-2 的层次排列宜与图 9-2 所示参照把握）。

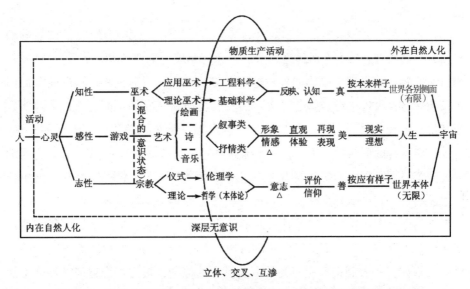

图 10-2　艺术的"场"：艺术家的双重身份或人类掌握世界的基本方式

　　研味这幅图解，笔者提请大家需要兼顾树木和森林，即注重内外两重共轭分蘖：内在的表现型与再现型艺术，外在的宗教与科学文化，都可谓是太极"生两仪"的体现。

第十一章　美与艺术的形态及其嬗变

所谓"形态"，是指存在的样态，形态论与发展论密切相关——发展表现为形态的嬗变。

文艺作品与个体人相仿佛，既有其形，又有其神。正如汤垕所说："看画如看美人，其风神骨相有在肌体之外者。"①（《画鉴》）"肌体"是形，"风神骨相"则是神，它呈现于肌体之外，更富有美的魅力。一般说来，从形的方面剖析较为着实，可以区分体裁、种类、品种、类型诸层次的不同特点；从神的方面把握则较为空灵，它是一种气象，一种风采，是艺术美集中而鲜活的表现。对于作品本身的形与神的研究，一般统称为"艺术形态学"。事实上，它客观地存在两个分支，我们不妨分别称为"艺术形体学"与"艺术神态学"②。就单个艺术品而言，其风格层是流溢于其他层次之上的神采，属于神态学范畴，与审美形态的区分密切相关；就林林总总的艺术品而言，目前中外学界所研究的基本属于艺术形体学。本章我们先从剖析单个艺术品开始，然后转而阐述对艺术世界（形体）的宏观把握和相关的审美形态的描述，最后综合起来考察艺术活动特别是其结晶的发生与发展（或嬗变）。

第三十一节　美与艺术品的结构剖析

艺术品是审美把握的结晶，或者说审美意识的物化。由此决定了美与艺术品的"基本结构"可以、也应该放在一起考察。这并不意味着将"美"与"艺术品"画等号。

---

① 文渊阁四库全书［M］. 影印本. 上海：上海古籍出版社，1987：35.
② 胡家祥. 论艺术形态的构成及其嬗变［J］. 文艺理论，2011（5）.

一、美的结构即人的心灵结构

古往今来，很多哲人直接或间接论及美的结构问题。

在我国，道家将审美与悟道联系在一起。《老子》中写道："大音希声，大象无形。"（四十一章）"希声"是听之不闻，"无形"是视之不见，因而"大音""大象"都超越人的感性把握；而"道可道，非常道；名可名，非常名"（第一章），这恍兮惚兮的"大音""大象"又是超越知性规定的。怎样才能观照它呢？《老子》提出的方法是"涤除玄鉴"（第十章），即要求摒弃感性欲念和知性成见，让心灵"致虚极，守静笃"，鉴照无隐，以呈现那"玄"与"妙"。《老子》还指出，"万物负阴而抱阳，冲气以为和"（四十二章）。今天人们所理解的美是一种具体存在，因而必具阴、阳两极。不难见出，按该书的逻辑，美从本根（道）转化为现实感性存在，必然是一种包含三层、二维的结构体。《庄子》一书反映道家从宇宙论到人生论的重心转移。庄子学派仰慕能体味"大美""真"的超逸人格，如神人、至人、真人等，这种超逸人格的基本特点是：离形、去知、任志。《大宗师》明确写道："堕肢体，黜聪明，离形去知，同于大通。""离形"的前提是有"形"，"去知"必须先具备"知"，所以《庄子》中得"至美至乐"的理想人格（今天所谓的美）总是具有由浅入深的三个层面，不过作者特重第三层面的敞亮罢了。

比较而言，儒家对美的结构中的两维涉及较多。阴、阳二分的范式贯穿《周易》全书，特别在《易传》中得到详尽的阐发。天地万物及其变化既然由阴、阳相互作用产生，那么美的东西当然也不例外。阳与阴分别联系着天与地，日与月等，理想人格当与自然相洽："夫大人者，与天地合其德，与日月合其明。"（《文言传·乾》）该书宣讲阴、阳平衡统一能给世界带来吉祥的思想，为中国美学崇尚中和之美奠定了哲学基础。孔子以"君子"为美，他提出："质胜文则野，文胜质则史。文质彬彬，然后君子。"（《论语·雍也》）人们常从内质与外观的对待关系解释这段话，固然不错；但更深一层考察，它同样强调了理想人格的两维："文"作为文饰，是形式合法则；"质"作为品质，是内蕴合目的；"史"偏于阴，"野"偏于阳。

魏晋南北朝以后，人们直接从艺术活动中揭示美的结构。有关美的三层，宗炳提出山水画的创作须经历"应目""会心"到"畅神"的过程（《画山水序》）；张彦远则从欣赏艺术品角度谈到从"离形""去知"到"妙悟自然"的审美体验。关于美的两维，谢赫以"气韵生动"置诸绘画六法之首（《古画品录》），其后荆浩更进一步将"气"与"韵"明确分立（《笔法记》），气与韵不可偏废遂成为后世的共识，气、韵其实是乾、坤二元在艺术上的体现①；姚鼐直接以"阳与刚"和"阴与柔"划分美的类型，并做了形象而恰当的描述（《复鲁絜非书》）；等等。

在西方，古希腊罗马时代就出现了对美的结构探索。柏拉图指出，认识美首先要从认识个别美的形体开始，其次掌握各种美的知识，最后才可能彻悟美的本体，这显然涉及美的三层面。而亚里士多德一方面讲"美是一种善"，另一方面又肯定美在于形式的"秩序、匀称和明确"，实际上兼顾了美的合目的性与合规律性两维②。普罗提诺将美分为三个等级：最低级的是感官接触的物体美，次一级的是事业、学术、品德等的美，最高的是涵盖这一切的纯粹理式的美。仅从逻辑上看，这种划分是很严密的。

德国古典美学对美的结构把握显示了前所未有的直接性和整体性。康德认为，美是感性的，但无关利害而只涉及形式；美不凭借概念，又是知性与想像力的谐调；理想是想象力的动因和趋向，构成审美活动的潜在动因和最高范本，它虽然具有个体的表象形态，但其内核近似于柏拉图所谓"理式"③。不过，康德撰写《判断力批判》的主旨不在分析美的三层面，而是在于探索理论理性与实践理性的中介，揭示审美是必然领域和自由领域的桥梁，美是合规律性与合目的性的统一，因此更多篇幅涉及美的两系列问题。也许可以说，康德是人类思想史上较为显豁地揭示了美的整体结构的第一人。

在中国现代美学界，既为诗人又是美学家的宗白华先生体会美的结构最为精切。他明确将"艺术意境"的创造解析为从"直观感相的摹写""活跃生命的传达"到"最高灵境的启示"三境层，并提出"静穆的观照和飞跃的生命构成艺术的两元"④。——在一篇文章中兼及美的三层与两维，为美学史上所罕见。

诚然，自"美学"作为哲学的一个分支被确立以来，仍有一些论者持有"美是感性认识的完善"的观点。若局限于此，如科学美、道德美、宗教美等就被排除在视野之外，"美学"或当改为"漂亮学"。如果坚持美离不开人的出发

① 胡家祥．气韵：艺术神态及其嬗变［M］．北京：中国书籍出版社，2013：18-17.
② 北京大学哲学系美学教研室，编．西方美学家论美和美感［M］．北京：商务印书馆，1980：41.
③ 参阅康德《判断力批判》上卷第一章和《纯粹理性批判》"先验原理论"第三章。
④ 宗白华．艺境［M］．北京：北京大学出版社，1987：155-156.

点，就须肯定席勒的观点："在美的直观中，心灵是处于规律和需要之间恰到好处的中点，正因为它介于这两者之间，它才避免了规律和需要的强制。"① 美不只是形式问题，通常指形式与内容的统一；其内容不只是合规律性和合目的性（需要），而且包括构成二者根基的第三层面——它犹如心灵的"太极"，规律与需要则是其分化的"两仪"。所以还当肯定：美是有限与无限的统一。没有趋向无限之域，就不会有精神的自由。而人们普遍认同，审美境界是自由而完满的境界。也就是说，一种形象或境界只有占有心灵的全域才能称为"美"。通常讲审美达成人的本质的全面占有或复归，美体现人的本质丰富性的对象化，均包含美的结构即人类的心灵结构的前提条件。

二、艺术作品的通常划分述评

对于艺术作品内在结构的划分，传统的美学盛行"内容—形式"二分法，现代美学较为普遍采用英伽登的层次划分法，两种划分法各有实用的便利，但也各有加以改进的必要。

在哲学上"内容"与"形式"是一对基本范畴，适用于自然万物：一般而论，内容是指构成事物的各种内在要素的总和，形式则是指内容诸要素的组织结构。这种划分接近于亚里士多德哲学区分的质料与形式，界定相对明了②。但移用于文艺作品，情况就变得复杂起来，因为在这里，内容已超出质料的含义，形式则兼指事物的外观。于是，即使我们仅从理论上区分内容与形式也极为困难。因为当我们讲到"内容"时，其实是指艺术家已经采用艺术形式规范了的题材，作为组织结构的"内形式"已包含于其中，它内在于内容。当我们讲到"形式"时，如果是指作品的外观，诚然它可与内容对举，可是这意味着将"内形式"弃之不顾；如果是指作品的组织结构，则它只是与题材、而不是与内容相对立的因素。可以说，这是一种无以解脱的困境：形式作为外观，与内容是表里关系，是层次之分；形式作为结构，与题材是平行关系，二者结合构成作品的内容——由此可见，它们的关系实在是犬牙交错。

问题也许集中在一个常识点上，艺术品虽然仿佛是"第二自然"，本身实为一个虚拟世界，但是其之所以不同于自然事物以及其他人工产品，就在于它同时体现着双重"自然"："第一自然"赋予作品以"题材"（它还包括创作者的

---

① 席勒. 美育书简［M］. 徐恒醇，译. 北京：中国文联出版公司，1984：88.
② 至近代也暴露出犬牙交错的问题。

认识、评价等心灵因素），即进入作品的尚待做深度艺术加工的生活材料；"第二自然"要求艺术品必须借助一定的物质媒介，如线条、色彩、声音、语言等。生活题材和物质媒介是两种性质迥异的质料，如一匹四蹄生风的骏马同一块凸凹不平的大理石，它们都只有经过创作主体按一定方式和手段改造、整合以后，才能成为有机的统一体，而进行改造、整合的方式、手段特别是存在于创作主体心灵中的"结构"。艺术家心中的具体结构样式的形成，一方面来自对现实事物（世界1）的摹仿，另一方面来自对艺术传统（世界3）的继承和个人实践的探索，而就其直接性和根本性而言，是源于艺术家的心灵旨趣，植根于创作主体乃至人类的"生命形式"（世界2）。

据此看来，艺术品的构成可以剖析为三种对立元素：题材、媒介和结构。在艺术创作过程中，题材、媒介都是对象性的存在物，创作主体的任务就在于按照一定的审美理想去处理它：如果说在艺术构思阶段主要是结构题材，那么在符号传达阶段则主要是结构媒介。结构题材便形成作品的"内容"（以意象和意象世界的形态），结构媒介而形成作品的"外观"（以符号和符号体系的形态）。作品内容由题材与内形式结合而成，作品外观本身是外形式，又是媒介加以结构的产物。事实上，结构题材与结构媒介二者经常是同步进行的，内容的建构伴随着外观的呈现，外观的建构其实亦即完成内容的传达。从这种角度看，艺术作品的构成（如图11-1所示）。

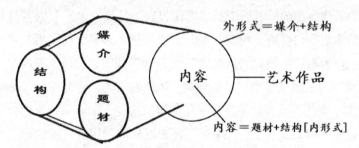

图11-1　艺术作品中内容与形式的错综关系

关于文学文本内部层次系统的划分，当代最为引人注目的是波兰美学家英伽登的理论。现代艺术思潮注重探讨媒介的操作，为他更为细致地剖析作品准备了条件；而着眼纯粹的文学作品，又使之得到较多的便利。他将"美文学作品"由外而内划分为："（a）语词声音和语音构成以及一个更高级现象的层次；（b）意群层次：句子意义和全部句群意义的层次；（c）图式化外观的层次，作品描绘的各种对象通过这些外观呈现出来；（d）在句子投射的意向事态中描绘的客体层次。"① 在这段表述中，（c）层和（d）层关系密切，较易混淆；后者之所以区别于前者，在于它具有概念的蕴含，并且，经过阅读的"具体化"过程，突出体现了纯粹的"意向性"，言人人殊，所以韦勒克称为"观点"层次。按照英伽登的看法，在优秀的艺术作品中还有一个形而上的层次，即作品所表现的崇高、悲剧性、神圣性等，它使人沉思默想而可能进入一个升华了的人生境界。

韦勒克等高度评价这种层次分析法，认为英伽登"总的区分是稳妥的、有用的"，不过他们又指出，所谓"观点"层面"未必非要说明"，而所谓"形而上性质"的层面"在某些文学作品中可以阙如"②。我们认同韦勒克等的意见，"观点"层面和"形而上性质"层面一般暗含在"世界"在"被表现的事物"范围内。然而，从理论上看，二者仍有分离开来同其他层面一并列举的必要，它们相当于黑格尔所谓"意蕴"，其重要性不容忽视。况且，理论上的分析并不等同于实际的切割，"被表现的事物"层其实也是包含于符号层面中的。再者，如果将韦勒克等所主张的层次分析法推广到其他艺术领域，例如，雕塑或绘画，就很容易让人们误以为只存在两个层面，因为它们不具有文学作品的"声音"和"意义单元"。

尽管英伽登的划分比较细密，但是忽略了作品的风格层，而风格在艺术家们（如歌德、黄宾虹等）看来是艺术所能企及的最高境界。并且，它仅着眼文学作品，对艺术的其他门类则缺少普适性。因此，我们大可不必依此一家之言而遮蔽自己的视野。

三、艺术作品的层次结构新解

在英伽登的划分法基础上，笔者认为可以考虑将所有优秀的艺术作品由表及里细分为五层，即风格层、媒介层、（再现）物象层、认识评价层和哲学意味层。据此既能揭显艺术文本的层次秩序，又能实现对既有研究成果的综合（体现更高统一性）。

首先，其中风格层、媒介层和物象层，都诉诸人们的感官感受，因此可以

① 英加登. 对文学的艺术作品的认识［M］. 陈燕谷，译. 北京：中国文联出版公司，1988：10.

② 韦勒克，沃伦. 文学理论［M］. 刘象愚，等，译. 北京：生活·读书·新知三联书店，1984：159.

合并为感性外观层。而这感性外观层又正好与美国现代艺术理论家的"三级形式"说相通相洽。奥尔德里奇写道："这些形式是（a）媒介要素在审美空间中的排列，或（b）在排列起来的媒介中所体现的内容或形象的样式（例如，一个受惊而蜷缩的人），和（c）风格，在这种风格中，媒介要素的排列和内容的样式配合起来'形成'完整的作品。这样，我们就谈到了'第一级''第二级'和'第三级'的形式。"① 奥氏看来是站在形式的"形成"意义上立论的，如果从鉴赏者对作品形式的把握角度立论，风格层当是人们接触艺术品时所最先感受到的，"第三级"应当居于另两级之前。

其次，将三级合并为感性外观层，有助于解释美学思想史上关于艺术的本质特征所出现的分歧意见。一般说来，这些分歧意见大体上可以归纳为三种基本理论：一是精神本源说，如我国的宗炳和西方的黑格尔等，他们的侧重点是艺术品的哲学意味层；二是摹仿现实说，如别林斯基、杜勃罗留波夫等，主要着眼艺术品的认识评价层；三是"美在形式"说，如现代西方一些形式主义流派的艺术观，就聚焦艺术文本的感性外观层。

最后，将感性外观层三分之后，我们进而看到，以塑造具体可感的艺术的形象世界为中轴，艺术家在操作媒介表达意蕴时出现奇妙的两极对应：操作媒介与表达认识—评价均需要知性的全程参与，而寄寓的哲学意味和呈现特定风格（气韵）更多来自创作主体的深层无意识（志性）。优秀艺术品的"鬼斧神工"之妙于此可见一斑（如图11-2所示）②。

不难发现，艺术文本与审美意象含有同样的结构：都具有鲜明生动的感性外观层，蕴含认识评价层，且趋向哲学意味层；感性外观的风格层可分解为气与韵二元，分别与认识评价层的合目的性与合规律性二元相对应且相贯通，至哲学意味层而达到统一。让我们以骆宾王少时的杰作《鹅》为例进行考察。在少年骆宾王眼中，鹅自由自在浮游在清波之中，蓝天、白毛、清波、红掌等构成一幅悦耳悦目的画面，即具体生动的感性外观；曲项向天歌的神态似乎反映这可爱家禽的自适、自得与自信，不卑不亢的性格，让审美者似乎看到了自身；还有它掌拨清波、眼望长空的仪态仿佛与天地融为一体，自身就是天地间的主人——物我为一，天人合一，就是达到了无限境界。审美意象转化为艺术形象，

---

① 奥尔德里奇. 艺术哲学［M］. 程孟辉，译. 北京：中国社会科学出版社，1986：75.
② 图11-2宜与第三十一节的"艺术作品中内容与形式的错综关系"比照研味：艺术品的层次是艺术家处理题材和媒介的融合过程中形成的，所以在逻辑上感性外观与内在意蕴均留下心灵三层面的烙印。

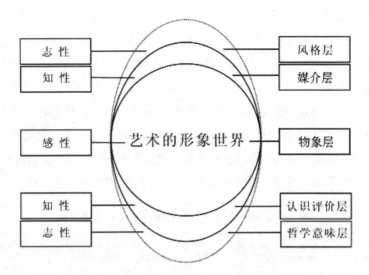

图 11-2　艺术作品的层次划分及其潜在根据

只是多了媒介层和风格层而已。童心未泯的骆宾王虽然未必意识到其中的玄妙，但天才少年在审美观照和艺术创作时，潜在信息的自组织让他成为真正意义上的自由人！

第三十二节　艺术形态学的基本结构

上一节我们对单一的艺术品进行了微观的剖析，本节我们将扩大视野，对林林总总的艺术品的整体即艺术世界进行宏观的分类。前者侧重抽取艺术作品的同一性，后者则侧重辨析不同门类、不同体裁的艺术作品的差异性。

一、常见的几种划分法的缺憾

最为简单的是按照创作艺术作品的物质媒介的定性所做的划分。一是从物质媒介的存在方式出发，将艺术总分为时间艺术、空间艺术和时空艺术。德国著名的文艺批评家莱辛在《拉奥孔》中较早采用这种划分法。二是从物质媒介的自然属性出发，将艺术区分为造型艺术、音响艺术和语言艺术三类。三是从物质媒介诉诸人的感官或心理的方式出发，区分出视觉艺术、听觉艺术和想象艺术。达·芬奇较早主张按感觉的特性划分艺术类型，德国美学家哈特曼也采用了这种划分法。

黑格尔指出："人们常根据片面的理解去替各门艺术的分类到处寻找各种不同的标准。但是分类的真正标准只能根据艺术作品的本质得出来，各门艺术都是由艺术总概念中所含的方面和因素展现出来的。"① 的确，只有从艺术的本质特性出发，才有可能找到艺术形态学的贯彻始终的经纬，提挈起各个层面的研究，确立一个历史与逻辑相统一的结构体系。在黑格尔看来，美是"理念的感性显现"，其中理念构成作品的精神意蕴，通过物质的感性形式而显现。其巨著《美学》循此逻辑而展开恢宏艺术演变历程的阐述。

表 11-1　黑格尔《美学》中对于艺术形态的划分

美或艺术	象征型（东方建筑）		古典型（希腊雕刻）		浪漫型（画、乐、诗）	
感性显现的理念	物质∨精神	形式∧内容	物质≌精神	形式≌内容	物质∧精神	形式∨内容

但是黑格尔本人的分类似乎也有缺憾。问题可能主要出在该书将感性显现等同于物质—形式，因而暗含了两个尺度，在逻辑上出现如表 11-1 所示的交错，在历史方面看遗漏（或屏蔽）了舞蹈门类，而音乐无疑应该出现在绘画之前。

美国美学家托马斯·芒罗于 1943 年发表文章，从视觉与听觉、空间与时间以及艺术的构成方式（包括功利性的、再现性的、解释性的和主题的四种）等方面描述各艺术门类的形态，并在 1954 年发表的文章中，直接提出"艺术形态学"的概念。迄今为止，艺术形态学仍在建设之中。如前所述，这门学科应该分为两个部分：其一，艺术神态学，研究审美形态与艺术风格；其二，艺术形体学，即芒罗、卡冈、李泽厚等所注目的艺术的"类别、门类、样式、品种、种类和体裁"的划分。对于后者，正如苏联美学家和文艺理论家卡冈所说："……现阶段，尽管在美学对形态学问题整个领域的研究中找到了一系列卓有成效的方法，但还有许多问题尚不清楚，存在着争议，还未得到研究。"② 现将李

① 黑格尔. 美学：第 3 卷上册［M］. 朱光潜，译. 北京：商务印书馆，1979：12.
② 卡冈. 艺术形态学［M］. 凌继尧，金亚娜，译. 北京：生活·读书·新知三联书店，1986：172.

泽厚先生等主张的分类表示如下①（如表 11-2 所示）。

表 11-2 李泽厚先生等对于艺术形态的区分

	呈现于空间的静态的	呈现于时间的动态的
偏重于表现	实用艺术：建筑艺术、工艺	表演艺术：音乐、舞蹈
偏重于再现	造型艺术：雕塑、绘画	综合艺术：戏剧、电影
兼有表现与再现		语言艺术：文学

这种分类虽然超越了按媒介定性的区分，但所持的仍是一种经验的、实用的立场，基本上放弃了逻辑与历史相统一的追求，因而大大削弱了分类的原理（学科系统建设）意义。稍仔细一点审视，问题较多，如舞蹈、戏剧难道不呈现于空间？戏剧、电影不兼有表现与再现，怎能称得起"综合"？

二、贯通艺术大厦的一种尝试

应该说，艺术形体系统主要呈现四个层次，处于最底层的是艺术体裁（可简称"体"），与之毗邻的是艺术种类（可简称"类"），再上一层是艺术品种（可简称为"品"），最顶层是艺术类型（可简称为"型"）②。人们争议最多的是艺术类型的划分，因为它是艺术形态学中范围最大的分类，且具有纲举目张的性质。我们尝试提出一种解决方案。

笔者认为，尽管我们不仅可以而且应该对各艺术门类进行多维度的考察，但是我们不能祈求采取多维度的划分而获得一种科学的分类结果。分类出自人们将知识系统化的需求，因而当以对象的本质属性为根据，而且越是以根本的属性为依据，分类的价值就越高。一种恰当的分类当能简明地展示对象自身的结构。

如前所述，艺术品是人们审美意象世界的物化形态，而人们的审美意象世界既反映现实又超越现实，这是作为文化形式之一的艺术的根本属性。依据这一根本属性，应该将人对现实的审美关系及其物化的倾向性作为艺术分类的原则或标准。由此，我们区分出三种艺术类型：表现型、再现型、综合型。表现

---

① 见于刘叔成，等，编. 美学基本原理［M］. 上海：上海人民出版社，1987：160.

② 艺术形态学的术语系统非常混乱，我们这里选择"类"和"型"表示两个较虚的层次，用"体"和"品"表示两个较实的层次，例如，《红楼梦》属于小说体裁，叙事类，文学作品，综合型。

型偏重主体情感的自由抒发，再现型偏重客观事物的如实描绘。通常人们所谓综合艺术，是就吸收多种媒介于一身而言，在这种意义上以之与表现艺术和再现艺术相并列，实际上有悖于逻辑整一性；我们此处所讲的"综合型"，乃是就性质而言，指融合了表现与再现两种对立倾向。理想的艺术分类应该从一次划分很容易过渡到连续划分，一次划分构筑起具有兼容性的平台，可以与连续划分相融通，乃至一通到底。

现在，我们有幸找到这种划分法，它可以满足上述要求。所谓表现型艺术，直接包括音乐和舞蹈两个品种；所谓再现型艺术，直接包括的艺术品种有绘画和雕刻；综合型艺术则包含文学、戏剧、电影等。建筑、工艺品处于实用品和艺术品的边缘地带，并非纯粹的精神产品，可以不予考虑（如果纳入考察范围，它们的位置在表现型与再现型之间）。从各个艺术品种内部演变出许许多多的体裁样式，如诗歌、小说、工笔画、写意画等，这些体裁又可以概括为抒情的、叙事的和戏剧的三类——从亚里士多德到别林斯基，人们已广泛认同的种类划分便是以主体对客体的审美掌握的倾向性划分的，它们刚好在一个较为具体的层次上分别对应于表现型、再现型和综合型。不难见出，这种分类法贯通了艺术形态学的各个层次，清晰揭示艺术世界的共时性的逻辑结构（如表11-3所示）。①

表11-3　本书贯通艺术大厦的一种尝试

尺度 ＼ 层次	人对现实的审美关系及其物化的倾向性 （表现—乾健，再现—坤顺）		
艺术类型［型］	表现型（正题）	再现型（反题）	综合型（合题）
艺术品种［品］	音乐、舞蹈	绘画、雕刻	文学、戏剧、电影
艺术种类［类］	抒情类（正题）	叙事类（反题）	戏剧类（合题）
艺术体裁［体］	抒情诗、写意画……	叙事诗、肖像画……	话剧、歌剧……

这种分类同时也是一种历时性的划分。首先偏重传达主体心灵旨趣（包括情感、理想等）的表现型艺术应该是最早发生的部分，可视为艺术的"正题"；其次遵循历史发展的辩证法，与之相对的再现型接着发生，它们偏重描摹客体

---

① 此表在20多年前制作，见于《文艺问题新释》讲义，2005年出版改名《文艺的心理阐释》。其时止于心灵两种趋向的发掘，著述本书时笔者才注意到，表现型与再现型之分分别体现乾健之辟与坤顺之翕。

的物象，构成艺术的"反题"；最后是作为二者"合题"的综合型艺术依次出现。关于艺术的发生与发展，下节将进一步展开讨论。

三、审美对象基本形态的划分

在审美学中，形态论也是一个莫衷一是的领域。日常生活中运用各种"美"的称谓，如河流美、山峰美、原野美等自然物的美，其实都应归入"形式美"范畴，在文化领域也有"科学美""道德美""宗教美"等称谓，它们同"形式美"一样都宜归入"美的单面形态"。在严格意义上，美是人能从中直观到自身的东西，审美尺度只能是人的尺度，而人是一个完整体，兼有滋生和掌握科学、道德和宗教的能力和需要，唯有在艺术活动中通过同构与移情的双向往还而形成的艺术美才是"美的典型形态"。

在艺术作品的形象世界中，人们又区分出优美、壮美或崇高、雄浑、典雅之类形态，可以说，司空图的《诗二十四品》就描述了 24 种形态，与后世相继出现的《画品》《书品》《琴况》的分品综合起来，则远超 24 种。西方学界长期流行悲剧与喜剧的区分，现代又出现与之并列的荒诞，也都须纳入考虑的范围。有鉴于此，笔者主张按照考察对象本身的内在逻辑将审美形态区分为"基本形态"和"复合形态"：前者指具有基元性质、相对单纯的形态，即优美与丑、壮美与弱美①；后者则具有复合性质，如悲剧，可解析为由壮美（悲剧人物）、丑（悲剧人物的生存环境）和弱美（悲剧人物的受挫乃至夭折）复合而成，其他在戏剧艺术中出现的喜剧、荒诞也可如是观。这里我们着重描述四种基本形态。

壮美在西方美学中通称为"崇高"，实质是审美主体心灵中要求自我实现系列压倒了要求和谐整一系列，自由意志高扬，英雄激情洋溢，于是打破了心灵的平衡态。审美对象的外观多为直线、折线，构成的面凸凹不平，体积庞大，声色构成强刺激，给审美主体一种粗犷甚至狂乱的感受。壮美感一般造成心灵的跌宕起伏，由对象外观引起震惊，似乎是负面情绪，但在主体可接受的范围之内，往往能激起其志性心灵能力（我国当代学界常称"人的本质力量"）的高扬，仿佛孙悟空面对牛魔王，霎时间变成顶天立地的身躯，力大无穷，可以

---

① 请参阅胡家祥《论"弱美"——兼谈审美形态学的建构与艺术发展周期》，载《江西师范大学学报》1997（1）．人大复印资料《美学》1997 年第 10 期转载，《新华文摘》《文摘报》等转摘。

将对象扳倒在地并踏上一只脚，心里洋溢着喜悦和自豪。

弱美与壮美相对。其实质是志性能力的贫弱，心灵要求自我实现系列被要求和谐整一系列遮掩。中国传统美学观中的"豪放"与"婉约"之分，解读为壮美与弱美（而非优美）的对立更为恰当。弱美或婉约形态的外观几乎无异于优美，主要区别在于力的贫乏乃至弱不禁风，激起审美主体一种哀怜的感受。如《红楼梦》中同是咏风，薛宝钗的"凭风好借力，送我送青云"是得意、快适人语，而林黛玉的"一年三百六十日，风刀霜剑严相逼"则是失意、抑郁人语，从审美形态角度考察，前者为优美，后者则为弱美。

丑与优美相对，如果从内容与外观的表里之分考察，许莱格尔对"丑"的界定确切而简明，它正好是"美"的反面："恶的令人不愉快的表现。"① 典型的丑不仅外观丑陋，而且内里丑恶。丑的实质是心灵第三层面的自由意志与自性原型均被遮蔽，充斥着熵，因而心灵两系列的活动被扭曲而畸形化，既不合规律性，又不合目的性。中外历史上一些残暴的独裁者（如希特勒之流）就是典型的丑——恶的令人作呕的表现。

四种基本形态中，人们所讲的狭义的美的领域为优美，广义的美的领域还包括壮美和弱美，丑作为美的对立面，只能称为"审美形态"——悖于审美尺度的形态。事实上，在一个直角坐标系中，四者刚好各自占有一个象限（见后），因此，基本形态之和即审美形态覆盖了所有的审美领域。这样区分不仅具有逻辑的严密性，还能较好阐释中外艺术史家所发现的艺术发展周期，因之能促进审美学基础理论实现逻辑与历史的统一（图解见下节）。

第三十三节 艺术形态的发生与嬗变

上两节我们从共时性角度分别探讨了美和艺术品的基本结构，整个审美领域和艺术世界的形态区分，本节我们将从历时性角度进一步阐述艺术形态的有

---

① 见于鲍桑葵. 美学史 [M]. 张今，译. 北京：商务印书馆，1985：390.

序发生与嬗变周期。①

其中的关键，在于把握心灵要求自我实现与要求和谐整一（或称"乾辟与坤翕""气与韵"等）对立趋向的某种"自组织"。

一、艺术的起源与品种、种类的分化

探讨艺术形态的发生，需要确定最早的艺术品种，这就涉及艺术的起源这个聚讼纷纭的领域。迄今学界先后提出了各种各样的看法，如摹仿说、游戏说、求偶表态说、劳动说、巫术说等，今后还可能有新说产生。在此我们不拟介入相关纷争，仅从本书坚持的一贯立场——文化的创生与发展基于人类心灵的能力和生存的需要——出发，不能不选择游戏说。

正如康德从哲理角度所分析的，人类生存即使在原始初民那里也需要两种基本活动：一种是"雇佣的"，一种是"自由的"。前者往往出于不得已，只是为了获得其结果而劳作，后者则出于自身的需求，是为了享受其中的过程；前者是指物质生产劳动，后者则是指放松身心、恢复人的自由状态的游戏。除了康德之外，席勒、斯宾塞、谷鲁斯、康拉德·朗格乃至弗洛伊德等都有类似的观点。就是致力于政治经济学研究的马克思也曾指出："事实上，自由王国"存在于"物质生产领域的彼岸"②。此外，一些坚持劳动起源说的论者随着研究的深入而转向游戏起源说，如法国的毕歇尔、俄国的普列汉诺夫等。如前所述，毕歇尔后来坦率承认，越追溯起点，在原始民族那里的劳动与游戏就越浑然难分。

基于逻辑与事实，我们可以进而推断，最早发生的艺术形式是歌舞。动物界即有歌舞的本能（莺歌燕舞），进化至人类也当具有。美国女性美学家苏珊·朗格认定舞蹈为最早的艺术，理由是婴儿在母腹中即能起舞；法国音乐史家

---

① 黑格尔的巨著《美学》未能达到历史与逻辑的统一还在于作者将艺术品种的有序发生与形态嬗变相混淆。2010 年，笔者撰《论艺术形态的构成及其嬗变》[中南民族大学学报，2010（5）。报刊复印资料《文艺理论》转载]一文时已意识到二者不可混同，但猜想或许可以找到统一阐释的"曲线函数"。时至今日仍然无解，且更倾向艺术品种的发生犹如"一娘生九子，九子九个样"，现时难寻法则；而艺术神态的嬗变则犹如九子中无论是哪一个，都会经历少年、青年、中年、老年的变化，因此才可揭显其普遍规律。

② 中共中央马克思恩格斯列宁斯大林著作编译局．马克思恩格斯全集：第25卷［M］．北京：人民出版社，1974：926.

保·朗多尔米指出："人类历史能追溯到多远，音乐产生的年代就有多久。"①的确，在古埃及，早在公元前 3000 年之初就已出现音乐文化的第一个高峰；而在美索不达米亚，自公元前 4000 年以来的各个历史时期都保存了音乐表演的图像。人们还曾在巴比伦发现一架竖琴，它的生产年代可能要追溯到公元前 30世纪。

音乐与舞蹈无须借助外在的物质媒介而直接表达人类身心的自由感受或渴求自由的需求，可以说是艺术发生的"正题"。随着劳动实践提高了动手功夫和拓宽了符号形式，绘画、雕刻应运而生，以进一步满足人类的审美需求。西方盛行的巫术起源说所本的岩画、石刻只是因其坚固性易于保存而至今可考而已。待到人类发明了语言交流信息，天性中的审美冲动又借语言及更晚出现的文字来表达而形成文学作品，开始了意大利学者维柯所谓的"诗的时代"。黑格尔说得对：诗是"作为统摄绘画和音乐的整体"② 出现的。因此，文学具有综合性质：语言的能指可以组织成音律美，所指则能组织成画面，于是而兼有表现与再现的功能。

在原始民族中，诗和乐、舞最初是浑然一体的，与乐舞的宣泄情感相匹配，最早的文学种类应该是短小的抒情诗，如《弹歌》的"断竹，续竹，飞土，逐宍"之类；其次只有在人类的语言能力有了相当提高、一些语法规则得到确立之后，才可能有普遍传诵的叙事诗乃至史诗；最后则出现作为二者"合题"的剧诗。

文学剧本乃戏剧之本。文学与现代技术相结合，又产生了电影、电视剧等门类。

尽管艺术门类的发生存在一种清晰的序列，但毋庸讳言，至今我们仍未找到其嬗变的一般规律——未来会出现什么门类和种类，几乎不可预测（因为它取决于物质生产和科学技术创造的符号形式）。但在艺术神态领域，则有可能揭示具有必然性的发展周期。

二、审美形态或艺术神态的嬗变周期

在艺术形态学与审美形态学之间存在一个交接部，即艺术作品的最外

---

① 保·朗多尔米. 西方音乐史 ［M］. 朱少刊，等，译. 北京：人民音乐出版社，1989：1.

② 黑格尔. 美学：第3卷：下册 ［M］. 朱光潜，译. 北京：商务印书馆，1981：5.

层——具有"传神"功能的风格层，在中国传统美学中称为"气韵"，指产生于作品内容与形式的有机统一基础上的、流溢于作品周身的神采。由于考察艺术的发展周期特别涉及风格的演变，而一般认为风格是艺术所能企及的最高境界（歌德语），东西方均无"丑的风格"的称谓，本节将用"喜剧风格"取而代之。

关于艺术的发展规律，东西方的艺术史家不约而同发现包含着四阶段的嬗变周期。

我国第一部绘画史的撰写者、唐末画论家张彦远较早觉察到绘画门类嬗变的四阶段。他写道："上古之画，迹简意淡而雅正，顾、陆之流是也；中古之画，细密精致而臻丽，展、郑之流是也；近代之画，焕烂而求备；今人之画，错乱而无旨，众工之迹是也。"①（《历代名画记》）明代诗论家高棅总览唐代诗坛而概述道："有唐三百年诗，众体备矣。……莫不兴于始，成于中，流于变，而陊之于终。……略而言之，则有初唐、盛唐、中唐、晚唐之不同。"②（《〈唐诗品汇〉总序》）"兴"是初起，一般不免粗犷；"成"是成熟，即形态典雅化；"流"者往下，乃贫弱之征；"陊"同"兴"正相反，有跌入谷底之势，显示该种艺术形式似乎进入穷途末路。

在西方，德国著名艺术史家温克尔曼在其名著《古代艺术史》中详尽阐述了作者对古希腊雕刻艺术的考察成果。该书第四卷将希腊艺术大致分为四个时期：最早的作品是在无形式的艺术尝试之后出现，其风格（从远古发展到菲狄亚斯以前为止）有力却生硬，它雄伟但不典雅，表现的力破坏了优美。其次是"崇高"风格，经过菲狄亚斯和同代艺术家的努力，艺术得到了繁荣，其实艺术家以追求雄伟为主要目的，但仍有生硬之嫌。再次是"美的"（或称为"秀美"）风格，起来反对这些假定性的体系，大自然教导一些艺术革新家从僵直、从激烈表现和有棱角的人体部位转向轮廓的柔和，赋予不自然的姿势和运动以更多的完善和合理性，从普拉克西特列斯到留西波斯和阿匹列斯，艺术达到了很可观的典雅和魅力，而这种风格自然可以称作精致的。最后是模仿风气盛行，在这些艺术家和他们的画派之后，经过一段时间，在众多的模仿者手中，艺术开始衰退，作品的风格普遍是"模仿性的"，它一直延续到暂时还没有逐渐转向

---

① ［唐］张彦远，撰．历代名画记全译［M］．承载，译注．修订版．贵阳：贵州人民出版社，2008：54.

② ［明］高棅，编选．唐诗品汇［M］．上海：上海古籍出版社，1988：8.

完全衰落的时候为止。按照这种看法，古希腊雕刻从诞生到衰落经历了"丑—壮美—优美—弱美"四阶段行程。温克尔曼还看到四阶段的普遍性，他指出："在分成若干时期这方面，近代的艺术的命运与古代相似，其中同样经历了四种主要的形式变化。"①

法国现代艺术史家、前卢浮宫博物馆馆长热尔曼·巴赞赞赏温克尔曼的周期观。他考察了从史前到现代的世界范围的艺术发展演变，从更普遍的意义上提出"四阶段"说。首先是"原始的、古风的阶段"，这可以看作实验期，人们通过作品给自然强加了某种图解的和装饰的变形；其次是"古典阶段"，是指成熟期，艺术家灵魂对外部世界的接受性和理智的创造力（恰好相当于本书所讲的心灵两系列的活动情况——引者注）达到平衡；再次是"学院的和风格主义的阶段"，可大略称为"贫血期"，因为人们唯大师的艺术中推演出来的陈规是从，注重于因袭而缺少创新，或者走向另一极端，只表达自身的感受而不顾描写对象的样态；最后演变为"巴洛克阶段"，或可称为"奔突期"，作品形式虽然不完美，但显示了躁动的生命力②。作者虽然对最后阶段并无贬义，但我们知道，"巴罗克"出自西班牙语，原义是"形状歪歪扭扭的珍珠"，18世纪的古典主义者以此尊号奉送前辈是嘲讽其作品扭曲、怪诞；而且该书所取的例证便显示审丑的成分，如收藏于马德里普拉多宫为格雷科所作的《耶稣复活》，横七竖八的肢体重叠着、挣扎着，整个画面显得混乱而躁动不安③。

对照第二编论述的"认识方法"，完全可以说，艺术发展周期中的四阶段嬗变正是宇宙间普遍规律在审美和艺术领域的体现。其中，乾辟体现为"气"，坤翕体现为"韵"，正是气韵的消长制约着艺术风格的嬗变周期。在某种艺术形式与社会的兴衰大致同步（如雕刻之于古希腊，近体诗之于唐代）的情境中，开始阶段社会洋溢着英雄激情，人们对未来充满信心，新兴艺术形式虽然有力却不免生硬，艺术品一般为气盛韵弱，属于壮美。首先，随着社会逐渐走向繁荣，新兴艺术的形式也不断完善，趋向并达到气韵双高的鼎盛状态，围绕鼎盛点左右一定幅度内属于优美形态；其次是社会开始衰落，感伤心理逐渐居于主流地

① 温克尔曼. 希腊人的艺术 [M]. 邵大箴，译. 桂林：广西师范大学出版社，2001：200.
② 热尔曼·巴赞. 艺术史——史前至现代 [M]. 刘毅明，译. 上海：上海人民美术出版社，1989：634-648.
③ 热尔曼·巴赞此前描述了巴罗克艺术的一些特点：牺牲和谐的比例以求效果，表现形式的狂暴，以表现恍惚般的运动替代宁静状态从而打破平衡，等等（《艺术史——史前至现代》，第305页）。

位，艺术家中摹仿风气盛行，便进入弱美阶段；最后是某一时代接近腐朽以致混乱不堪，艺术形式也日渐苍白而导致艺术家左冲右突寻找出路，周期正好以喜剧结束。张彦远、高楙所概括的四种状态与温克尔曼、热尔曼·巴赞所描述的四种"风格"的嬗变如图11-3所示。

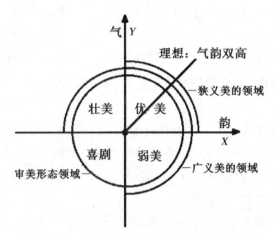

图11-3　审美形态的嬗变与艺术发展周期

三、艺术发展中内在矛盾的对立统一

我们还可能将艺术发展周期与现代文艺理论通行的艺术发展论研究结合起来阐释。

通行的艺术发展论一般以现实主义与浪漫主义再加上古典主义、现代主义等范畴阐释，主要取一种历史主义的视角。基础理论更应该建立在严密的逻辑基础上展开。事实上，歌德与席勒在当年的讨论中是将"现实与理想""古典与浪漫"作为共轭的两对范畴看待，体现了思维的严谨，后世可能因为古典主义、浪漫主义和现实主义思潮的历史相续而常取现实主义与浪漫主义对举进行讨论，易于导致历史与逻辑的交混。

我们这里坚持相对纯粹的逻辑划分，以现实主义与理想主义为一对范畴，表示艺术对于现实生活偏于反映或偏于超越两种矛盾倾向；以古典主义与浪漫主义为一对范畴，表示艺术对于传统遗产偏于遵循或偏于突破两种矛盾倾向。借鉴波普尔关于"三个世界"的划分，现实主义与理想主义涉及的是第二世界与第一世界关系问题，古典主义与浪漫主义则涉及第二世界与第三世界关系问题，四者界限分明且周延于全体领域。并且，现实主义与理想主义主要属于艺术的内容（要素）方面，而古典主义与浪漫主义更多为艺术形式（组织）方面的分野。

通俗一些说，按照生活现实"本来的样子"描写是现实主义，艺术家甚至将自己的身份等同于"书记"（记录员），如巴尔扎克的《人间喜剧》；艺术家虽然采用现实的材料，但旨在按照心灵企盼的"应该有的样子"描写则是理想主义，如陶渊明的《桃花源记》或苏轼的《前赤壁赋》，作者力图传达"心之所期"，仿佛"遗世而独立"，甚至"羽化而登仙"。古典主义的标识是"三一律"之类规则，拘于"格套"；而浪漫主义的标识则是"独抒性灵"，师心自创："从来不见梅花谱，信手拈来自有神。"这种对立倾向普遍存在，古今中外莫不如此。

刘勰的《文心雕龙·通变》主要从古典倾向与浪漫倾向相辅相成的角度阐释文学的发展嬗变，提出"变则可久，通则不乏"命题，语言简洁而剖析精辟。现实主义与理想主义也相互依存：失却理想光照的现实主义或排除现实材料的理想主义均难以进入艺术品之列。

两对范畴中，现实主义与古典主义接近于科学掌握方式，而理想主义与浪漫主义则接近于宗教掌握方式。更确切一些说，前者的主导倾向为坤顺而翕，后者的主导倾向则为乾健而辟。可见两对范畴描述艺术的发展嬗变具有基元性质，且它们之间也具有共轭的特点。

历史的发展充斥着偶然性因素，事物的发展变化普遍是曲线式的。科学的宗旨在于透过偶然揭示必然，从而解释和应对纷杂的偶然。从数学角度考察，两对范畴具有四种结合方式：浪漫—理想的，古典—理想的，古典—现实的，浪漫—现实的，因而形成四种既有区别又相关联的形态。如果在一种艺术形式与某一社会阶段相同步的情况下（如前述古希腊的雕塑，唐代的格律诗），其神态（尤其显于风格）嬗变潜存以下规律的制约，它从不同视角同样得出艺术发展嬗变存在四阶段的周期结论（如表 11-4 所示）。

表 11-4　从艺术内在矛盾的辩证运动看艺术嬗变周期的必然性

艺术表现形式方面的倾向	浪漫	古典	古典	浪漫（破坏旧形式探索新形式）
艺术思想内容方面的倾向	理想	理想	现实	现实（批判、否定现实境况）
艺术（神态）的嬗变周期	壮美	优美	弱美	喜剧（审丑，含荒诞、滑稽等）

第十二章　审美文化与人类生存

　　本章我们将按"个体—社会（群体）—全人类"的范围扩展角度讨论审美与艺术文化对于人类生存的效用。审美基本是一种个体心理现象，主要是在物我往还过程中激发起想象活动，形成审美意象，对个体而言功效在于造就审美人——达成精神的自由和完满。艺术借助媒介将审美意象世界符号化，可为人类中接受群体所共享，以一种虚拟的形式将理想提前带进现实①，在特定的社会形态中发挥其功用；然而人类生存必须落实于现实的（不止于心灵想象）、真实的（不止于符号世界）生存环境的营造上，这就走向生态美领域，生态美较之艺术美更易见出全人类性的视角和立场。本书坚持从宇宙学与人类学的贯通上立论，始于大自然而回归大自然，正好构成一个逻辑圆圈。

　　显而易见，为了达到全人类的理想生存，就必须逐步实现由不同地域、不同族群组成的形态不同的社会趋向理想生存，而最根本的还是要落实于亿万族类成员自觉地将自己造就为理想人格。理想人格也可称为"审美人格"。

第三十四节　美育宗旨在于造就审美人格

　　德国艺术家和美学家席勒最早明确提出"美育"一词②，并以一系列书信

---

① 正如布洛赫所指出的："艺术不单纯是某个统治阶级的意识形式，更不是其统治者俯首听命的奴仆。""一切给定的存在及其本身都与理想之境、超越之思相临，乌托邦理想以其真实的客观可能性环绕着现实。"（董学文，荣伟．现代美学新维度［M］．王岳川，等，译．北京：北京大学出版社，1990：198-199.）

② "美育"的提法在我国古代也出现过。汉代末年，徐干在《中论·艺纪》中写道："美育群材，其犹人之于艺乎？既修其质，且加其文；质文著然后体全，体全然后可登乎清庙，而可羞乎王公。"徐干还认识到艺术熏陶是美育的基本途径，并且认识到美是文与质的统一体，因而美育的目标是完整人格（体全）的造就。

形式在美学史上建立了较为系统的美育理论体系。这一理论的主旨是强调培养完美的人性，造就审美人格。它要求把爱行动的人引回到爱思索方面来，即从客观方面转回到主观方面来，简言之，"由美的对象产生美，这就是美育的任务"①。他还指出："在艺术的不朽范例中打开了纯洁的泉源"，艺术家"按照他的尊严和法则向上看，而不是按照运气和日常需求向下看"，"他把理想铭刻在虚构与真实中……铭刻在一切感性和精神的形式里并默默地把理想投入无限的时代中。"②

一、理想是审美和艺术活动的指路星

各行各业都需要有理想追求，在审美和艺术中理想的地位尤为突出。如前所述，黑格尔将"美""艺术美"同"理想"作为等义词使用，其中蕴含深刻而周密的思考。理想问题是审美学的核心问题。但是迄今为止，人们对于理想的研究，可能仅处于"灰箱"状态。

审美理想以先天的生理因素为基础。理想总意味着一种完善性，体现了秩序与和谐。它应该源自先天而存的基元信息。康德一方面认为它来自先验的理念，授予我们以规律和完人之范本；另一方面也承认它含有来自经验的直观成分，仿佛是"由杂驳经验而来之暗昧速写图形"③。黑格尔将"美"界定为"理念的感性显现"，这与他对"理想"的界定——"符合理念本质而现为具体形象的现实"④ 是完全一致的。理想由宇宙基元信息奠基，所以总是让人趋向于和谐有序的生存境地，但同时在个体后天阅历中吸收了现实的经验成分，让和谐有序的境地展现为活泼玲珑又异彩纷呈的样态。将先验与经验两端结合起来，我们可以说，理想滋生于人类生命与文化的中介点上，并且可以进而断定，它植根于心灵的志性层面而浮现于感性层面。

中国文化视"志"这一心性因素为"种子"——既能摄又能生：摄为基元信息的潜在制导，生则因时因地表现多姿多彩的样态。《黄帝内经·灵枢》指出"肾藏精，精舍志"，当是先哲深入观察和切身体验的总结。王夫之认为志以"道做骨子"，叶燮将"志"看作佛家所谓的"种子"。志就是目的，就是理想，它将生命与文化融为一体，从根本上决定了人们对完善性的仰慕和追求，为人

① 席勒. 美育书简 [M]. 徐恒醇，译. 北京：中国文联出版公司，1984：93.
② 席勒. 美育书简 [M]. 徐恒醇，译. 北京：中国文联出版公司，1984：63.
③ 康德. 纯粹理性批判 [M]. 蓝公武，译. 北京：商务印书馆，1960：412-413.
④ 黑格尔. 美学：第1卷 [M]. 朱光潜，译. 北京：商务印书馆，1979：92.

的生命活动和生活实践定向。马斯洛也曾用橡籽比喻人自我实现的潜能，认为它蕴含"一个人类的终极价值，一个所有人都追求的遥远目标"①。审美理想就是这遥远目标的具体呈现，就是人类内在目的性见诸感性形态。人们以之为尺度衡量外部对象即是审美。人类的实践活动总是力图依据现实条件使这些潜能成为现实。

由此我们不难辨识，理想与美具有结构形态的一致性。首先，它是感性与理性的统一。审美理想体现着人类生存的内在目的性，是我们孜孜以期的"完人"形象，是一切可能的存在中之最完善者，因此必然是人对自己本质的全面占有。不过，与表现为抽象意识的审美观念不同，审美理想是具体的存在，理想之所以是理想，在于它让内在目的性见诸感性的鲜活形态。其次，理想是真与善，或者说合规律性与合目的性的统一。即使最荒诞不经的幻想，也含有某种真的或合规律性的成分，如《封神榜》中远距离投放的法宝与现代的导弹就有某种相续关系；合目的性更是理想的题中之义，俗谚"做梦娶媳妇，尽往好处想"道出了人类普遍具有这一天性。最后，它是有限与无限的统一。理想是在现实条件下形成的有关未来的憧憬，现实是有限的，未来是无限的。从历时性看，今天的理想可能成为明天的现实，而明天又会产生新的更高的理想，如此延伸，以至无穷，从共时性看，审美理想表现的感性形态是有限之物，作为其内核的人生最高的目的性则是无限之物。

通常人们将理想区分为审美理想、社会理想、道德理想等，就现实各个文化领域的考察来说是必要的，因为各领域涉及的具体内容有所不同。然而就人类活动的最终指向看，理想是一种无限延伸之境，是一个完满生存的极点，很难做类型划分。审美理想固然非常注重形式，但是仍然关乎人生；社会理想体现历史趋势，同时也见诸感性形貌。我国古代士人多为道德理想主义者，其追求也是内在道德修养与外在"圣贤气象"的统一。德国美学家、教育家洪保德认为，人类的生活天性倾向同一的理想。美国学者丹汉姆在《锁住的巨人》中也指出过，理想应该很大，足以囊括一切，它位于最遥远的将来之外；如果人们承认许多理想可以结成一个统一体，那么最高的理想也许具有那种可见而不可即的极限的性质。

问题在于，既然人人都有理想，自然而然趋向美好的境地，那么就无须强调修养与教育了——事实却并非如此。这是因为，虽然人人皆有趋向自由完满

---

① 马斯洛，等.人的潜能与价值［M］.林方，译.北京：华夏出版社，1987：73.

的天性，但是往往在现实社会生活中由于外部条件的引诱或压迫而发生异化、畸变，如时下有些人"一切向钱看"，不择手段谋取高官厚禄，甚至以偷盗骗抢等为业。对于这类人，孟子称为放失"本心"，庄子描述为人格"倒悬"，从审美与艺术哲学看是丧失了"赤子之心"。审美和艺术活动旨在恢复人性的自由和完满，亦即造就审美人格。这种人格能超越一己的直接功利，追求全人类的价值："苟非吾之所有，虽一毫而莫取。惟江上之清风，与山间之明月，耳得之而为声，目遇之而成色，取之无禁，用之不竭，是造物者之无尽藏也，而吾与子之所共适。"（苏轼《赤壁赋》）一般而论，审美能有效恢复人的自由，而人在自由（摆脱物欲奴役和观念禁锢）状态中总是趋向生存的完满。

审美人格同唯利是图甚至贪得无厌的卑劣人格势不两立，他很少受损人利己动机的煎熬，因为他压根对这类卑劣行为不感兴趣。因此，这类人不仅无害于特定群体构成的现实社会，而且具有建设最高理想社会的成员所必备的品质。

二、审美活动的心路历程

审美的心理过程的产生和展开需要一些前提条件。其中的一般条件是要有审美对象的存在，主要包括自然物、人或艺术品，与之相对的是还有待于审美主体的资禀，包括要有健全的社会化感官（指耳目）、必要的文化修养和活跃的理想憧憬。而特定条件则是特别有待于审美主体在特定时刻具有审美心胸——一种空明澄澈的胸怀，郭熙在《林泉高致》中称为"林泉之心"。这种胸怀能让人对外物仿佛鉴照而无隐，外物自然而然地呈现其玄与妙。魏晋南北朝的著名山水画家宗炳倡导的"澄怀观道"即是此意。审美心胸接物而生的是审美态度，它是审美主体以广阔无垠、空明澄澈的胸襟为背景而对待客体的方式，也可以比喻说，审美态度是审美心胸接触外物的前锋。审美活动的最初的微妙就蕴含于其间，因此多为中外艺术家或美学家所关注。

在中国，苏轼曾写道："君子可以寓意于物，而不可以留意于物。寓意于物，虽微物足以为乐，虽尤物不足以为病；留意于物，虽微物足以为病，虽尤物不足以为乐。"（《宝绘堂记》）"留意"是沉溺于直接功利，不能超拔；"寓意"则只取外物的形式，寄寓自己的心灵旨趣，这才是审美态度。对于艺术活动，苏轼还非常赞赏朱象先的态度——能文而不求举，善画而不求售；之所以如此，是因为在他看来，"文以达吾心，画以适吾意而已"。（《书朱象先画后》）"求举""求售"是功利态度，唯求"达心""适意"则是审美态度。

在西方，康德和叔本华等都论及审美区别于实用把握的问题。1912年，瑞士心理学家布劳发表了《心理距离》一书，在美学史上首次明确提出"距离"说。布劳认为，适意是一种无距离的快感；美，最广义的审美价值，若没有距离的间隔就不可能成立，所以存在心理距离与否是区分普通快感与审美快感的标尺。

若采用层次分析，审美态度的实质不仅要求超越直接功利，而且要求超越逻辑概念，这样主体便与对象保持着心理距离，就能以一种自由人的眼光看待对象从而形成审美意象。海德格尔说得对："心境愈是自由，愈能得到美地享受。"①

以林泉之心观察自然物，并不计较它的实用价值，只选取它的"悦耳悦目"的感性外观。同时，由于超越了将对象作为客观实物而探寻其内在的逻辑概念的认知考虑，主体仅依据对象的外观而将它视为一种符号，因而可以自由地赋予这种符号以属人的且为诗性的意味，这就是我们前述的"移情"。于此可见，"移情"说其实与"距离"说并不冲突，后者是审美过程发生的前提条件，前者则适用于描述审美过程之中的主客观因素的融合机制。如前（第二十九节）所述，移情其实应该兼指表层的情和深层的性，经过审美主体由表及里、由浅入深的全程介入，审美对象于是被整体"人化""理想化"，成为主体期盼的人格形象或生存境界，于是审美就仿佛从对象中直观（观照）到自身（应有样子）的活动，油然而生"悦心悦意"的感受。伴随着这种感受的绵延，自由意志仍在积极活动，驱使精神由物我一体向天人合一的境地进发，仿佛深入于无限之境，于是达到心灵与自然交接的心灵第三层面的敞亮和兴奋，这便达到审美过程的最高境界——"悦神悦志"。

对于心灵三层次的逐层深入，在庄子哲学中描述的悟道过程是"若一志，无听之以耳而听之以心；无听之以心而听之以气。耳止于听（据俞樾校改），心止于符，气也者，虚而待物者也。唯道集虚。虚者，心斋也"②（《人间世》）。或作"离形""去知""同于大通"（《大宗师》），等等③。宗白华先生就艺术欣赏而论，概括为"直观感相的模写""活跃生命的传达""最高灵境的启示"

---

① 转引自徐复观. 中国艺术精神［M］. 沈阳：春风文艺出版社，1987：53.
② 陈鼓应，注译. 庄子今注今译［M］. 北京：商务印书馆，2007：139.
③ 庄子哲学之所以近于美学，其实质在于这种悟道过程的描述贯穿全书，其科学基础当是心灵结构中三层面的豁然贯通。不同之处在于庄子哲学倾向于舍筏登岸，而审美活动则实现三层面的全面占有（升华）。

三境层①。李泽厚先生则直接从审美心理学视角简洁地表述为"悦耳悦目""悦心悦意""悦志悦神"三层次——笔者基本采用李先生的简洁表述。必须注意的是，这里的"心"是指狭义的知解之心，《庄子·人间世》界定为"心止于符"，甚为确切。

虽然审美心理过程可以在理论上解析为三个层次，在实际审美活动中往往是刹那间完成的，因而人们常称为"审美直觉"。而完整的审美过程，实为三者的霎时融通。

还要特别说明的是，审美趋向第三层面往往浑然不觉，但它却是必然的。从逻辑上看，只有精神上趋向或深入于"无限"之域，才有真正意义上的"自由"体验。

三、审美过程的具体体现——陶渊明《饮酒（之五）》赏析

陶渊明的《饮酒·之五》历来为人们所传诵，确是一篇佳作，王安石甚至称赞其是"奇绝不可及语"。在前人诸多评论文字基础上，今天我们还可从一个新的视角看到：作者真实地记录下了自己的审美体验，完整地复现了诗人审美的一般过程，丝毫没有斧凿痕迹。让我们对这篇鬼斧神工之作试做解析。

> 结庐在人境，而无车马喧。
>
> 问君何能尔？心远地自偏。

第一句看似平淡，构宅不在"人境"又能在哪里？但诗作使之"陌生化"，传达了主人公似乎隐约存有迫不得已的情绪，因为陶渊明一直在向往"不知有汉，无论魏晋"的桃花源式的生活。"车马"是为功名利禄应酬、奔波的器具，本为"人境"所普遍珍视，然而作为开国元勋的后代，主人公的住地周围竟然无此喧闹，仍为一方净土。第二句与第一句构成了一种张力结构，一个"而"字凸显了作者的喜悦与自得。第三句设问，第四句解答。"心远"二字是前四句的"眼"，也是全诗展开的基石。它表明主人公对生活抱着审美态度——"心远"即远离、超越日常功利，也就是保持心理距离。陶渊明在另一首《饮酒》诗中也有类似的很明白的表述："泛此忘忧物，远我遗世情。"

> 采菊东篱下，悠然见南山。
>
> 山气日夕佳，飞鸟相与还。

陶渊明归园田后居住在江西九江西南的柴桑镇，这里是庐山的脚下。正值

---

① 宗白华. 艺境 [M]. 北京：北京大学出版社，1987：155.

秋高气爽时节，诗人采菊于东篱之下，徜徉于南山之前，赏将夕之山气，观还归之飞鸟……周围的一切，可谓应目会心。菊花之淡雅，庐山之俊秀，雾岚之轻灵，归鸟之和鸣，构成一幅悦耳悦目的图景。菊花质朴而淡远，陶渊明对它情有独钟，赏玩不厌。在不经意中，庐山跃入眼帘，那奇峰秀壑，为仿佛轻纱一般的雾岚所缭绕，若隐若现，神态悠然。此时飞鸟结伴归巢，呢呢和鸣，嘤嘤成韵，它们怡然自乐，颇类桃花源中人①……这些是景，也是情；是物，更是人；令审美主体悦心悦意。

　　无论是菊、是山还是鸟，都抱朴含真。它们构织的清新、和谐之景正是诗人憧憬的理想生存之境。孜孜以期的精神家园顷刻呈现于眼前，诗人全身心投注其间，有限的生命与无限的大化融为一体。人生的真义、要谛当蕴藏于此。它是什么呢？能把握住吗？——

此中有真意，欲辩已忘言。

　　最末两句清楚表明悦神悦志境层的呈现。主体任志所之，臻于极为美妙的境界，感受到微末见大千、刹那悟永恒的无穷乐趣。得意而忘言：一方面，当你在选择言语加以描述时，这种高峰体验已倏然而逝；另一方面，现有语词由于本身具有抽象性和相对性，也许注定永远难于描述这人与自然契合无间的自由境界。

　　审美总是指归于这无以言说的第三境层。陶渊明多次诉说过类似的体验，如"纵浪大化中，不喜亦不惧"②（《神释》），"俯仰终宇宙，不乐复何如？"③（《读〈山海经〉》）等。就连杜甫也曾有"意惬关飞动，篇终接混茫"④（《寄高适、岑参三十韵》）之语。可见这类描述并非故弄玄虚。现代心理学家已正视这种心理现象，或称为"大洋般体验"，或称为"高峰体验"。人们在审美活动中，虽然未必每次都能清楚地体验到这一境层，但是一定存在着这种趋向性，因为审美总是要达到精神的解放和自由，而精神的解放与自由只有超越感性和知性的束缚才能实现。

　　在这一实例中可见，真正的审美活动往往在刹那间发生，但它却能激活心

---

① 飞鸟是陶渊明常常歌咏的自由生存的形象。《归园田居》写道："久在樊笼里，复得返自然。"《读〈山海经〉》中吟唱："众鸟欣有托，吾亦爱吾庐。"

② 陶渊明集［M］.逯钦立，校注.北京：中华书局，1979：37.

③ 陶渊明集［M］.逯钦立，校注.北京：中华书局，1979：133.

④ ［唐］杜甫，著，　［清］钱谦益，笺注.钱注杜诗［M］.北京：上海古籍出版社，1958：361.

灵的全域，因而能实现对人所应有的本质的全面占有。审美人格具有自由与完满的定性于此可见一斑。

第三十五节 艺术文化的社会功用

艺术活动首先由艺术家以特定方式把握世界而开始，形成作为人类审美意识的物化的艺术品，其次经由接受者的鉴赏而反作用于世界。有益于个体人格修养之外，我们还应该进而考察其社会功用。诚然，艺术的社会功用是多维度、多层次的，苏联美学家鲍列夫、斯托洛维奇、卡冈等分别进行过细密的研究①，但无穷、近于烦琐的列举并非基础理论所要求，因此我们这里只考察同一层次的几种基本功用。

一、艺术的基本社会功用

前述艺术品可分为感性外观、认识评价和哲学意味三层次，相应地，感性外观层一般让人悦耳悦目，这便是大众欣赏艺术的娱乐功用；作品既然蕴含认识评价层，那么就具有潜能向接受者发挥认识功用和教育功用（主要指价值方面）；而哲学意味层则决定着艺术品具有升华功用。

艺术品作为一种感性形式存在，必须具有愉悦人的感官和情感的功用，也就是给人以娱乐。卢那察尔斯基指出："艺术是一种通过形象服务于生活的独特的种类，它不仅作用于读者的理智，同样也作用于他的感情、想象……如果一部艺术作品对读者的想象和感情不起什么作用，并以此决定它的态度，则它不再是艺术。"② 我们知道，艺术品是一种供人观赏的符号系统，不能直接满足人们的实用目的，也非为了满足人们的崇拜需要，因此，如果它不能给人以视、听的快感，就失去了最基本的存在价值。早在古希腊时代就流行一种看法，"美是视觉和听觉的快感"：文艺复兴时期的学者卡斯特尔维屈罗甚至认为，诗的发明是专为人们娱乐和消遣的。娱乐和消遣是人们欣赏艺术的共同取向之一，我国古人也多有人把文艺作品称为"闲书"。这类观点虽然不无偏颇，但含有一定

---

① 参见鲍列夫的《美学》、斯托洛维奇的《审美价值的本质》、卡冈的《美学和系统方法》等书。

② 中国社会科学院外国文学研究所，外国文学研究资料丛刊编辑委员会编. 外国理论家作家论形象思维［M］. 北京：中国社会科学出版社，1979：140.

的真理成分。

一般说来，作品的外部形式总能给人以快适，如诗歌中抑扬顿挫的言语，音乐中跌宕起伏的旋律，绘画中鲜明、和谐的色彩及简约、规则的形状等，往往悦人耳目，构成人们乐于接受的前导。文艺的娱乐功用还表现于作品以某种情绪格调激发欣赏者类似的体验。我国宋、明时期的勾栏、市井文艺，当代大量涌现的武侠、言情之类作品，外部形式未必典雅完美，尤其以情感跌宕而荡人心魄见长，同样获得了存在的理由。所谓愉悦感性因而也指促进欣赏者的情感释放，借用科林伍德的话说，"即在某种观众身上唤起某种情感，并在一种虚拟情境的范围之内释放这种情感"①。

艺术是人类创造的一种精神文化，其功用的另一方面是给人以教益。古罗马贺加斯在《诗艺》中提出"寓教于乐"的命题，得到后世的广泛认同。艺术给予人们的教益主要表现于提高对外部事物的认识，增强道德品质的教育，促进精神境界的升华诸方面。

艺术可以帮助人们认识自然界。我国先秦时代以《诗》为启蒙课本，原因之一是其中提供了某些自然知识，照孔子的说法是可以让人"多识于鸟兽草木之名"。艺术可以帮助人们认识社会。马克思盛赞狄更斯等作家："现代英国的一批杰出的小说家，他们在自己的卓越的、描写生动的书籍中向世界揭示的政治和社会真理，比一切职业政客、政论家和道德家加在一起所揭示的还要多。"② 艺术特别有助于人们认识自身。歌德在分析莎士比亚的伟大成就时指出，一个人所能达到的最高境地，是意识到自己的情绪和思想，是认识他自己，如此就可以启导他，使他对别人的心灵也有深刻的认识。

俄国学者赫尔岑在给儿子的信中告诫说，歌德和莎士比亚的作品抵得上整整一所大学，这不宜视为夸大其词。我们看到，一部《红楼梦》，不啻是一部了解我国后期封建社会的百科全书，它涉及政治、经济、法律、宗教、伦理、社会心理以及教育制度、社会风俗等各个方面，甚至在医学、园林学、建筑学等领域都为人们提供了广泛的知识，特别是它所描绘的众多人物，个性丰满又栩栩如生，人物关系错综复杂，包含有许多特定民族在特定时代为人处世的规范，是人学研究的宝贵文献。

---

① 科林伍德. 艺术原理［M］. 王至元，陈华中，译. 北京：中国社会科学出版社，1985：83.

② 中共中央马克思恩格斯列宁斯大林著作编译局. 马克思恩格斯全集：第10卷［M］. 北京：人民出版社，1962：686.

文艺的认识功用联系着教育功用，因为对社会事物的认知潜在地制约着主体的价值评价。《毛诗序》指出："治世之音安以乐，其政和；乱世之音怨以怒，其政乖；亡国之音哀以思，其民困。故正得失，动天地，感鬼神，莫近于诗。先王是以经夫妇，成孝敬，厚人伦，美教化，移风俗。"通过《诗三百》特别是其中的"变风""变雅"，的确可以窥见该时代的社会风貌，因而可以正得失，同时也能发挥厚人伦、美教化、移风易俗的艺术一般功能，窥见社会风貌以正得失主要属于认识，厚人伦、易风俗等则属于教育。

文艺的教育功用历来为中外文论家所重视。孔子指斥郑声淫，相传他最后删定《诗三百》，其意旨是要达到"思无邪"。柏拉图所以要将诗人驱逐出"理想国"，又有限地能接纳某些艺术（如音乐），一个重要的尺度是有害还是有利于青少年的道德教化。19世纪中叶，美国女作家比彻·斯托夫人怀着对野蛮的蓄奴制的满腔激愤，开始了《汤姆叔叔的小屋》的写作。该书出版后，立即引起广泛反响，人们贪婪地读着，用眼泪浸湿了它，为后来的南北战争做了舆论准备，林肯总统曾风趣地称该书"酿成一场大战"[1]。

从性质上看，艺术的教育功用主要表现为两个基本方面：一是引导人们热爱生活，热爱人类同胞；二是培养人们的正义感，为进步事业而斗争。这两个方面正好吻合古人所倡导的厚德载物与自强不息的美好品格，又可以说是心灵中志性的两个方面在社会生活中的表现。肖洛霍夫在接受诺贝尔文学奖时表白："我愿我的书能够帮助人们变得更好些，心灵更纯洁，唤起对人的爱，唤起积极为人道主义和人类进步的理想而斗争的意向。如果我在某种程度上做到了这一点，我就是幸福的。"[2] 艺术作品中描写的社会生活包含有主体的道德评判，表达心灵之所期，因而高于现实生活，能使接受者的精神境界得以提升。

艺术有助于人的心灵的净化。"净化"（catharsis）一词有医学上、道德上和宗教意义上的种种解释，柏拉图较早采用"净化"一词表述人们在审美过程中由欣赏美的具体事物上升到彻悟美的本体的精神状态，在这种意义上，它与心灵的升华是相通的。我们这里沿用此词指称心灵恢复到澄澈明净的状态。

应该说，艺术接受与艺术创造一样可以让人澡雪精神。萧统在《陶渊明集序》中写道："余爱嗜其文，不能释手；尚想其德，恨不同时。……尝谓有能观渊明之文者，驰竞之情遣，鄙吝之意祛，贪夫可以廉，懦夫可以立。岂止仁义

---

① 外国名作家传：中册［M］. 北京：中国社会科学出版社，1980：392.

② 诺贝尔文学奖颁奖、获奖演说全集［M］. 北京：中国广播电视出版社，1993：492.

可蹈，抑乃爵禄可辞。不必傍游泰华，远求柱史，此亦有助于风教也。"① 力行仁义固然可嘉，若更超越功利、不计得失，则无疑有助于个体修养的完善和社会风气的纯化。

心灵的净化过程其实是伴随着精神升华的过程。精神摆脱了羁绊，便趋向自由的境地。梁启超认为，文学作品有不可思议的力量支配人道，在于它有四种力，即熏、浸、刺、提。前三种力是自外灌输的，提之力则自内而脱出，所以可看作"佛法之最上乘"。他描述道："夫既化其身以入书中矣，则当其读此书时，此身已非我有，截然去此界以入于彼界，所谓华严楼阁，帝网重重，一毛孔中，万亿莲花，一弹指顷，百千浩劫。文字移人，至此而极。"② 这是微末见大千，刹那悟永恒的体验，是艺术作用于人的极致。

艺术与宗教、哲学正是于此汇合。黑格尔认为，艺术在内容上和专门意义的宗教以及哲学都属于同一领域，也就是绝对心灵的领域，"在绝对心灵的一切范围里，心灵都解脱了它的客观存在的窄狭局限，抛开它的尘世存在的偶然关系和它的目的与旨趣的有限意蕴，以便转到省察和实现它的自在自为的存在"③。这里强调"解脱"和"抛开"是要达到心灵的净化，强调"省察"和"实现"即是指精神的升华。

二、基本功用统一于审美功用

无论是娱乐功用、认识功用、教育功用还是升华功用，都统一于审美功用。艺术品是人们审美意识的物化，因此审美功用才是艺术的根本性的功用。审美意识固然不同于日常意识、科学认识、道德观念和宗教精神，但无论是在社会意识系统中，还是在个体的意识系统中，审美意识与其他意识形式并非彼此孤立、截然分离，而是相互渗透、相互补充的。正因为如此，就像其他意识形式几乎无不包含有审美因素一样，人类的审美意识也蕴含着其他意识形式的因素。

优秀的艺术品都是丰富复杂的有生命的整体，所谓审美功用就是这生命整体的功用，其他种种功用不过是审美功用的不同维面的展现罢了。斯托洛维奇说得对："审美感知和审美体验必须要人的一切精神力量，他的认识能力，评价能力和创造能力——感觉、情感，或感情、意志、理智、想象——参与其中。

---

① 陶渊明集［M］．逯钦立校注．北京：中华书局，1979：10．
② 梁启超．论小说与群治之关系［M］//饮冰室文集：卷十．
③ 黑格尔．美学：第1卷［M］．朱光潜，译．北京：商务印书馆，1979：121．

主观审美关系的特征不在于它依靠某种单独的人的能力，而在于它在统一的精神紧张和振奋中联合起人的所有能力和力量，这些能力和力量如果被单独对待，就不包含任何审美特征。"① 这样的观点是切合实际的。我国有些论者将作品的审美性质和审美功用看作一种不可捉摸、纯粹、形而上的存在，应该说失之偏狭。

国外有的论者将艺术功用区分为积极和消极的两种：积极的方面是强化心灵，把人引到最高尚的方向；消极的方面是弱化心灵，有可能把人引向淫荡、自私的情欲放纵。这种区分虽然未必全面和深刻，但是的确触及事物的两个方面：艺术的娱乐功用有可能产生消极影响，艺术的升华功用则将人引向最高尚的境界。

个体是人类社会的一个细胞。审美和艺术活动通过造就自由而完满的人格因而从根本上有益于社会。罗丹从自由、愉悦（也是游戏活动的两个特点）的角度阐述道："希望所有的人都变成艺术家——因为我认为艺术家这个词的最广泛的涵义，是指那些对自己所从事的职业感到愉快的人。"的确，随着社会生产力的高度发展，劳动与游戏有条件在更高的基础上融为一体，这样就"造成一个可赞美的社会"②。

三、艺术的社会功用与美的单面形态

在对审美活动的研究中，笔者鉴于美存在于人类生活的广阔领域，因而出现各种各样的以"美"为后缀称谓的状况，主张将这些"美"与"艺术美"区分开来：后者才是美的"典型形态"，前者当视为美的"单面形态"——虽然蕴含美的因素，但是不能与艺术美等量齐观；否则就会如克罗齐所指出的，"闯进字面主义的迷途"③。

现在我们看到，艺术的社会功用的多维正好与美的单面形态相一致。也就是说，以创作者与欣赏者的"人"为中轴，艺术品"收摄"了各文化领域的因素，又可以"发散"开来对诸文化领域产生影响。

首先是"（感性）形式美"，它对应于艺术的娱乐功用。艺术之所以采用直

---

① 斯托洛维奇. 审美价值的本质 [M]. 凌继尧，译. 北京：中国社会科学出版社，1984：142.

② 罗丹艺术论 [M]. 沈琪，译. 北京：人民美术出版社，1987：118.

③ 克罗齐. 美学原理·美学纲要 [M]. 朱光潜，等，译. 北京：外国文学出版社，1983：89.

接诉诸视觉、听觉的形式，在于眼睛、耳朵在历史发展进程中成为文化的感官，因为族类成员之间传递文化信息一般都通过这两条渠道，而嗅觉、味觉、肤觉则不具备远距离、永久性传播的条件。悦耳悦目因之既是审美的最初境层，又是艺术品具有娱乐功能的基本条件。杜甫的名作《江畔独步寻花》写道："黄四娘家花满蹊，千朵万朵压枝低。留连戏蝶时时舞，自在娇莺恰恰啼。"充溢着视听的美，给人以丰富而自由的审美感受。只有在生活中被某些僵化观念禁锢太深的人如宋代程颐之辈，才觉得毫无意义。

其次是"科学美"，它对应于艺术的认识功用。彭加勒首创"科学美"概念，并指出它是指诉诸人的理智之美，在揭显事物的结构法则和嬗变规律中显现。爱因斯坦总结自己的科学研究历程时写道："所有这些努力所依据的是，相信存在应当有一个完全和谐的结构。今天我们比以往任何时候都更没有理由容许我们自己被迫放弃这个奇妙的信念。"① 科学史上许多事例表明，指引科学家们进行探索的最初往往是审美冲动，如法拉第之所以孜孜不倦地进行电磁转换问题的研究，是因为他觉察其中存在的法则"简单而又美丽"。爱因斯坦与海森堡也都有同样的经验，当研究过程一旦引向"简单而美丽"的公式或图表时，兴趣与信心便油然而生。

再次是"道德美"，它对应于艺术的教育功用。人类生存的意义来自价值的体认。那种唯利是图的人认为获利便是人生的一切，在爱因斯坦看来是"猪栏的理想"。如本书第三编所述，道德是人生的价值维度，因而也是动力维度。近代科学的繁荣当主要归功于众多科学家。仅 17 世纪，就有几百位科学家终生未婚，将全部精力贡献给为人类谋福利的事业，他们生得伟大，死而不朽！是真正拥有道德美的群体。

最后是"宗教美"②，它对应于艺术的升华功用。笔者并不认为宗教美是外在于人的客观存在，而毋宁说它是一种美妙的，甚至无以言说的心灵境界。例如，佛家追求涅槃妙境，憧憬西方极乐世界，实际上乃是心之所游履攀缘的"果极界域"。黑格尔说得好："宗教所涉及的与其说是行动本身，毋宁说是人的

---

① 爱因斯坦. 爱因斯坦文集：第 1 卷［M］. 许良英，等，译. 北京：商务印书馆，1976：299.

② 笔者在 1994 年发表的美学论纲中依据逻辑首次提到"宗教美"概念，不无忐忑。后见杨振宁先生在北京大学做《美与物理学》的演讲时直接谈及"宗教美"（1997 年 9 月17 日《中华读书报》），多有共鸣。

心情，是心的天国；它使一般人得到安慰，使个别的人得到提高。"① 在这种意义上，宗教文化实为科学文化与道德文化的根基。确切一些表达，宗教美为道德立法奠定基础，为科学探究引导方向。概而言之，即让人的精神得以升华（如图 12-1 所示）。

图 12-1　美的单面形态与艺术的社会功用的会通

通过这样的贯通，我们更加坚信黑格尔的观点，"美""理想""艺术美"的确是可以互换的范畴。我国现代学界普遍习惯从反映、摹仿角度阐释艺术与现实的关系；而从逻辑上看，在这种关系中，超越、引领其实更为根本——试想：没有理想的引领，人类活动怎能区别于动物活动而称为"实践"？

通常人们较多看到的是社会文化熏陶了个体的成长，而较少注意从根本上考察是人类（通过个体而体现）的生存需要和心灵能力滋生出各个文化领域。审美和艺术活动由于恢复人对自己本质的全面占有因而有益于各文化领域的健全发展，常常可以校正其违背人性的某些畸变（如中国古代礼教以"三从四德"的强权规定教育子女等）。因此，称人类社会的进步是对美的追求的结晶，一点也不为过。

---

① 黑格尔．美学：第一卷［M］．朱光潜，译．北京：商务印书馆，1979：298.

第三十六节　生态美与建构人类命运共同体

当我们谈到"宗教美"时，实际上转换为宇宙论的视角，转移至全人类的立场。在这样的视角和立场上，全人类都是同胞，应该关注其全体利益和永续生存。这样，审美与艺术哲学就当从人格造就、精神追寻进一步向环境创造延伸，这就自然而然地进入当代勃兴的生态美学领域。目前，国内外学界谈生态美主要就保护地球的自然资源和生态环境而言，其实还应当扩展到人文和社会文化的生态问题。生态学（ecology）与经济学（economics）紧密相连，在西文中二者甚至源于同一希腊语词根 eiKos（家务）。真正料理得好的"家务"一方面需要达到"衣食足"，另一方面需要达到"知荣辱"，前者关涉科学，后者关涉人文。当代学术前沿正在努力打通自然与人文的壁垒，如系统论、协同学和耗散结构理论等，研究生态美也应该加入这一行列。因此，本节拟略谈三个问题：艺术美与生态美，狭义的生态美，广义的生态美。

一、从艺术美学延展于生态美学是时代的必然要求

当代严峻的生态危机催生了许多学科，如经济生态学、农业生态学、化学生态学、生态地理学和生态伦理学乃至生态哲学、生态神学等，生态美学无疑是这一宏伟交响曲中一个必不可少的声部，因为审美是人类把握世界的基本方式之一。面对满目疮痍的生存环境和"寅吃卯粮"的资源赤字——每年的"地球超载日"越来越提前，已接近"救亡图存"的危机时刻，学界完全有必要从审美角度发出召唤，激发人们维护家园的自觉意识，并且致力于将审美把握方式从精神领域向实践领域扩展。

这样的扩展会引发文化机体的"排异"问题。毋庸讳言，当代的生态美学的新视角和新观念对传统主要着眼文艺活动的美学理论形成强大冲击，二者观念的差异甚大。

一些论者认为，生态美学与艺术美学的分歧主要集中在对"自然美"的阐释上。应该说，这种分歧只是表象，其实质是两种把握方式的差异，所争论的问题其实不在一个层面上，如审美活动的自由问题及与之相关的客观性、功利性问题，还有是否应该排除人化和幻想等问题。

举例来说，按照朱光潜先生的理解，"自然美"并非指自然物本身具有的

美——它只是"物甲"——仅为形成美的一个必要条件，只有再加上欣赏者的"情趣"而形成的"物的形象"或"美感对象"（"物乙"）才可称为"美"。正是在这种意义上，朱光潜先生合乎逻辑地断定：将"自然美"与"艺术美"进行比较简直不伦不类，因为"自然美"本身意味着已将自然物艺术化。应该说，如此立论无论在事实上还是在逻辑上都无可挑剔。如果哪位生态美学研究者指责朱先生"固执"，想必会被朱先生指斥为"歧出"。这是因为双方虽然采用的是同一名词，但其实并非同一概念，其所指大相径庭。

首先，就人类生存而言，二者又恰好形成互补。人类生存正如庄子所言，一方面当"邀乐于天"，另一方面须"邀食于地"①（《庄子·徐无鬼》），这一内在的基本矛盾正好决定了传统的艺术美学与新兴的生态美学均有存在的合理性。正如世间万物都包含内在的矛盾一样，美学学科包含生态美学与艺术美学的对立不仅不值得大惊小怪，而且应该看作本学科更趋成熟的必然。一般而言，"邀乐于天"适用于精神世界，"邀食于地"涉及的是物理世界，人类既需要仰望天宇，又应当俯瞰大地——在拉斐尔的《雅典学园》中，刻画了柏拉图和亚里士多德师生俩关注点各异的形象具有典型意义，既反映了人类的生存状况，又适用于解释文化的发展状况。

其次，传统的以考察艺术活动为基础的美学理论偏重于关注个体精神的自由和完满，尤为适合于"独善其身"；生态美学放眼人类的生存环境和资源供给，更有"兼济天下"的情怀。参照中国传统的哲学观念，前者专注于"内圣"，后者扩展于"外王"，这就可见二者既有分立的理由，又存统一的必要和可能。

最后，再深入一些考察，传统的艺术美学与新兴的生态美学其实系"同体而异用"。所谓"同体"，是指二者都旨归植根于理念的理想；所谓"异用"，是指分别适用于人类的物质生活和精神生活。物质生活必须遵循"必然"，精神生活通常指向"自由"。无论个体还是族类的生存和发展总是在自由与必然（中国哲学的乾、坤二元与之对应）之间穿行。

二、倡导"道法自然"当是生态美学的基本原则

生态美学应当区别于其他生态学科。作为一种系统理论，它应该建基于生

---

① 郭象《庄子注》中将"邀"作"遇"解；对照前后文，似作"游而求"解更切合庄子原意。

态审美活动。目前，生态美学主要是一些美学家从审美角度表达审美关切，较多借用生态经济学、生态伦理学等相邻学科的用语，还缺少一套属于自身的概念系统。我们这里如此看待生态审美活动：站在生态关切者的立场上，放眼人类的生存环境，就会形成一种特定的视角——欣赏美妙的生命，乐见动植物的蓬勃生机和活力，期盼它们繁荣而昌盛。这样形成的审美观念接近偏重客观性的科学美而区别于艺术美（黑格尔又称"心灵［呈现］的那种美"）。在此不妨先借鉴较为成熟的生态学划分的生态层次系统，即生物个体、种群、群落和景观立论，其每一个层级都客观地存在值得欣赏的美，亟待确立一套具有共轭性质的范畴系统予以概括和标示。

生物个体在宏观生态系统中只是一个细胞，但自身其实也是一个生态系统。它通常集中表现生命力之美，可分为两种类型：蓬勃生长的美和坚韧耐受之美。一株植物嫩绿的芽叶，圆润的花苞，怒放的花朵，丰硕的果实，都是其蓬勃生长的展现，总会给热爱大自然者以愉悦。正如有的颂歌所吟唱的："爱你春天蓬勃的秧苗""爱你秋日金黄的硕果"。不过生物的生生不息不仅依赖内在的能量和信息，还有待环境含适量的生态因子（物质），在生态因子相对缺乏的贫瘠地区，如沙漠，人们不禁惊叹仙人掌等的耐受性和适应力，甚至赋予其"沙漠英雄花"的称号。有意思的是，汉语的"英雄"一词的来源并非赞美人格，而是赞美生态中的佼佼者："草之精秀者为英，兽之特群者为雄。"（刘劭《人物志》）列夫·托尔斯泰曾在日记中记述，一次他在尘土覆盖的车道上看到一丛牛蒡顽强挺立着，顿时激起他歌颂英雄的欲望，很快就写出了小说《哈泽·穆拉特》。

同样的生物个体的聚集形成种群（population），即某个特定区域的某个物种的个体群，从整体上看有单纯齐一之美。观察其内部，也蕴含两种对立趋向：竞争之美和互利之美。在资源有限的情况下，生物不免发生竞争。尽管达尔文的生存竞争理论过于泛化，在逻辑上很难成立，且多为现代生物学界所扬弃①，但是笔者窃意仍当充分肯定竞争的正面作用，因为它是生物乾健之维的体现，具有多重生态价值：一是促进生物个体提高品质，二是调节种群的大小和密度，三是促进拓展出新的群落。在达尔文学说风靡的时代，生物的种内或种间的互利合作几乎被遮蔽于视野之外，现代生物界多有补缺。人们发现，一畦菜地，

---

① 引述，著名竞争理论评论家布尔认为，在自然界的开放系统中，共存是"普遍规则"，完全的竞争排斥则是个"例外"。

某株蔬菜若受到某种昆虫的侵害，会随即分泌一种物质，在空气中传播信息，告之同伴抵御这类虫害（央视《人与自然》视频）；种间互利更为显见，如珊瑚礁（珊瑚虫与沟鞭草）、地衣（藻类与真菌）等的形成都是互利共生体。特别是蚁穴，简直是一个和谐的小社会，蚁王负责产子，工蚁负责觅食且照护幼蚁，各司其职……其中虽然有利益的互换，但没有一种"前定和谐"的机制而仅依靠后天的"培训"和"组织"几乎无从解释①。

不同的种群合乎法则地生活于同一个特定区域，形成生物群落（biotic community），群落之中的不同种群构成多样性或协调性之美，从空间上看，接近岩石层的是地衣，然后生长出草丛，进而形成灌木，最后生长出高耸入云的乔木②；从时间上看，呈现春生—夏长—秋收—冬藏的运行旋律。在群落的小世界中，微生物、植物、动物构成生态生产链与消费链的不同环节，环环相扣，渐趋协调，多个物种经过迁移、定居、群聚、竞争、反应等环节，最后演替出和当地生态条件恰好保持协调和平衡的"稳定的"③ 生态系统，如没有遭到人工破坏的热带雨林、温带落叶阔叶林、寒带针叶林等，几乎莫不如此！

在特定条件下，生态美学甚至不能排除人为的成分，通常称为"景观"（landscape），指一组自然生态系统和人工建设一起所构成的系统，是天然之美与人工之美的有机统一。天然之美见诸生物个体、种群、群落各层次，在天然之美基础上添加人工之美并非多余，人们普遍希望自己的家园姹紫嫣红，鸟语花香，中国古代园林多有成功的范例。但这只有坚持"道法自然"的原则，严格遵循自然规律才能融入特定的生态系统中，形成更大范围的生态圈的一部分。如吐鲁番盆地的坎儿井，不仅解决了居民的饮水需要，还让戈壁沙漠形成一片片绿洲，无疑是值得欣赏的"赞（助）天地之化育"之举。上述生态美学的观念系统如图 12-2。尚属刍议，仅供学界参考。

单纯从自然哲学层次考察，确如庄子之所说："天地有大美而不言，四时有明法而不议，万物有成理而不说。"（《庄子·外篇·知北游》）对于这种"大美""明法"或"成理"的体认和赞赏，当是生态美学的重要内容。若推进一

---

① 工蚁的劳作得到舔食蚁王和幼蚁某种分泌物的"奖赏"，故乐此不疲。合理的推测应该是工蚁在与蚁王分离时欠缺了某种东西，所以在生活中亟须补偿。造物者很难为每一物种如此精心地安排，因此当追溯于原始的"自组织"机制在自然而然地维系了和谐（"道法自然"）。

② 不仅陆地上的"树林"蕴含这样的层级，而且海底的珊瑚礁形成的"冷水珊瑚林"也是如此。同济大学的汪品先院士深潜到南海海底世界，目睹了这种景观。

③ "稳定的"群落亦即完满而和谐的群落。这种演替的终点也常被称为"顶级群落"。

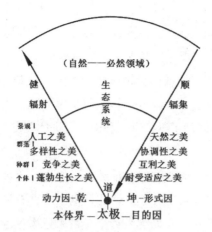

图 12-2　创立生态美学的观念系统刍议

层，将对生命的赞赏同深入本源的哲思融合在一起，即有限与无限实现联通，就更富有活泼玲珑的审美意味。宋代程颢曾吟咏道："万物静观皆自得，四时佳兴与人同。道通天地有形外，思入风云变态中。"（《秋日偶成》）由此可见，生态美的欣赏同样能将主体升华至天人合一的境界。

三、广义生态美涉及人类文化诸领域

当代学界对"生态"一词的运用有狭义与广义之分，前者仅就地球上的生物圈而言，后者则泛用于生物界、人类的文化世界（包括社会组织）诸多领域。相应地，"生态美"也有广、狭二义。上一小节取狭义，本节视野扩展而取广义。它更接近于科学美，指诉诸理智赏识的事物生态的结构有序及其健康运行。美的"生态结构"具有平衡有序的特点，"健康运行"则兼有开放性和动态性，合而言之，即具有耗散结构的动态平衡特性。

生态美学具有较强的实践品格。这里并不止步于自由想象而呈现"乌托邦"，而是要求落实于将活生生的现实生存向理想方向推进。海涅曾将艺术家比喻为"小小的造物主"，拥有想象王国的自由；那么追求生态美就应该拥有既坚持"人是目的"的立场，又遵循"道法自然"原则的"造物主"① 身份，要求通过社会实践化必然领域为自由王国，力争洞察不同领域的内在结构及其健康

---

① 笔者并不认为造物者会"以人为目的"，但人类的作为应该以有益于自身为目的。由此推进一层考察，生态美虽然凸现人类对世界的理智把握，但同样蕴含合规律性与合目的性的统一。

运行的法则，充分利用其"自组织"的功能，因势利导，才能达到我国《周易》所描述的"先天而天弗违，后天而奉天时"的生存境界。

人类生存与繁衍，宏观上的对立二元是和平与发展，可以说它是宇宙坤翕、乾辟二元在人的族类生存领域的具体体现①。古往今来人类作为族类生存都处在这一根本矛盾的张力之中。以至于从价值角度评判，人们不自觉地普遍持有这样的"良知"：凡是有助于维护世界和平、促进社会发展的举措和成果就是善的、值得赞美的。

但是历史与现实的情形并非如此单纯。秦始皇一统天下（六国）后，开始大规模毁城池，销锋铸，意在谋求王朝的万世太平，有何进步意义？现代科学促进人类社会的迅猛发展，但也给人类生存带来巨大风险：大规模杀伤性武器日新月异，对地球母亲"乳汁"的过度汲取造成严峻的生态危机等，也让人们不敢无保留地称赞。也许可以说，人类需要有进步活力的和平，需要致力于给族类生活带来长远福祉的发展。不难看出，看待和平与发展，都包含有全人类性的价值尺度的衡量。我们既不能以和平而扼杀发展，又不能以发展摧毁和平，需要在二者之间保持一种动态平衡，这就是人类生存状况的一种基本的生态美。

这种生态美的创造依靠文化的力量，在西方历史上体现为共轭的科学与宗教的并行与互补。爱因斯坦公允地写道："关于'是什么'这类知识，并不能打开直接通向'应当是什么'的大门。我们可能有关于'是什么'的最明晰最完备的知识，但还不能由此导出我们人类所向往的目标应当是什么。客观知识为我们达到某些目的提供了有力的工具，但是终极目标本身和要达到它的渴望却必须来自另一个源泉。应当认为只有确立了这样的目标及其相应的价值，我们的生存和我们的活动才能获得意义，这一点几乎已经没有加以论证的必要。"②

在爱因斯坦看来，"是什么"是科学或认识问题（按照张载的观点为"见闻之知"），而"应当是什么"是志向和价值问题（按照张载的观点为"德性所知"），后者的"最高原则是犹太教—基督教的传统给予我们的"。这与西方学界普遍认同的人类历史取决于科学与宗教两大力量既矛盾冲突又相辅相成的

---

① 笔者在拙著《中国哲学原理》中依据天地之道为乾坤并建的逻辑大胆提出"尚志便渴求不断发展，守仁则祈求持久和平，而和平与发展，其实是人类社会两大永恒的主题"。当时有友人见此表述有点疑虑，笔者一再斟酌后未能动摇。欣慰的是，这一观点现已得到广泛认同。

② 爱因斯坦. 爱因斯坦文集：第 3 卷 [M]. 许良英，等，译. 北京：商务印书馆，2010：207.

观点是一致的。

按照本书的观点，宗教或信仰领域既是道德立法（价值）的发源之处，又是科学探究（认识）的归趋之所。科学与宗教是处于不同层次的两大文化力量。而对于人类生存的和平与发展形成制约更直接的宜理解为科学与道德两大共轭的对立元素。西方历史上科学与宗教的冲突与和解也可以理解为这两大共轭元素的"自组织"：在公元前后各500年的古希腊罗马时代就形成了根深蒂固的科学精神，至约5世纪至15世纪即所谓"中世纪"通过宗教文化，普遍强化了人们的价值观念；于是从16世纪至今一直由科学主导着文化领域；科学迅猛发展一方面满足了人类不断增长的物质与文化生活需要，另一方面也给人类带来巨大的风险①，潜在地呼唤重建人类共许的价值系统，因此，笔者依据人类文化发展具有"自组织"的信念在此斗胆预言：未来的千年，价值系统的建设将与自然科学的发展同等重要，甚至在某些阶段可能居主导地位，人文精神与科学精神必将平分秋色。

从哲理角度考察，人类应当允许部分成员（如尼采之流）反对基督教或其他由部落神壮大而成的一神教，但是决不能容许族类成员毁灭信仰。即使是对于宗教持有否定立场的罗素也清醒地意识到，世界需要一种能促进生活的哲学或宗教，否则为生活而生活就让人降格为动物，丧失人所应有的价值。这种哲学或宗教能给人的生活以高远的目标，可以带来安宁、希望和力量②。对照爱因斯坦著名的"瞎子"与"瘸子"的比喻，人类生存的当今状况很像"瘸子"，虽然除去了眼球的翳云，能眺望远山的轮廓，却是在一瘸一拐地行走，一不小心有可能跌入路边的深谷……后果不堪设想。

今天的人类需要什么样的哲学或宗教信仰呢？爱因斯坦在1927年时谈到"宇宙宗教"的思想。他不是主张崇拜某位人格化的神，而是倡导对"宇宙中无限高明的精神"所怀有的一种五体投地的崇拜心情。窃以为这种"宇宙中无限高明的精神"参照中国哲学可理解为"天地之道"，更确切一些说就是"太极生两仪"，制导着万物"负阴而抱阳"（或"阳变而阴合"），总是滋生出共轭

---

① 除前述核战争危险与资源过度开发之外，还有如细菌武器、病毒生产等。这些当然不能直接怪罪于科学，责任在于利用科学从事开发的人。对于人类生存来说，科学技术只是手段，不具有严格意义上的"价值"（善恶）属性。

② 罗素. 社会改造原理［M］. 张师竹，译. 上海：上海人民出版社，1959：144-145.

的对立元素相辅相成①，潜在地进行着"自组织"。人类生存当追求"与天地合其德，与日月合其明"，这样才能保持自然和社会环境的健康生态，达到持久的和平和永续的发展目标。是所愿焉！

科学与宗教的关系为西方学术界所普遍关注，爱因斯坦的观点具有代表性。爱因斯坦的科学与宗教观公允地揭显了关于认识与价值的尖锐对立又相辅相成的矛盾关系，这种关系同样可以用太极生两仪的潜在逻辑予以解释，并且还可以同张载从价值论立场区分"见闻之知"与"德性所知"（或称天德良知、诚明所知）的观点及其"为万世开太平"的宏愿结合在一起考察。虽然其中涉及多个维度，但仍清晰可见其哲理的畅通（如图12-3）。

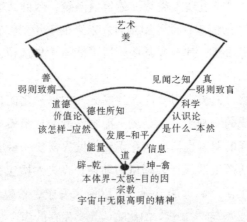

图 12-3　爱因斯坦的科学与宗教观

① 物理学界在微观、中观、宏观发现了众多共轭现象，数学中有共轭复数，共轭函数等，生物学发现 DNA 中的共轭双键的普遍存在……这些事实让我们有理由推测，华夏先哲感悟到的太极生两仪中的"两仪"，其因时因地的体现均具有共轭性质。本书各章节讨论不同文化领域的内在结构及其运行法则，所描绘的图表一般都展示了不同学科的范畴或命题的共轭性质。虽然显得有些繁复，但用心在于希冀促进人们对此的整体自觉，从而促进文化各领域的创造活动化必然为自由。

主要参考书目

1. 马克思．政治经济学批判·导言［M］//马克思恩格斯选集：第1-4卷［M］．北京：人民出版社，2012.

2. 苗力田．古希腊哲学［M］．苗力田，等，译．北京：中国人民大学出版社，1989.

3. 康德．纯粹理性批判［M］．蓝公武，译．北京：商务印书馆，1960.

4. 康德．实践理性批判［M］．李秋零，译．北京：中国人民大学出版社，2011.

5. 康德．判断力批判［M］．邓晓芒，译．北京：人民出版社，2002.

6. 朱熹：《四书集注》，岳麓书社1987年版①.

7. 张岱年：《中国哲学大纲》，中国社会科学出版社1982年版.

8. 爱克曼，辑．歌德谈话录［M］．朱光潜，译．北京：人民文学出版社，1978.

9. 黑格尔．小逻辑［M］．贺麟，译．北京：商务印书馆，1980.

10. 尼采．悲剧的诞生［M］．周国平，译．北京：生活·读书·新知三联书店，1986.

11. 卡西尔．人论［M］．甘阳，译．上海：上海译文出版社，1985.

12. 波普尔．客观知识［M］．舒炜光，等，译．上海：上海译文出版社，1987.

13. 爱因斯坦．爱因斯坦文集：第1-3卷［M］．许良英，等，译．北京：商务印书馆，2010.

14. 霍金，蒙洛迪诺．时间简史［M］．吴忠超，译．长沙：湖南科学技术

---

① 本书所引的清代以前的中国文化典籍一般直接依据文渊阁《四库全书》，个别句读与当代某些校点本或有不同。

出版社，2009.

15. 戴维·欧瑞尔. 科学之美：从大爆炸到数字时代［M］. 潘志刚，译. 北京：电子工业出版社，2015.

16. 弗里德里希·克拉默. 混沌与秩序：生物系统的复杂结构［M］. 柯志阳，吴彤，译. 上海：上海世纪出版集团，2010.

17. 埃里克·詹奇. 自组织的宇宙观［M］. 曾国屏，等，译. 北京：中国社会科学出版社，1992.

18. 弗兰克·维尔切克：《万物原理》，柏江竹、高苹译. 北京：中信出版集团股份有限公司2022年版.